情報とインセンティブの経済学

ECONOMICS OF
INFORMATION AND INCENTIVES

著・石田潤一郎
玉田康成

有斐閣ストゥディア

はしがき

本書の企画を有斐閣からいただいたのは2016年6月のことだった。そして，執筆を開始した直後の2016年10月に，まさに本書が扱う「契約理論」への貢献に対し，ベント・ホルムストロームとオリバー・ハートがノーベル経済学賞を受賞した。絶好のタイミングで出版計画がスタートしたといえる。まだノーベル経済学賞のニュースがフレッシュなうちに世に出したいと考えるのは当然のことだが，結局は4年近くの時が過ぎてようやく本書の出版が実現した。

時間がかかってしまった理由としては，1冊の本としてのわかりやすさや正確さを追求し質を高めたいという思いや，せっかくの機会だからこれまでにないものを世に出したいという野心があった。しかし同時に，日々のさまざまな仕事を自分への言い訳にし，執筆がついつい後回しになってしまった面があることも事実だ。編集者の方々も優しい人たちばかりなので（内心でどう思われていたかは別として），それに甘えてしまったことは否定できない。経済学は「インセンティブ」という言葉を大切にしている。人をある選択へと誘う要因を意味する言葉だが，筆者のさまざまなインセンティブが重なって執筆に4年を費やすことになった。そこには，人に誇れるインセンティブと，後ろめたいインセンティブが混在していたというわけだ。

インセンティブは人や社会を前に進める原動力だ。自分を高めたい，新しい製品やサービスを世に出したい，社会に貢献したい，お金持ちになりたい。さまざまなインセンティブがわれわれの住むこの世界をより良いものへと導いてきた。けれども，良い方向ばかりとはいえない。テレビのニュース番組やワイドショー，または新聞紙上では，一部の企業や政治家などの不祥事が連日のように報道されている。褒められたことではないが，それでも不祥事に手を染めてしまった背後には何らかのインセンティブがあったはずだ。人は聖人君子ばかりではない。やるべき仕事に身が入らなかったり，後ろめたさを覚えながらもちょっとごまかしてみたり，といったことは誰にでもある。

本書のタイトル，『情報とインセンティブの経済学』は，インセンティブに導かれて人がどのような方向に進むのかに対し，情報が大きく影響していることを示すものだ。経営者が誰からもチェックされずに企業を経営できたり，取引先に納入する製品の質を誰も確認できなかったりすると，企業の私物化や製品の質についての虚偽が生じかねない。また同時に，さまざまな疑心暗鬼が生じて，経済活動が円滑には進まなくなってしまう。

本書は情報とインセンティブにまつわる諸問題を経済学の視点で解説する。経営者への適切なインセンティブづけ，従業員のインセンティブを考慮した組織のデザイン，疑心暗鬼の中でどのように情報を伝えれば信用してもらえるのか，誰かが伝えたくない情報をどのように得るか。現実の経済でもきわめて重要なこれらの問題を解き明かしていこう。

情報とインセンティブにまつわる諸問題を扱う経済学の一分野に契約理論がある。契約理論は1970年代頃にスタートし，いまでは経済学のあらゆる分野に影響を及ぼす標準的な考え方となっている。何も契約文書の堅苦しい文言の書き方を学ぶわけではない。大切なのはその中身だ。契約理論では，契約や，もっと広げると世の中のさまざまな制度や慣習を，人や企業の選択を制御するルールとみなす。そして，ルールのあり方がインセンティブに影響すると考える。不祥事の背後にあるインセンティブはどのようなものか。企業の内部，企業間や顧客との取引，さまざまな関係でインセンティブを良い方向に沿わせるにはどのようなルールが必要か。これらを詳らかにすることが契約理論の目的だ。

インセンティブの経済学や契約理論が扱うモラル・ハザードやアドバース・セレクションといったトピックスは，最近ではミクロ経済学の入門的な教科書でもやさしく解説されることが多い。日本語で読める契約理論の名著もすでに存在している。ただそれらは，現実の具体例を用いながら「考え方」を言葉でわかりやすく説明する入門書か，大学院生を対象として精緻な「数理モデル」を説明する専門書に限られている。

本書の執筆を始めたのは，学部学生たちや経済理論にあまり詳しくない大学院生たちに，入門レベルでは満足せずに少し背伸びをし，卒業論文が書ける程度の専門性を持ってもらいたいと考えたからだ。簡潔にいえば，入門書と高度な専門書のギャップを埋める橋渡しの役割を想定した。だが執筆を進めるとすぐに，橋渡しの役割はさほど重要ではないことに気づいた。むしろ，多くの人たちに「正確に」情報とインセンティブの経済学や契約理論の考え方を理解してもらうこと，それ自体が大切だ。

契約理論を含め，情報とインセンティブにまつわる経済学は強力な分析ツールで射程が広く性能も高い。これから社会に出て行く学部学生たちに本書を手にとってもらい，経済現象を深く分析できるために必要なスキルを学んでほしい。すでに社会で活躍する人たちにも，一歩立ち止まり，直面する課題を分析・解決するための経済学リテラシーを身につけてほしい。そして，現実の経済に点在するインセンティブにまつわる諸問題の本質とインセンティブの制御を意識した制度設計の秘訣を幅広い読者に理解してもらいたい。これらが本書を執筆した第一の動機だ。

本書の執筆では，

(1) 具体例を交えながら初学者にもわかりやすく情報とインセンティブにまつわる経済学の考え方を伝えること（考え方）
(2) 初学者でも正確な数理モデルを理解できるよう工夫すること（数理モデル）
(3) さまざまなインセンティブにまつわる諸問題を紹介しながら経済理論の応用範囲の広さを実感してもらうこと（応用）

の３点を意識した。ただ，筆者の力量もあり，成功しているかどうかはいささか自信がない。また，少し高度な数理モデルを利用し複雑な議論を行っている箇所もある。けれども，読者はそこで諦めず，少し立ち止まり大いに思考してから先に進んでほしい。そして，数理モデルを少しスキップしても本質的なロジックが理解できるように，言葉による説明を丁寧に行ったつもりであるので，先に進んでからまた戻ることもできる。ロジックや数理モデルは大切だ。それらを理解してはじめて，普遍性があり陳腐化しない知見を身につけることができる。単にわかりやすい考え方に納得しただけでは，現実の経済を鋭く見抜く眼を持つことはできない。問題の背後にある構造とロジックを理解できる思考のツールを学んでほしい。

このような希望を実現するためには，まずは問題の所在を明白にすることが必要だ。そのための工夫として，本書では各章の冒頭で，現実にありそうな架空の物語によってビジネスではどのようなインセンティブに関する問題に直面するのかを説明する。主人公は小さなカフェからスタートし，やがてそれは世界的なカフェ・チェーンへと成長していく。物語はあからさまに「どこかで聞いたことがあるような，ありふれた話」ばかりだが，それが大切だ。情報にまつわる問題はありふれた日常の中に潜んでおり，そうしたどこにでもある身近な問題を分析できるからこそ実用性が高い。そして，問題の所在をつかめたら，「考え方」，「数理モデル」，「応用」の３点へと進んでほしい。

ただし，紙幅の都合もあり，数学的に高度な議論や専門性が高い議論は有斐閣のウェブサイトに置いている。興味がある読者はそちらにも目を通してもらいたい。また，本書ではカバーしきれなかった重要なトピックや応用の仕方，関連する分野については，文献案内を用意したので，そちらからさらに知見を広めてもらいたい。本書と補完的な役割を果たす著作は少なくない。経済学リテラシーを高めるためにも，幅広い文献に目を通すことは大切だ。

最後に，編集者の渡部一樹さんには，本書の構成や各章の内容，細かい記述まで数多くの助言を頂載し，本書の企画から完成まで執筆の遅れにも忍耐強くおつきあいいただいた。尾崎大輔さんには，本書の企画を提案していただき，構成についても多くの助言を頂載した。お二人には深く感謝している。また，慶應義塾大学経済学部玉田康成研究会の学生には本書の草稿に目を通してもらい，多くの有益なコメントをいただいた。そして何より，これまで講義に参加してくれた学生たちや刺激を与えてくれた同僚たちがあってこそ，本書は完成した。筆者を支えてくれたすべての人に感謝している。

2020 年 5 月

石田潤一郎
玉田　康成

インフォメーション

●**各章の構成**　各章には，STORY（物語），定義，数値例，COLUMN（コラム），SUMMARY（まとめ），EXERCISE（練習問題）が収録されています。

●**キーワード**　本文中の重要な語句および基本的な用語を，**ゴシック体**に，注意深く読むべきところを**太い明朝体**にして示しました。

●**文献案内**　巻末に，本書で取り上げられなかった内容を補うことができる文献や，より進んだ学習のための文献をリストアップしました。

●**索　引**　巻末に，事項索引，人名索引を精選して用意しました。

●**ウェブサポートページ**　各章のウェブ付録（補論）などを掲載しています。 http://www.yuhikaku.co.jp/static/studia_ws/index.html

著者紹介

石田 潤一郎（いしだ じゅんいちろう）
大阪大学社会経済研究所教授

2000 年，ウィスコンシン大学マディソン校経済学部博士課程修了（Ph. D.）。信州大学経済学部講師，同助教授，大阪大学大学院国際公共政策研究科助教授，同准教授，大阪大学社会経済研究所准教授を経て，2010 年より現職。

主な著作：

"Team Incentives under Relative Performance Evaluation," *Journal of Economics and Management Strategy*, 15(1), 187-206, 2006

"Optimal Promotion Policies with the Looking-Glass Effect," *Journal of Labor Economics*, 24(4), 857-877, 2006

"Dynamically Sabotage-Proof Tournaments," *Journal of Labor Economics*, 30(3), 627-655, 2012

"Dynamic Performance Evaluation with Deadlines: The Role of Commitment," *Journal of Industrial Economics*, 66(2), 377-422, 2018（Chia-Hui Chen と共著）

"Hierarchical Experimentation," *Journal of Economic Theory*, 177, 365-404, 2018（Chia-Hui Chen と共著）

玉田 康成（たまだ やすなり）
慶應義塾大学経済学部教授

2002 年，ウィスコンシン大学マディソン校経済学部博士課程修了（Ph. D.）。慶應義塾大学経済学部専任講師，同准教授を経て，2020 年より現職。

主な著作：

"Direct and Indirect Connections, the Shapley Value, and Network Formation," *Advances in Mathematical Economics*, 8, 315-348, 2006（Kunio Kawamata と共著）

"Optimal Organization in a Sequential Investment Problem with the Principal's Cancellation Option," *International Journal of Industrial Organization*, 25(3), 631-641, 2007（Tsung-Sheng Tsai と共著）

"Delegating the Decision-making Authority to Terminate a Sequential Project," *Journal of Economic Behavior & Organization*, 99, 178-194, 2014（Tsung-Sheng Tsai と共著）

"Optimal Delegation with Self-interested Agents and Information Acquisition," *Journal of Economic Behavior & Organization*, 137, 54-71, 2017（Shungo Omiya, Tsung-Sheng Tsai と共著）

『現代ミクロ経済学 ── 中級コース』有斐閣，2006 年（塩澤修平・石橋孝次と共編著）

目　次

シグナリング 148

隠された知識はどのように伝達するべきか？

不完備契約：基礎編 238

取引相手に足元を見られないためには？

不完備契約：応用編 257

どこまで自社で行うべきか？

CHAPTER

序章

情報・インセンティブ・契約

学ぶ必要がある大切なこと

STORY

●経済学を使ってみよう

起業したい！　スタートアップに参加したい！　そんな夢をぼんやりと抱いている人もいるだろう。やはり自分のことは自分で決めたいものだ。だが尻込みしてしまう人がほとんどだろう。どのように資金を集めたらいいのか。人を使えるのか。どんな製品やサービスをデザインすればいいのか。取引先との関係はうまくいくのか。身近に参考になるような人もいないし，どうにもリアリティがない。

ここで，世界的なカフェ・チェーンを築きあげるストーリーを紹介しよう。よくあるサクセス・ストーリーを語るつもりはない。まったく同じストーリーをトレースすることは誰もできないので得られる教訓も少ないからだ。どんな困難に直面したのか。なぜそれが問題だったのか。どのように対処できるのか。そういったステップを1つずつ，つまびらかにしていこう。役に立つのは経済学だ。経済学のレンズを通して眺めてみると，問題の所在と対処法のロジックが浮かび上がってくる。それらを知ることで，新たな問題に直面したときにも応用できるスキルが身につくわけだ。サクセス・ストーリーに感動するよりも，ハードルを乗り越えることができた理由を理解することの方が大切だ。

これから紹介するストーリーに登場する問題は「情報」と「インセンティブ」にまつわることばかりだ。これらの2つが重なり合うところにはさまざまな落とし穴があり，現実の経済に大きなダメージを与えかねない。新聞紙上を賑わせる不祥事のニュースの多くが実は情報とインセンティブに関係している。だが逆に考えると，情報とインセンティブに関する諸問題をうまくコントロールできたなら，落とし穴がない平坦な道を，成功に向かって歩むことができる。では，なぜこれらの2つが問題を引き起こすのか。ストーリーに進む前に概観してみよう。

序章で考える問題

- 情報とインセンティブの問題をなぜ考えなければいけないのか。
- 非対称情報とは何か。
- 経済学は情報とインセンティブの問題にどのように取り組んできたのか。

1 情報とインセンティブ

インセンティブの重要性

ふらっと街に出かけてみよう。スマホの画面を見ている人の横をデリバリー・サービスの自転車が通り過ぎる。お洒落な服に身を包んでショッピングをしている人が楽しそうに歩いている。その後ろに見えるカフェには，語らう学生もいればパソコンに向かって仕事をしている人もいる。

ありふれた光景だが，ちょっとしたミラクルを感じることもできる。この光景が現実のものとなるためには，誰かがスマホという製品を思いつき，そして誰かがスマホを生産・販売しようと決意する必要がある。他にも，スマホの生産に部品を供給しようと決めた人，生産工場で働こうと決めた人，そのスマホを利用したSNSサービスやアプリを提供しようと決めた人，さまざまな人のさまざまな決定を経てわれわれはスマホを利用できる。そして，似たようなことはデリバリー・サービスやカフェ，あらゆるところで起きている。

スマホを手にする人も，スマホが「欲しい！」と思ったからこそ入手し，利用している。本当は，お金も時間も他に使い道があったにもかかわらずだ。スマホもカフェもデリバリー・サービスも，利用する多くの人たちがいるからこそ普及した。

経済学は「インセンティブ」という概念を大切にしている。インセンティブは「誘因」や「刺激」と訳されることも多いが，「人や企業をある行動へと誘う要因」と考えてもらえばよい。何かを決める際の背後にある動機や理由がインセンティブというわけだ。それは，「お金が欲しい」でもいいし，「人とつながりたい」でもかまわない。他にも「出世したい」，「モテたい」，「留年したくない」などなど，たくさんのインセンティブがある。そして，いろんな人や企業の自己利益を追求したいというインセンティブによる無数の選択や決定が，カフェでスマホを使ってネット・ショッピングするといった日常の光景となって目の前に現れている。ミラクルを感じないだろうか。

定義 0.1　インセンティブ

人や企業といった経済に登場する主体をある行動へと誘う要因。意思決定の背後にある動機や理由のこと。

これが当たり前だと思ってはいけない。一部の国々は計画経済という社会実験を20世紀に行った。そこでは，人々のインセンティブに基づいた自由な意思決定は制限され，経済活動を政府がコントロールしてしまった。お洒落な服を着たいと思う人がたくさんいても，それを作って販売することは許されない。お洒落な服は存在しないので，手に入れることができない。華やかな光景は実現しない。

計画経済は深刻な停滞をもたらし失敗に終わった。人々のインセンティブに基づいた自由な決定を尊重する市場経済だからこそ，冒頭のありふれた光景が実現できた。そして，そんな無数のインセンティブからスマホが生まれ，普及することに市場のミラクルがある。もちろん，市場経済に問題がないとはいえない。さまざまなメディアで市場経済を非難する有識者は少なくないし，傾聴に値する意見も多い。それでも，「競争が敗者を生んでしまう」，「格差を助長する」といった市場経済を批判するアイデアそのものが，たとえば書籍として取引され，著者や出版社の利益となり，読者の満足を高めていくという，市場の機能には敬意を払ってもよいだろう。

人も企業もインセンティブに反応し，インセンティブに従って行動する。経済学の最も重要な考え方の1つだ。そして，経済活動を主に分析する経済学では，「それが得になるから」というインセンティブを中心的に考える。プロスポーツの選手が練習に励むのは，もっとうまくなりたい，というインセンティブもあるだろうが，もっと稼ぎたい，というインセンティブもある。どちらも重要だが後者にフォーカスしよう。実際，市場経済は自己利益の追求を大切にし，しかも，それが社会に価値をもたらすことが多いからこそ繁栄している。

インセンティブが誘うダークサイド

映画，『スター・ウォーズ』は「ダークサイド（暗黒面）に堕ちるかどうか」というせめぎ合いが一貫したテーマとなっている。ダークサイドに堕ちてしまうと，フォースを持つジェダイは憎悪や邪悪な欲望に支配され，宇宙に恐怖をもたらしてしまう。もちろん，ここまで極端な話ではないが，「それが得になるから」というインセンティブが人や企業をダークサイドへと導くことがある。決して人も企業も皆が高邁というわけではない。もしそれが得になるなら，手を抜いたり，ごまかしたり，人の足元を見たり，という選択をしてしまうかもしれない。社会にダメージを与える決定をしてしまうかもしれないというわけだ。

次の3つのケースを考えてみよう。

ケース1：銀行は社会インフラの1つなので，破綻しないように政府が保護している。その結果，銀行の融資先の選択がいい加減になり，巨額の不良債権を抱え経営が悪化した。

ケース2：産地をごまかした食材を消費者に高級食材として高値で販売した。

ケース3：大手メーカーに部品を納入している下町のメーカーは，約束していたはずの取引価格の突然の引き下げを通達され，それを飲まざるをえなくなり経営が苦しくなった。

いずれのケースもそれほど珍しいという感じがしない。よくある光景の1つといってしまってもいいだろう。共通するのは，「得になる」という自己利益の追求によって引き起こされた問題ということだ。経営が悪化しても救済されるなら，銀行は融資先の審査に手を抜くようになるし，多少リスクが高くてもあまり気にせず融資してしまう。それが得だからだ。本当はそうではなくても，高級食材と偽って高値で売れればやはり得をする。大手メーカーはどうせなら取引先の足元を見て部品を安く買い叩きたい。

ところが，このような行動は経済に大きなダメージを与える。銀行が経営破綻に陥れば金融危機が起こりかねないし，スーパーの食材が偽装されていれば，疑心暗鬼が生じて消費者は買い控えてしまう。足元を見られた下町のメーカーは今後の取引には慎重になってしまうだろう。確かに自己利益を追求したいというインセンティブを尊重することは大切だ。けれども，ダークサイドに堕ちてしまうことがあることも忘れてはいけない。

非対称情報とコミットメントの問題

では，インセンティブが人や企業をダークサイドへと導いてしまうかもしれない理由は何だろうか。本書では２つの理由を考えている。１つは非対称情報の問題，もう１つはコミットメントの問題だ。

まずケース１を考えてみよう。もし銀行の行動をつぶさに観察することができるなら，このような問題は起こらないはずだ。預金者はいい加減な経営をしている銀行に預けようとは思わないだろうし，場合によっては政府からの指導も入るはずだ。だが，銀行の経営を預金者や政府が日常的に観察することはできないし，たとえできたとしても専門性が高い経営判断を適切に評価することは難しい。観察されていないからこそ，銀行は甘い経営を行ってしまう。

ケース２についてはどうだろう。もし，食材の産地や新鮮さを完全にトレースできるならばごまかすことはできないはずだ。だが，完全なトレースは不可能だ。つまり，食材の品質を顧客たちはたいてい知ることができない。だからこそ，食品業者は偽装したいと考えてしまう。

この２つには共通点がある。それは**非対称情報**（**情報の非対称性**）という問題だ。ケース１では銀行は自分の経営行動をよくわかっているが，預金者や政府にはわからない。ケース２では食品業者は食材の質は当然わかっているが，顧客にはわからない。つまり，情報に偏りがある。

ただ，違いもある。まず，ケース１で預金者や政府がわからなかったのは銀行が選択した行動だ。このような行動が見えないという問題を**隠された行動**と呼ぶ。隠された行動のもとでは，見られていないからこそ，銀行は融資先の審査を甘くしたり，リスクを過剰にとってしまったりする。そして，見られていないことによって適切な行動が選ばれなくなってしまう現象は**モラル・ハザー**

ドと呼ばれている。

それに対し，ケース2では顧客がわからなかったのは食材の産地だ。このような財・サービスの品質がわからないという問題を**隠された知識**と呼ぶ（隠された情報と呼ばれることも多い）。隠された知識のもとでは，品質が明確にはわからないからこそ，それを偽って供給してしまったりもする。結果として顧客は品質の区別ができなくなってしまい，買い控え行動などが起きてしまう。このような現象は**アドバース・セレクション**と呼ばれる。

モラル・ハザードもアドバース・セレクションも，非対称情報によって自己利益を追求したいインセンティブが社会にダメージをもたらす方向に向いてしまったことで生じる。インセンティブに基づく意思決定がダークサイドへと誘われてしまう大きな理由が非対称情報だ。

ケース3はどうだろうか。これは非対称情報の問題ではない。本来，大手メーカーと部品メーカーとのあいだには取引についての取り決めがあったはずだ。ところが，定められたはずの取り決めをひっくり返すことができればどうだろう。大手メーカーは立場の強さを利用して部品を買い叩くようなことが起きてしまうかもしれない。

前もって定めた約束事を確実に実行することを，経済学では**コミットメント**と呼ぶ。「結果にコミットする！」というCMコピーを聞いたことがある読者も多いだろう。それはつまり，「結果を必ず実現する」という意味だ。もし，大手メーカーが事前の取り決めにコミットするならば部品メーカーも安心だが，それがひっくり返されてしまうと，部品メーカーは今後の取引について疑心暗鬼に陥らざるをえない。けれども，それが可能ならば，自己利益を追求する大手メーカーは買い叩いてしまうだろう。コミットメントの欠如が，ダークサイドに堕ちてしまう原因の1つだ。

2 経済学の挑戦

契約理論とは

本書は経済学の中でも「契約理論」や「情報の経済学」と呼ばれる研究分野を学ぶことを目的としている。最近のミクロ経済学の教科書でもこれらのトピックは，簡単にではあるが後ろの方の章で説明されることが多い。消費者行動や企業行動の理論，市場メカニズムの性能評価といった基礎的なトピックというよりも，むしろ独占や市場の失敗といったより応用的なトピックだ。実際，本書を読めばすぐにわかるように，現実経済と密接に結びついた問題を分析することができる。

具体的に紹介すると，契約理論は主に次の２つのことを分析する。

(1) 自己利益を追求するインセンティブに導かれてダークサイドに堕ちてしまうかもしれない理由を明らかにすること

(2) インセンティブがダークサイドに導くことがない契約や制度のあり方を明らかにすること

契約というと，取引の際にテーブルの上に置いて署名捺印する書面のイメージがあるかもしれない。けれども，重要なのはその中身だ。本書では契約や制度を，取引における内容や支払いの約束事，または権利や責任の配分のルールを指す幅広い概念として捉えている。

そして，ここで注意してほしいのは，決して自己利益の追求を否定しようというわけではないことだ。「得になるから」というインセンティブに基づいた意思決定の集まりが，スマホやカフェに結実することはすでに説明したとおりだ。自己利益の追求は経済の発展に欠かせないものだ。

経済学者は「制度を憎んで人を憎まず」という言い方をすることがある。自己利益の追求というインセンティブに導かれてダークサイドに堕ちてしまう原因は取引の契約や制度の方にあり，単に自己利益を追求している人や企業が悪いのではないという考え方だ。それが得になるなら，多少後ろめたいことでも実行してしまうのは人の性（さが）というものだ。

たとえば，プロスポーツの選手が複数年契約を締結し，何年も巨額の年俸が確約されることがある。すると，練習に身が入らなかったり，ちょっと体調が悪いときには出場しなかったりするのは仕方がないことだ。だからこそ，複数年契約であっても出場試合数や成績に応じてボーナスが支払われるような，文字どおり「インセンティブ契約」が導入されるわけだ。

他にも，年功序列で年を重ねれば確実に出世し報酬が増えていくならば，人よりも頑張って働こうとは思わなくなるだろう。本人の得にならないからだ。それが絶対にバレないならば，普通の牛肉を松阪牛だと偽って顧客に売ってし

CHART 表 0.1 本書の内容と関わりの深いノーベル経済学賞の受賞者

受賞年	受賞者	授賞理由（本書のどこに登場するか）
1991 年	ロナルド・コース	取引費用と財産権の重要性の発見と明確化（第 10 章）
1996 年	ジェームス・マーリーズ，ウィリアム・ヴィックリー	非対称情報下でのインセンティブの経済理論への貢献（第 7 章）
2001 年	ジョージ・アカロフ，マイケル・スペンス，ジョセフ・スティグリッツ	非対称情報を伴う市場の分析（第 5～7 章）
2007 年	レオニード・ハーヴィッツ，エリック・マスキン，ロジャー・マイヤーソン	メカニズム・デザイン理論の基礎の確立（第 7 章）
2009 年	オリバー・ウィリアムソン	経済ガバナンス，とくに企業の境界の分析（第 9，10 章）
2014 年	ジャン・ティロール	市場支配力と規制の分析（第 7 章）
2016 年	オリバー・ハート，ベント・ホルムストローム	契約理論への貢献（第 2，3，9，10 章）

まう店が出てきてしまうことも，もちろん厳しく咎（とが）められるべきだが，致し方ない面もある。

自己利益の追求に基づくインセンティブが人や企業をどこに向かわせるのか，ダークサイドに堕ちていくのか，それとも経済に新しい価値をもたらすのかは，契約や制度のあり方による，というのが契約理論の考え方だ。契約や制度は取引をコントロールするための仕組みといえる。そして，インセンティブに導かれてダークサイドに堕ちてしまう理由は，非対称情報の問題とコミットメントの欠如の問題を適切に解消できていない契約や制度にある。ならば，「契約や制度をうまくデザインしよう！」，それが契約理論のチャレンジするところだ。

ノーベル経済学賞の受賞者たち

表 0.1 は最近のノーベル経済学賞の受賞者と授賞理由の一部を年度ごとに紹介している。共通するのはこの本の内容に深く関わっていることだ。本書には多くのノーベル経済学賞受賞者が登場する。表にあげた以外にも，ジョン・ナッシュやハーバート・サイモン，トーマス・シェリングといったノーベル賞受賞者も登場する。この驚くべき数からも，本書は経済学の近年のメイン・ストリームにある内容を扱っているということがよくわかるはずだ。

非対称情報が引き起こす問題については，すでに1960年代に経済学の巨人でやはりノーベル賞の受賞者であるケネス・アローが医療の枠組みで議論している。その後，ジョージ・アカロフが1970年にアドバース・セレクションの問題を分析し，そこから非対称情報とインセンティブにまつわる諸問題の分析が経済学の中心的な課題の１つになっていった。マイケル・スペンスやジョセフ・スティグリッツはアドバース・セレクションの問題に大きな貢献をしている。モラル・ハザードの問題については1970年代から80年代にかけてのベント・ホルムストロームやジェームズ・マーリーズ，オリバー・ハートらの研究からスタートした。１ついえることは，モラル・ハザードもアドバース・セレクションも問題の重要性が大きすぎて，すでに経済学では常識化し，あらゆる分野で当たり前のようにアイデアが取り入れられているということだ。また，ハートの授賞理由にもなった契約理論を応用した企業理論は，なんと1937年！のコースの研究に端を発し，その後のウィリアムソンの研究を受け継いだものだ。インセンティブをコントロールするための制度をデザインするというアイデアは1970年代のレオニード・ハーヴィッツに端を発し，インセンティブ制約という考え方もそこから始まる。その後，制度設計の分析はエリック・マスキンやロジャー・マイヤーソンに受け継がれ，本書で説明するスクリーニングやオークションもその応用という側面を持つ。また，ジャン・ティロールは理論と応用の両面から幾多の研究を発表している。

何がいいたいかというと，本書はすべての経済学徒が学ばなければいけない内容を扱っているということだ。しかも，それは現実的で，身近な問題ばかりであり，学ぶことで読者は考え方のレベルを１つ引き上げることに成功するはずだ。そのことを実感してもらうために，まずは各章の冒頭のストーリーに目を通してほしい。

これから学ぶこと

本書は３つのパートに分かれている。まず第１部ではモラル・ハザードの問題について解説する。そして，第２部でアドバース・セレクションの問題，第３部ではコミットメントの欠如の問題を扱う。それぞれ，基礎的な考え方からスタートして理解を深め，さまざまな応用的なトピックに移っていくことでその射程の広さを感じてもらえるように配慮している。見通しをよくするために各章を概観してみよう。

第1部　モラル・ハザードの問題と解決策

第1章　期待効用理論とリスク分担　本書では不確実な状況での意思決定や選択を想定することが多い。第1章ではそのための準備を行うと同時に，リスクに対する態度が異なる経済主体のあいだでのリスク分担のあり方について説明する。それは，モラル・ハザードの問題を考える糸口にもなる。

第2章　モラル・ハザード：基礎編　第2章では株主と経営者の関係を想定して，隠された行動とモラル・ハザードの基本的なアイデアを説明する。モラル・ハザードの問題に取り組むためには業績連動報酬が有効だが，そこにあるトレードオフを説明する。

第3章　モラル・ハザード：応用編　第3章ではモラル・ハザードのもとでの業績連動報酬のデザインを考えるうえで，どの程度の強さのインセンティブを与えるべきか，どのような業績の指標を採用するべきかといった現実的な論点を説明する。

第4章　組織の中のモラル・ハザード　第4章では企業などの複数の経済主体で構成される組織を考え，相対評価の役割，昇進競争，業績を共有することで起きるただ乗りの問題といったトピックを説明する。

第2部　アドバース・セレクション問題と解決策

第5章　アドバース・セレクション　第5章では隠された知識とアドバース・セレクションについて説明する。隠された知識が取引の大きな障害となること。また，応用としてチェーン店のメリットと統計的差別についても議論する。

第6章　シグナリング　第6章では，アドバース・セレクションの解消法として，情報を持つ主体が費用をかけて行動を選ぶことで，信頼を伴って情報を伝えるというシグナリングというアイデアについて，学歴と就職のモデルを用いて説明する。また，費用を伴わない口頭でのコミュニケーションについても議論する。

第7章　スクリーニング　第7章では，情報を持たない主体が選択肢を用意し，選ばせることで情報を識別するスクリーニングについて，企業による価格差別のモデルを用いて説明する。また，その応用としてオークションについても説明する。

第3部　コミットメント問題と解決策

第8章　コミットメント　第8章ではコミットメントの欠如がもたらす弊害について説明する。時間が経過するとインセンティブは変化していく。すると事前に定められた約束や契約（コミットメント）は守られなくなるかもしれない。コミットメントの欠如の問題として，予算が厳格化されない問題（ソフトな予算制約問題）や評価基準が変化していくラチェット効果などを紹介し，それらがインセンティブを歪めてしまうことを議論する。

第9章　不完備契約：基礎編　第9章では不完備契約の理論を説明する。あらゆる事態を想定した契約の作成は困難で，契約は不完備なものにならざるをえない。すると，契約はコミットメントとしての機能を失い，機会主義的な行動が選択されるようになる。不完備契約がもたらす弊害について，とくにホールドアップ問題と呼ばれる過少投資の問題に焦点を当てて議論する。

第10章　不完備契約：応用編　第10章では，不完備契約のアイデアを応用して，さまざまな経済問題について説明する。とくに，企業と市場を分かつ要因，負債契約の役割，組織の中の権限配分の問題を議論する。

本書を執筆するうえで注意したことは，他の文献をあげて「詳しくは××を参照してほしい」というフレーズはできるだけ使わずに，本書だけで閉じた議論を行うようにしたことだ。読者はまずは本書を丁寧に読み進めるだけで十分だ。そして，問題の所在を身近に実感するためには冒頭のストーリーを楽しんでほしい。情報とインセンティブにまつわる問題が，現実の世界のあちこちに転がっていることがわかるはずだ。

PART 1

第1部 モラル・ハザードの問題と解決策

CHAPTER

第1章

期待効用理論とリスク分担

ビジネスのリスクはどのように分担されるべきか？

STORY

●これからカフェを開業する話

あなたは若くして「喫茶店」を営んでいる。こだわりの豆を丁寧に焙煎し，最初の一口で美味しさに感動できるコーヒーには自信がある。だがそれは「よくある喫茶店」だった。スマホがない時代，デートの待ち合わせで時計を気にする若者がいる。顔を近づけて幸せそうに会話する男女もいる。背伸びした高校生が少し緊張しながら文庫本を読んでいる。皆がそれぞれの時間を過ごす特別な空間だったが，店内は薄暗く気取った雰囲気だった。

あなたには夢があった。ヨーロッパでは町並みに溶け込んだ「カフェ」をあちこちで見かける。老若男女が気軽にコーヒーを飲みながら談笑したり，テイクアウトして大学や職場に向かう。コーヒーが特別ではなく日常に溶け込んでいる。そんな光景を日本でも実現したかった。日本の街角のあちこちにお洒落で明るいカフェを開きたい。

ところが問題は山積みだ。そもそも日本でそんなカフェが成功するのか。確信はあるが確実とはいえない。それに，あなたの手元にあるのはアイデアだけで，大規模に出店するための資金もない。銀行はあまりスタートアップへの融資に積極的ではないし，負債は縛りになってしまうことはいまの店の開業で身にしみていた。

あなたは資金集めに奔走することになる。投資家に出資してもらおうと考えたからだ。ほとんどの投資家は相手にしてくれない。成功するはずがないと思われているようだ。それでも，あなたのアイデアに感銘し，大きな夢に掛けてみたいといってくれる投資家は確かにいた。夢と利益を分かち合う人たちだ。

出資により投資家が株主になれば経営にいろいろと口を挟むかもしれない。だが投資家から資金調達することには大きなメリットがある。もし投資家に株主として出資してもらえれば，自分は経営に徹することができるし，銀行からの融資に比べるとリスクも小さい。運悪く失敗しても，投資家の損失を埋め合わせる必要はないからだ。投資家は失敗のリスクを承知であなたの夢に資金を提供してくれたのだ。

新しくビジネスを始めるにはそこにあるリスクについて考える必要がある。そして，利益の享受やリスクの負担を適切に分散することで，ビジネスを活性化させることができる。本章ではリスクの問題について考えてみたい。

第 1 章で考える問題

- リスクがある状況で意思決定はどのように行われるのか。
- リスクを伴う選択を実行する人もいれば実行しない人もいることはどのように説明できるか。
- ビジネスのリスクを分担することでどのようなメリットがあるのか。
- どのような人がより多くのリスクを負担するべきなのか。

1 リスクと期待効用

資金調達とリスク分担

当たり前にも思える 2 つの事実をあえて記そう。1 つは，ビジネスのスタートアップには資金が必要だということ，もう 1 つは，ビジネスにはリスクがつきもので必ずしも成功するとは限らないことだ。スタートアップが必ず成功するなら誰もが我先にと資金を提供するので，資金調達に苦労は生じない。けれども，現実はそうではない。リスクがあるビジネスに資金を提供してもらうにはそれなりの根拠が必要だ。また，資金を確保できたとしても，失敗してしまったら大きなダメージを自分と資金提供者に与えてしまう。スタートアップに躊躇するのも当然だ。

だからこそ，スタートアップに資金を円滑に提供する仕組みが必要だ。自己資金や公的な起業支援を除けば，金融機関に融資してもらうか投資家に出資してもらうかが候補となる。それぞれにメリットとデメリットがあるが，大きな違いの1つは，融資には返済義務が生じるのに対し，出資にはそれがないことにある。

融資の場合は起業家は金利を上乗せして負債を返済しなければならない。それに失敗すれば企業は倒産する。起業家は信用を失うことはもちろん，返済の義務も負い続ける。もしかすると，破産に追い込まれるなど，大きなダメージを被りかねない。

投資家は出資により株主として企業に関わることが多い。株主となった投資家は利益を配当として受け取り，株価が上昇すればキャピタル・ゲイン（値上がり益）も得る。起業家は投資家に資金を返済する必要はない。もし失敗すれば投資家は大きな損失を被るが，そのリスクは承知のうえの出資だ。つまり，スタートアップのリスクを起業家と投資家とで分担する仕組みである。投資家は株主として企業の所有者になり所有と経営は分離される。そして，起業家は株主に雇われた経営者として経営に専念することになる（現実には，起業家も多くの株を保有することもあるが，話を単純にしておこう）。投資家は所有者として経営に介入するかもしれないし，起業家はもしかすると経営者の地位を追われることもある。それでも，リスクが分担されるメリットは大きい。その仕組みについて，株主と経営者のモデルを用いて確認してみよう。

株主と経営者のモデル

投資家は起業家への出資により株式を取得し株主として関与する。そして，自社株を持たないならば，起業家は経営者として実際にビジネスを営むことになる。つまり起業家は経営者に，投資家は株主となり，株主-経営者の関係が成立する（図1.1）。

だが，ビジネスはリスクにあふれている。どこかの国で起きた戦争が原材料費を高騰させるかもしれないし，政治不安が景気を冷え込ませるかもしれない。

CHART 図1.1 株主と経営者の関係

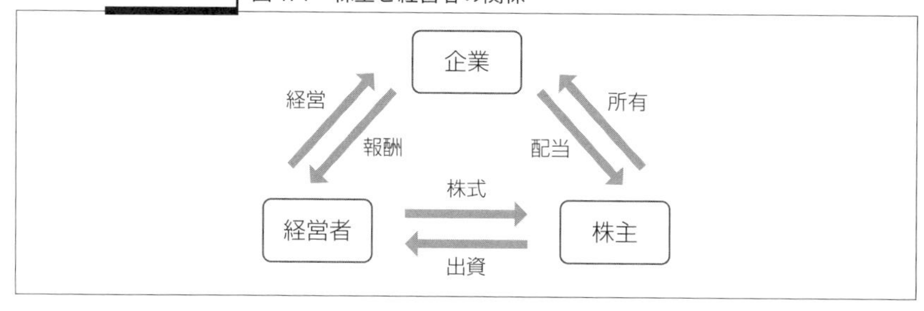

CHART 図1.2 不確実な収益と業績連動報酬

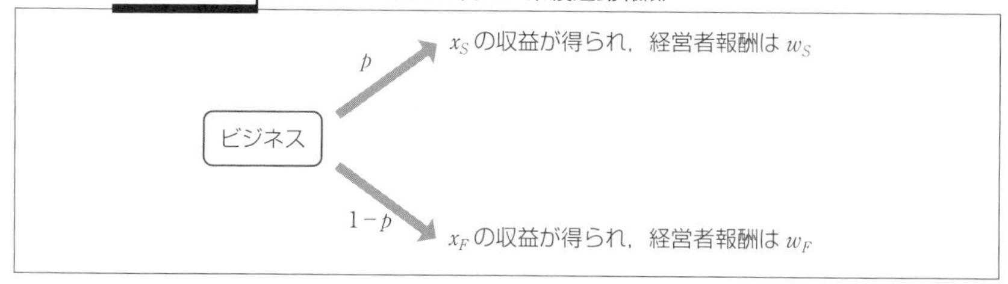

目算が狂うことは日常茶飯事だ。だから，経営者が勤(いそ)しんでも必ず成功するとは限らない。ビジネスには成功も失敗もある。ここで，成功する確率を p，失敗する確率を $1-p$ としよう。成功すれば x_S の収益が生まれ，失敗すれば x_F の収益が実現する。もちろん，$x_S>x_F$ が成立し，ビジネスの成功はより大きな収益をもたらす（図1.2）。

では，経営者はビジネスを営むことで何が得られ，何を失うのだろうか。まず，経営者は実現した収益の一部を**報酬**として受け取る。報酬の大きさを w で表すことにしよう。同時に，経営者は毎日，一定の時間は働かなければいけない。また，責任ある経営者として，寝る時間を惜しみ，余暇を削り，経営に勤しむことも必要になる。そのような費用を $d>0$ としよう。

経営者の効用は報酬からの満足 $u(w)$ と努力の費用 d とに分けることが可能で，$u(w)-d$ と表現できるとする。ここで $u(w)$ は**効用関数**と呼ばれ，経営者が w の報酬を得たときの満足（効用）を関数として表現したものだ。もちろん，報酬が増えると経営者の効用も増える（微分の表現を利用すると $u'(w)>0$ が成立する）。

報酬のあり方の決定には株主と経営者とのあいだで合意が必要だ。経営者は自らの報酬を株主に認めてもらい，報酬契約を結ばなければならない。では，報酬契約は何を目安にデザインされるだろうか。いま使える目安はビジネスに成功したかどうかだ。株主はビジネスの業績を観察できるし，会計上も客観的に立証できるとしよう。すると経営者の報酬を業績に依存させることができる。このような，業績に応じて変化する報酬を**業績連動報酬**と呼ぶことにしよう。そして，ビジネスが成功し x_S が実現したときの報酬を w_S，失敗して x_F が実現したときの報酬を w_F とする。

期待効用の考え方

経営者の報酬は不確実な収益の実現値に依存するので，経営者の効用もまた不確実だ。そのような不確実性のもとでの効用は，各報酬からの**効用の期待値**で評価しよう。つまり，経営者が p の確率で w_S を得られ，$1-p$ の確率で w_F が得られるとき，リスクがある状況での報酬からの経営者の効用の期待値は $pu(w_S)+(1-p)u(w_F)$ となる。これを**期待効用**と呼ぼう。

定義 1.1 期待効用

経営者が p の確率で w_S の報酬を得られ，$1-p$ の確率で w_F の報酬が得られるとき，経営者の報酬からの期待効用は $pu(w_S)+(1-p)u(w_F)$ となる。

不確実な報酬のもとで，経営者は期待効用を最大化するように行動すると考えよう。

たいていのミクロ経済学の教科書は消費者行動の理論から始まる。ワインを何本購入するか，限られた予算のもとでワインとチーズをどれだけ購入するか，といった具合だ。もう少し発展的な問題を扱うことができる。時間を労働と余暇とに振り分ける問題や，生涯所得を現在の消費と将来の消費とに振り分ける問題なども考えることができる。

ところが，現実には人々はさまざまなリスクにも直面している。明日病気になるかもしれないし，起業したところで確実に成功するとは限らない。他にも，就職した企業の将来の業績，手元にある金融資産からのリターン，などリスクはさまざまだ。そのようなリスクを伴う状況での意思決定を考察する方法が，「それぞれの結果から得られる満足（効用）の期待値」を人々の意思決定の基礎に置こうという期待効用の考え方だ。

ゲーム理論の創始者として知られるジョン・フォン・ノイマンとオスカー・

モルゲンシュテルンによって生み出された期待効用理論は，経済学やファイナンス理論などで，リスクがある状況での意思決定を分析する標準理論として高い地位を確立している。

 リスクに対する態度

サンクト・ペテルブルクの逆説

期待効用の考え方が有効であることを確認するために，少し寄り道して次のような仮想的な賭けを考えてみよう。その賭けでは，参加者は1枚のコインを少なくとも1回は投げる。そして，賞金は次のように定まる。

- 1回目：表ならば 200円を受け取り終了。裏ならば2回目に進む。
- 2回目：表ならば 400円を受け取り終了。裏ならば3回目に進む。
- 3回目：表ならば 800円を受け取り終了。裏ならば4回目に進む。
- 4回目：表ならば1600円を受け取り終了。裏ならば5回目に進む。
- 5回目：表ならば3200円を受け取り終了。裏ならば6回目に進む。
- 6回目：表ならば6400円を受け取り終了。裏ならば7回目に進む。
- ⋮

では，この賭けに参加するためにいくら支払えるだろうか。たとえば5000円支払えるだろうか。おそらく，多くの人は5000円を支払うことにためらうだろう。賞金が5000円を超えるためにはコイントスを6回以上続ける必要があるが，コイントスが5回目までに終了する確率は31/32＝0.96875，おおよそ97％だ。

では，この賭けの賞金の期待値はいくらだろうか。計算してみると，

$$\frac{1}{2}200+\frac{1}{4}400+\frac{1}{8}800+\frac{1}{16}1600+\frac{1}{32}3200+\frac{1}{64}6400+\cdots$$
$$=100+100+100+100+100+100+\cdots=\infty$$

となることがわかる。つまり無限大だ。期待値で計算すると，たとえ参加費が1億円であっても賭けに参加することは理にかなっている。

もし「賞金の期待値」だけに関心があれば，どんなに大きな参加費でも参加するべきだが，実際には5000円でも支払う人はまれだ。このパズルは**サンク**

ト・ペテルブルクの逆説と呼ばれ，数学者ダニエル・ベルヌーイが指摘したとされる。

この逆説を解消する方法が，人々は期待賞金獲得額そのものではなく，賞金から得られる効用の期待値である期待効用を最大化すると考えることだ。とくに，人々はたとえ賞金獲得額の期待値がかなり大きいとしても，大きな確率でごくわずかの賞金が得られ，小さい確率で巨額の賞金が得られるようなリスクを許容しようとは考えない。言い換えれば，人々はリスクを回避したいと想定することが妥当だ。

リスクを回避したい経営者

それでは，話を経営者報酬に戻してリスクに対する態度について考察してみよう。業績連動報酬を想定した場合，業績が良い場合に高い報酬を得られそうだ。おそらくは $w_S > w_F$ という関係が成立すると考えてよい気がする。たとえば，少し極端かもしれないが，$w_S = 2000$（万円），$w_F = 0$（万円）という報酬契約を考えてみよう。また，$p = 1/2$ の確率でビジネスは成功し，$1 - p = 1/2$ の確率で失敗すると想定する。すると報酬の期待値は 1000（万円）だ。では（w_S, w_F) = (2000, 0) のような業績連動報酬と，ビジネスの成否にかかわらず確実に報酬の期待値 $\bar{w} = 1000$ を得るような固定報酬とではどちらを経営者は好むだろうか。個人としても家庭を持つ者としても生活の安定は大きな関心事だ。たいていは不安定な報酬よりも安定的な報酬の方が好ましい。つまり，$u(1000) > \frac{1}{2}u(2000) + \frac{1}{2}u(0)$ という関係が成立しそうだ。サンクト・ペテルブルクの逆説でも確認したように，リスクを回避したいというわけだ。

この関係を認めるならば，1000 よりも少ない，たとえば 800 という金額を確実に受け取れるならば $u(800) = \frac{1}{2}u(2000) + \frac{1}{2}u(0)$ が成立すると想定できる。ここで図 1.3 を見てほしい。これらが成立するためには，効用関数 $u(w)$ の傾き $u'(w)$ は w が増えるにつれて緩やかになっていき，グラフが上に向かって凸になっている必要がある（$u''(w) < 0$）。このような関数は強い凹関数と呼ばれる。

経営者にとって，不確実な報酬（w_S, w_F) = (2000, 0) と確実な固定報酬 800 はどちらも期待効用は同じ（＝無差別）だ。この 800 は**確実同値額**（certainty equivalent）と呼ばれ，業績に連動した不確実な報酬を確実な固定報酬で評価

CHART 図 1.3　リスク回避的な場合

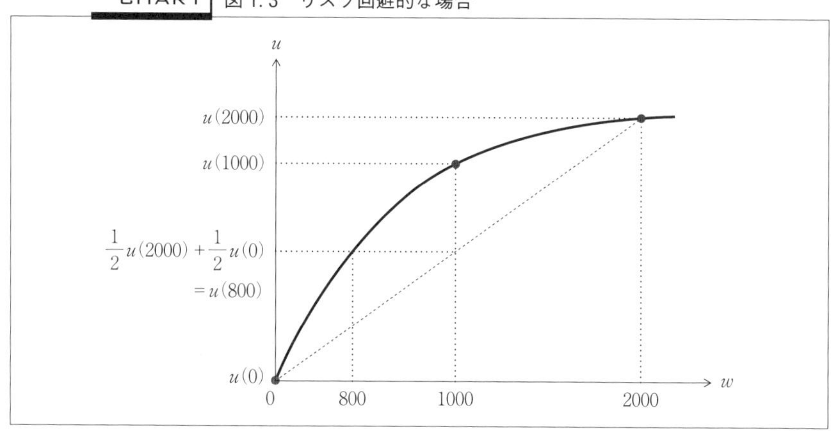

CHART 図 1.4　確実同値額とリスク・プレミアム

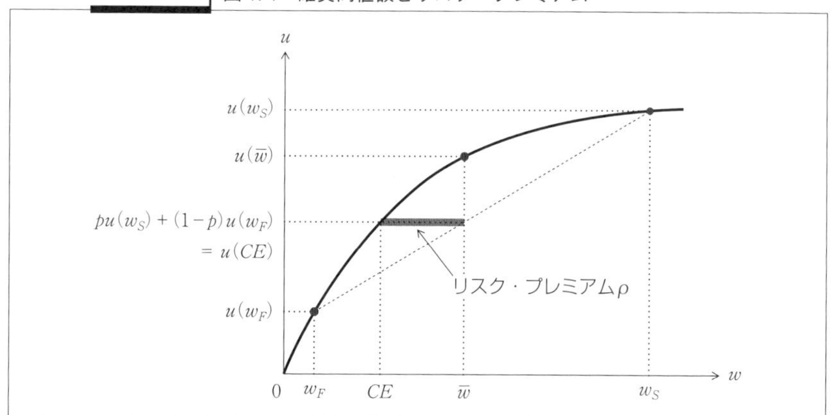

しなおしたものだ。そして，不確実な報酬の期待値 1000 と確実同値額 800 の差額である 200 は**リスク・プレミアム**と呼ばれる。経営者は不確実な報酬を避けるために，期待報酬額が 200 だけ減少することを許容できるというわけだ。

議論を一般化しよう。図 1.4 を見てほしい。経営者は確率 p で w_S を受け取り，確率 $1-p$ で w_F を受け取る。そして報酬の期待値は $\bar{w}=pw_S+(1-p)w_F$ となる。図 1.4 では図 1.3 と同じく経営者の効用関数 $u(w)$ が強い凹関数となっている。このとき，

$$u(\bar{w}) > pu(w_S) + (1-p)u(w_F)$$

が成立し，不確実な報酬（w_S, w_F）よりも，報酬の期待値 $\bar{w}$ を確実に得ることを経営者は好む。そして，$\bar{w}$ よりも小さい額である CE について，

$$u(CE) = pu(w_S) + (1-p)u(w_F)$$

が成立する。この CE が確実同値額だ。またリスク・プレミアムは $\rho = \bar{w} - CE$ となる。

不確実な報酬よりもその期待値を確実に得る方がよい，という経営者はリスクを嫌い確実な報酬を好む。そのようなリスクに対する態度は**リスク回避的**という。実際，経営者も含めて多くの個人はリスク回避的だと考えられる。保険に加入する人は多いが，それはリスク・プレミアムに相当する額まで保険料を支払ってもリスクを回避したいと考えるからだ。リスクを伴う投資にはいっさい手を出さず，利回りがゼロに近い銀行預金などに資産を預ける人は少なくない。また，一攫千金を志して自ら起業したりスタートアップに参加したりするよりも，大企業社員や公務員といった安定的な職業を目指す学生は多い。

人々はたいていは1つの企業から報酬を得ており，収入源を分散させることはできない。もし複数の収入源があるならば，それらがリスクを伴うような収入だとしても，すべてが同時に途切れるようなことはあまりないだろう。つまりリスクを分散させることができる。するとリスクを比較的許容できるようになるが，収入源の分散は簡単なことではない。

リスク中立的な場合

もし経営者が，不確実であろうと確定的であろうと得られる報酬の期待値のみに関心があるとすればどうなるだろうか。先ほどの例に戻れば，確率 1/2 で 2000，確率 1/2 で 0 を得るような報酬契約と，その期待値 1000 を確実に得ることとが無差別となる場合だ。そのような状況は図 1.5 のように表現することができ，このとき，効用関数は $u(w) = w$ のような直線のグラフとして描かれる。

不確実な報酬契約とその期待値を確実に得ることを同等に評価する場合，そのようなリスクに対する態度は**リスク中立的**という。リスク中立的ならば，不

CHART　図 1.5　リスク中立的な場合

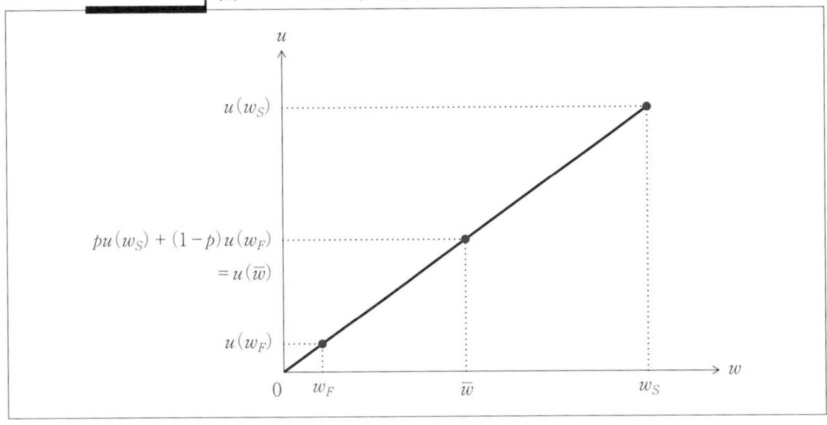

確実性の存在には関心がなく，ただ報酬の期待値が高いことを好む。

では，株主はどうだろうか。株主となるような投資家は，資金をさまざまな投資先にも分散投資するようなポートフォリオを組んでいるだろう。その結果リスクも分散され，比較的リスクを許容できるようになる。実際，金融危機のような経済全体に影響する大きなショックが起きない限りは，すべての投資先から損失を被るような状況は想定しづらい。プラスもあればマイナスもある。ただ，トータルでプラスであれば問題がないわけだ。つまり，株主はリスク中立的と考えられる。

リスク回避的，リスク中立的があるならば，次に考えられるのはリスク愛好的な態度だ。報酬の期待値を確実に得ることよりも不確実な報酬契約の方が良い，という経営者は確実な報酬を嫌いリスクを好む。このようなリスクに対する態度は**リスク愛好的**という。効用関数の形状は，リスク回避的な場合とは逆にグラフが下に向かって凸になり，強い凸関数である必要がある（$u''(w)<0$）。リスク愛好的な態度は，通常はほとんど議論されない。人はたいてい安定を好む。リスクを受け入れるとしても，その理由は大きな期待値を見積もっていることにある。よって，これからの議論にはリスク愛好的な人は登場しない。けれども，**Column ❶-1** で説明するプロスペクト理論は，リスク愛好的な態度も現実の人々の意思決定を考察するうえで重要であることを示している。

定義 1.2 リスクに対する態度

リスク回避的：異なる金額を不確実に受け取るよりも，その期待値を確実に得る方を好むとき，リスクに対する態度はリスク回避的という。このとき，効用関数は強い凹関数となっている。

リスク中立的：異なる金額を不確実に受け取ることと，その期待値を確実に得ることが無差別であるとき，リスクに対する態度はリスク中立的という。このとき，効用関数は線形の 1 次関数となっている。

リスク愛好的：異なる金額を不確実に受け取ることの方が，その期待値を確実に得ることよりも好むとき，リスクに対する態度はリスク愛好的という。このとき，効用関数は強い凸関数となっている。

リスク回避の程度が小さいほど，人々はリスクがある選択を実行できるようになる。リスク中立的ならば不確実性の存在は考慮しなくなる。

人々にリスクがある状況を許容させたり，リスクを伴う選択を実行させるには，リスク回避の程度を減らす必要がある。株主のように選択肢を多様にできればリスクを減らすことも可能だが誰にでもできることではない。けれども，リスクを適切に共有することで，リスクの許容が可能となり，経済に新たな価値をもたらすことができる。そのことを議論してみよう。

3 最適なリスク分担

リスクのもとでの報酬契約

経営者の報酬契約のデザインに話を戻そう。契約作成の交渉プロセスについては，株主が契約をデザインして経営者にそれを提示し，経営者は提示された契約を受諾するか拒否するかのみを選択できるとしよう（ただし，これは議論を単純化するための想定であり，逆に経営者が株主に契約を提示するような状況も考えることができる）。すると時間は次のように流れていく（図 1.6）。

(1) 株主が報酬契約 (w_S, w_F) を作成し経営者に提示する
(2) 経営者が契約を受諾するか拒否するかを決定する
(3) 成功か失敗かの業績が実現する
(4) 契約に従って報酬が確定する

Column ❶-1　プロスペクト理論

まず5000円を受け取り，次の2つの選択肢が提示されたとしよう。

選択肢A：確率1/2で追加の5000円を受け取り，確率1/2で何も受け取れない。

選択肢B：確実に追加の2500円を受け取る。

どちらの選択肢を好むだろうか。リスクを避け確実に2500円を受け取ろうと考えないだろうか。

次に，まず1万円を受け取り，次の2つの選択肢が提示されたとしよう。

選択肢C：確率1/2で5000円を返し，確率1/2で何も返さない。

選択肢D：確実に2500円を返す。

この場合はどうだろう。確実に2500円を失うよりは，何も返さない場合に挑戦しようと思わないだろうか。

少し考えればわかるが，選択肢Aと選択肢Cは最終的な受取額が確率1/2で1万円，確率1/2で5000円となり同じだ。また，選択肢Bと選択肢Dはどちらも確実に7500円を受け取ることになりやはり同じだ。よって，期待効用理論が考えるように最終的に受け取る金額のみに関心があるなら，2つの状況で選ばれる選択肢は一致するはずだ。

だが実際には，1つ目の選択では選択肢Bを，2つ目の選択では選択肢Cを選ぶことはさほど不自然だと感じられない。つまり，人々は金額の絶対的な大きさのみに関心があるわけではないということだ。このような選択を説明するアイデアが**プロスペクト理論**だ。

プロスペクト理論では，人々の効用（価値関数と呼ばれる）が次の図のように描かれると考える。人々は現状（参照点）を参照し，そこからの変化に関心がある。先ほどの1つ目の場合は手元に5000円を持つことが参照点となり，プラスの変化について選ぶ。一方，2つ目の場合は手元に1万円を持つことが参照点となりマイナスの変化について選ぶ。

図　プロスペクト理論の価値関数

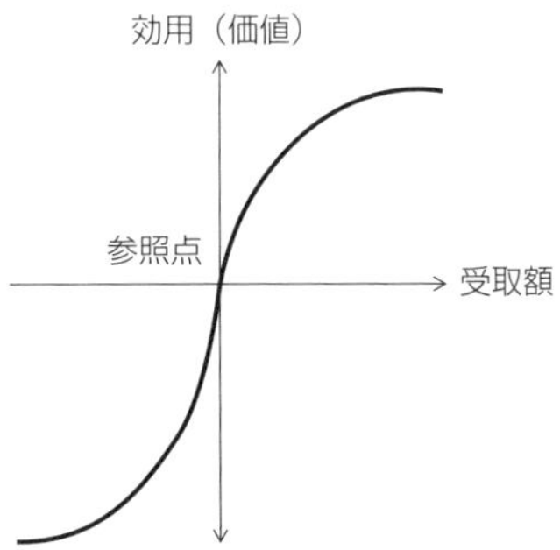

そして，参照点からの変化に対する感応度が逓減し，価値関数の傾きがプラスの領域でもマイナスの領域でもだんだん緩やかになる。したがって，価値関数はプラスの局面では凹関数に，マイナスの

局面では凸関数となる。それはすなわち，プラスの局面ではリスク回避的でマイナスの局面ではリスク愛好的ということだ。確かに 5000 円が参照点の場合にはリスク回避的な選択肢 B を選び，1 万円が参照点の場合にはリスク愛好的な選択肢 C を選びそうだ。

実際，確実に 90 万円を得ることと，90% の確率で 100 万円，10% の確率で 0 円を得ることとを比較すると，前者を選ぶだろうが，確実に 90 万円を失うことと，90% の確率で 100 万円，10% の確率で 0 円を失うこととを比較すると，後者を選ぶ人が多いだろう。業績が悪化し株価が下落した企業の株式を，また株価が上昇する可能性にかけて保有し続け，結局は損失を膨らませてしまう人は少なくない。

プロスペクト理論を 1 つの嚆矢（こうし）とする行動経済学は，2002 年にダニエル・カーネマンが，2017 年にリチャード・セイラーがノーベル経済学賞を受賞したように，経済学研究において地位が高まっている。伝統的な経済学が人々の合理的な意思決定を想定するの対し，行動経済学は実験的なアプローチから人々の選択に潜む心理的傾向＝アノマリーを明らかにする。もちろん，人が純粋に便益と費用を比較して意思決定すると考える人間像は間違ってはいない。けれども同時に，それだけでは説明できないアノマリーを持つこともまた確かだ。行動経済学は，最近では政府の政策決定に反映されたり，企業の販売戦略を説明するツールとしても利用される。セイラーは人々の選択の傾向を汲み取ったうえで，良き方向へと誘導するきっかけをデザインする「ナッジ」のアイデアを提示した。たとえば，アメリカでは利息を含めた返済総額を見える化するだけでクレジットカードの利用を大きく削減できた。人々の損失回避性に訴えたナッジといえるだろう。

（参考文献） Agarwal, S. *et al.*（2014）“Regulating Consumer Financial Products: Evidence from Credit Cards,” *Quarterly Journal of Economics*, 130 (1), 111-164.

もし，報酬契約の条件が悪ければ，経営者はそれを拒否し株主との関係を打ち切ったうえで他の選択肢を選ぶだろう。別のビジネスを立ち上げてもよいし，他の企業からのヘッド・ハンティングを狙ってもよい。ここで，経営者が報酬契約を拒否し，関係を解消したときに得られる効用を $\bar{U}$ としよう。この $\bar{U}$ は**留保効用**と呼ばれ，報酬契約 (w_S, w_F) の d も考慮した期待効用が留保効用 $\bar{U}$ を下回ると経営者は契約へのサインを拒否するようになる。つまり，報酬契約は次の条件を満たす必要がある。

CHART 図 1.6 株主と経営者のモデルの構造（株主の利得，経営者の利得）

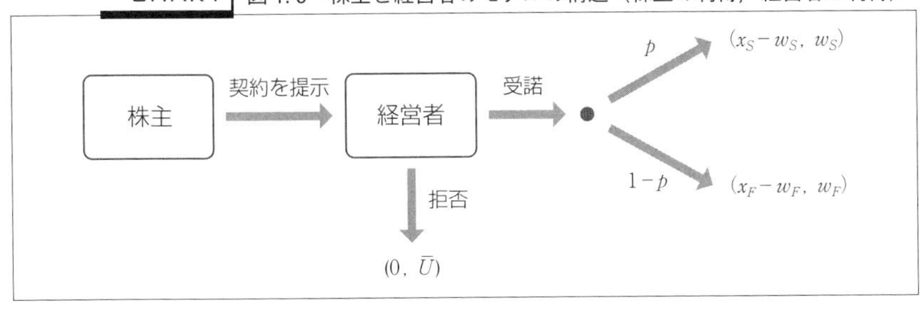

参加制約

$$pu(w_S) + (1-p)u(w_F) - d \geq \bar{U} \tag{1.1}$$

この条件は**参加制約**，または**個人合理性制約**と呼ばれる。

いま，$(w_S,\ w_F)$ という報酬契約のもとでは，p の確率で経営者は w_S を，株主は $x_S - w_S$ を獲得し，$1-p$ の確率で経営者は w_F を，株主は $x_F - w_F$ を獲得する。そして，株主は収益から経営者への報酬を引いた額（＝株主利益，企業の利潤である）の期待値を最大化する。すると，株主の問題は次のようになる。

株主の問題

$$\max_{w_S,\, w_F} \quad p(x_S - w_S) + (1-p)(x_F - w_F)$$
$$\text{subject to} \quad pu(w_S) + (1-p)u(w_F) - d \geq \bar{U} \tag{1.2}$$

これは「経営者への参加制約のもと」で，「株主利益の期待値を最大化する」問題だ（「max」は最大化する，「subject to」はその制約のもとで，ということを意味している）。この問題を株主と経営者のリスクへの態度の違いに着目して分析してみたい。

株主の期待効用は，期待収益 $px_S + (1-p)x_F$ から経営者の期待報酬額 $pw_S + (1-p)w_F$ を差し引いた形に書き換えられる。ここで，x_S や x_F は定まった値なので期待収益も一定であるのに対し，期待報酬額は w_S や w_F を変更することで大きさを変えられる。つまり，株主の問題は事実上，経営者の期待報酬額の最小化問題となる。株主はできるだけ報酬の支払いを少なくしたいと考えるので，参加制約は等号で成立し，$pu(w_S) + (1-p)u(w_F) - d = \bar{U}$ となる。

CHART 図1.7 経営者の無差別曲線と報酬の期待値

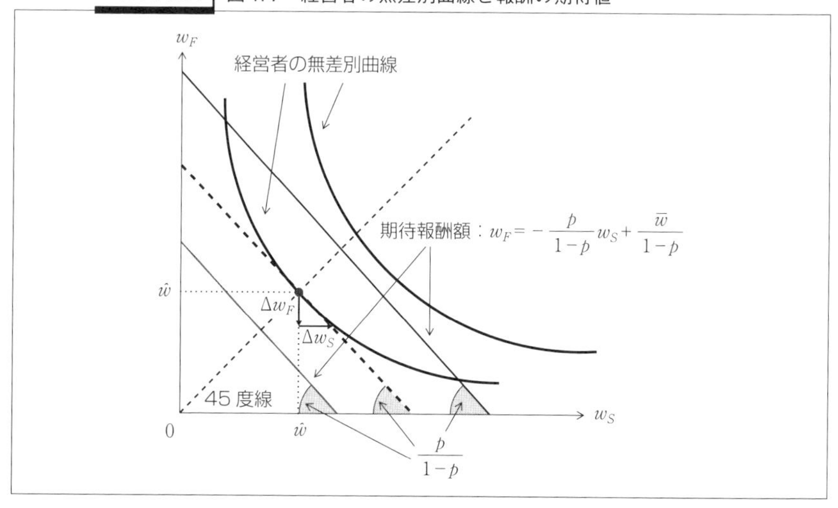

ここで，$w_S > w_F$ という不確実な業績に連動した報酬契約と，常に w^* を得るという固定報酬契約とを比較してみよう。経営者はリスク回避的なので，$pu(w_S)+(1-p)u(w_F)-d=u(w^*)-d$ ならば，$pw_S+(1-p)w_F>w^*$ が成立することになる。なぜなら，不確実な業績連動報酬の場合には，固定報酬の場合と比べると，リスク・プレミアムの分だけ期待報酬額が上乗せされないと経営者は同じだけの期待効用が得られない。逆に考えると，株主は不確実な業績連動報酬ではなく固定報酬とすることで，リスク・プレミアムに相当する額だけ報酬支払いの期待値を減らすことができるわけだ。よって，最適な報酬契約は固定報酬契約となる。そのことを図解により詳しく議論しよう。

図1.7を参照してほしい。横軸には w_S を縦軸は w_F を表している。株主は報酬の期待値である $\bar{w}=pw_S+(1-p)w_F$ を最小化しようとする。報酬の期待値が一定の $\bar{w}$ であるような（w_S, w_F）の組み合わせをグラフで表現すると，それは傾きの大きさが $p/(1-p)$ である右下がりの直線，

$$w_F = -\frac{p}{1-p}w_S + \frac{\bar{w}}{1-p}$$

となる。そして，左下の直線ほど報酬の期待値は少ない。

次に経営者の期待効用が一定であるような w_S と w_F の組み合わせを表す線（無差別曲線）を検討しよう。つまり，その線の上の（w_S, w_F）はすべて経営者

にとって無差別というわけだ。図にある45度線は $w_S=w_F$ を意味しており，すなわち業績に連動しない固定報酬を表している。すると，45度線から離れれば離れるほど，w_S と w_F の乖離が大きくなる。経営者はリスク回避的なので受け取る報酬の乖離が大きくなっても期待効用が等しくなるためには，期待報酬額が増えなければならない。だから，無差別曲線は45度線から離れれば離れるほど上方に曲がっていくことになる。つまり，無差別曲線は原点に対して凸の形状を持つ。そして，右上の無差別曲線ほどより高い期待効用に対応する。

また，経営者の無差別曲線のもう1つの特徴についても説明しておこう。それは，無差別曲線の傾きの大きさが45度線上で $p/(1-p)$ となることだ。たとえば，$w_S=w_F=\hat{w}$ という固定報酬から，効用が変化しないように無差別曲線に沿って w_F が微小に Δw_F だけ減少し，w_S が微小に Δw_S だけ増加したとしよう。そのような報酬の微小な変化による効用の変化は効用関数を微分した $u'(\hat{w})$（限界効用）によって表される。すると，経営者の期待効用は $pu'(\hat{w})\Delta w_S$ だけ増加し，$(1-p)u'(\hat{w})\Delta w_F$ だけ減少する。そして，合計では期待効用は変化しないので，

$$pu'(\hat{w})\Delta w_S+(1-p)u'(\hat{w})\Delta w_F=0$$

が成立し，両辺で $u'(\hat{w})$ が共通であることから，

$$-\frac{\Delta w_S}{\Delta w_F}=\frac{p}{1-p}$$

が得られる。つまり，無差別曲線の傾きの大きさは45度線上で $p/(1-p)$ となる。経営者の無差別曲線の形状についての詳細な議論は章末の補論で確認してほしい。

次に図1.8を見てみよう。PC線は参加制約を等号で満たす (w_S, w_F) を表している。すると，参加制約を満たす報酬契約はPC線の右上の範囲となる。その範囲で株主が期待報酬額を最小化すると，経営者の無差別曲線の傾きと期待報酬額が一定である線の傾きが一致する (w_S, w_F) が選ばれる。2つの傾きが一致するのは，無差別曲線の傾きが $p/(1-p)$ となる45度線上だ。したがって，$w_S=w_F=w^*$ が最適な報酬契約として選ばれる。つまり，経営者は業績に連動せず，常に一定の固定報酬を得る。そして，w^* は $u(w^*)-d=\bar{U}$ を満

CHART 図 1.8 最適なリスク分担

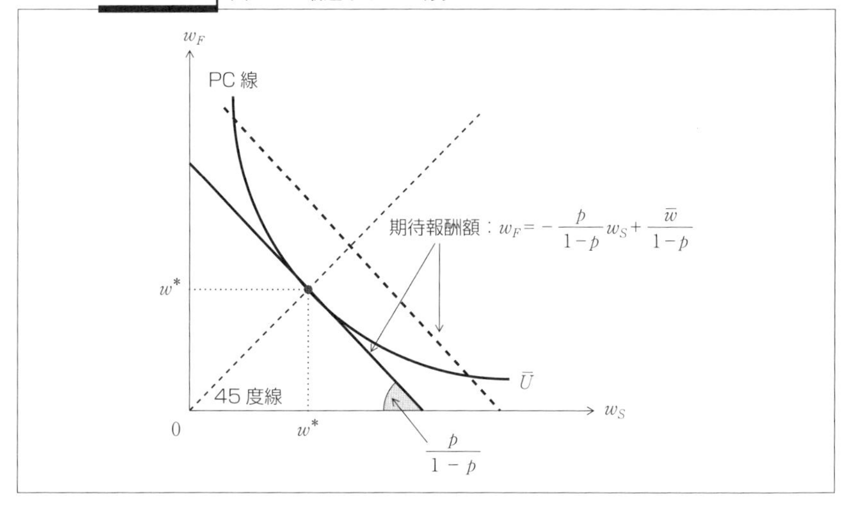

たすように決まる。一方，株主の利益は業績に応じて変動し，リスクを伴うことになる。

数値例　最適な報酬契約

最適な報酬契約を簡単な数値例を用いて導出してみよう。経営者の効用関数は $u(w)=\sqrt{w}$，経営の費用は $d=10$ だとしよう。また，ビジネスの成功確率は $p=2/3$ で，経営者の留保効用は $\bar{U}=20$ だとする。最適な報酬契約は参加制約 $\sqrt{w^*}-10=20$ を満たす固定報酬 w^* なので，$w^*=900$ となる。

経営者と株主のあいだでのリスク分担

ここで，株主と経営者の問題が，本質的にどのような問題なのかを再検討してみよう。収益は不確実だが，それは誰も操作できない。ただ運を天に任せるだけだ。考えるべきは，実現した収益をどのように経営者と株主で分けることが望ましいかという問題だ。そして，経営者の（期待）効用の水準は株主との関係があろうとなかろうと留保効用の水準にとどめられることに注意しよう。すると，取引の価値の観点でも「株主利益を最大化する＝報酬支払いの期待値を最小化する」ことが，目指すべき目標となる。

固定報酬契約は変動のリスクをすべて株主が負担するべきだということを主

張する。それが最適なリスク分担だからだ。株主がリスク中立的で経営者がリスク回避的であるとき，報酬が業績に応じて変化するようなリスクを経営者に負わせることは株主にとって得策ではない。リスクを避けられるならば，リスク・プレミアム分は報酬の期待値が減少してもかまわないと経営者は考える。リスク回避的な経営者に無用なリスクを負わせるべきではないということだ。一方，株主はリスク中立的だ。経営者に支払う報酬の期待値が減少するなら，喜んでそれを受け入れる。そして，成功か失敗にかかわらず経営者の報酬は一定の固定報酬となり，反面，株主の取り分（株主報酬）は結果に応じて変動することになる。

定義 1.3　最適なリスク分担

リスク中立的な株主とリスク回避的な経営者とのあいだの取引では，すべてのリスクを株主が引き受けることが最適なリスク分担だ。

実際，資金調達で投資家に出資してもらうメリットの1つは，起業家は経営者として関与することでリスクを軽減できることにある。また，経営者や従業員たちにとって生活の安定は大きなメリットであり，それが得られるならば報酬の期待値の減額を受け入れるだろう。

現実の企業でも，業績が良ければボーナスが支払われるし，また中長期的には従業員への報酬は企業業績に応じて増減するが，基本的には固定的な給与が支払われる。また，企業間の取引でも，比較的規模が大きい企業と，零細な中小の部品メーカーなどが取引する際には，やはり規模が大きくリスク中立的な企業がリスクを負担するべきだ。

現実経済ではリスクをやりとりするようなビジネスを数多く見つけることができる。保険会社は，病気や火災，交通事故といった個人で負担するには大きすぎるリスクを負担する代わりに保険料を受け取る。銀行は貸し倒れのリスクを負担できない個人から預金を集め，代わりに貸付先を探すと同時に，貸付先の倒産のリスクを負担する。預金者が受け取るリターン（利子）はほぼゼロだ。リスク回避的な主体の代わりにリスク中立的な主体がリスクを引き受けることでリスク・プレミアムに相当する価値が生まれる。リスクの適切な分担を可能とするような取引は経済に大きな価値をもたらすというわけだ。

Column ❶-2 株式会社という制度

現代経済では多くの企業が株式会社の形態を採用している。株式会社の特徴としては，所有と経営の分離，細分化された株式，経営者の有限責任をあげることができる。これらの特徴は企業の経営のリスクをうまく分散し，企業活動を活性化させる役割を持っている。

もし企業の所有と経営が分離されておらず，個人がすべてのリスクを負担しなければならないならば，企業経営はかなり危なっかしくなる。優れたビジネスのアイデアを持っていても，失敗のリスクを考えると起業には躊躇するだろう。自分の資産をつぎ込んでいたならそれを失ってしまうかもしれず，負債を背負ったならば破産するかもしれない。

けれども，投資家から資金を得て株主になってもらえば，企業経営のリスクの一部を株主に負担してもらうことができ，経営者として安定的な報酬を得ることができる。もし経営に失敗してもせいぜい（それもきついかもしれないが）自分が投じた資金と経営者としての地位を失うだけだ。また，投資家もさまざまな企業に株主として投資することでリスクを分散することができる。つまり，株式会社という制度は，経営者と株主とのあいだでのリスク分担，株主たちのあいだでのリスク分担を可能とし，たとえ個人がリスク回避的であっても企業経営が円滑に行われるようになる仕組みを与えてくれる。

SUMMARY ●まとめ

□ 1 リスクがある状況では人々は期待効用を最大化するように行動すると考えよう。

□ 2 リスクに対する態度に応じて，リスクを許容できるかできないかが決まる。リスクを分散することができない個人はリスク回避的だが，リスクを分散することができる大規模投資家や企業はリスク中立的だ。

□ 3 リスクを負担し合うことで個人が直面するリスクを減らすことができる。そして，リスクの許容が可能となり経済活動が活性化する。リスク中立的な株主とリスク回避的な経営者の場合には，経営者はリスクを負担するべきではない。

□ 4 リスク回避的な人よりもリスク中立的な人にリスクを負担してもらうことで，

経済に新たな価値が生まれる。株式会社という制度や保険会社がその例だ。

EXERCISE ● 練習問題

1-1 大規模な商社と街の個人商店とではどちらがよりリスク回避的だろうか。リスクの分散の観点から説明しなさい。

1-2 リスク回避的な場合の効用関数とリスク中立的な場合の効用関数を以下からそれぞれ選びなさい。

1. $u=x$　2. $u=\sqrt{x}$　3. $u=x^2$

1-3 以下の文章のカッコに入る語句を以下の1～5の中から選びなさい。

保険加入者が［ a ］ならば，保険加入者は自己や病気による損失を避けるためには［ b ］に相当する額の保険料を支払ってもよい。保険会社は［ c ］なので，保険料を支払ってもらえれば保険加入者に代わって損失を負担してもよいと考える。それが保険会社の利益となるからだ。

1. リスク回避的　2. リスク中立的　3. リスク愛好的　4. リスク・プレミアム　5. 確実同値額

1-4 株主-経営者の関係を考える。業績が成功する確率を2/3，失敗する確率を1/3としよう。また，経営者の報酬契約は $(w_S, w_F)=(36, 9)$ とする。また，経営者の効用は $u(w)=\sqrt{w}$ であり，経営の費用はない。以下の設問に答えなさい。

(1) 報酬の期待値を計算しなさい。

(2) 経営者の期待効用を計算しなさい。

(3) いま，株主が新たな報酬契約として業績にかかわらず一定の報酬 $\hat{w}$ を経営者に支払うという提示をした。経営者が新たな契約に変更してもよい最低の $\hat{w}$ を求めなさい。

(4) 設問(3)で求めた $\hat{w}$ は何と呼ばれるか。次の選択肢から選びなさい。

1. 確実同値額　2. リスク回避度　3. リスク・プレミアム

(5) 株主はリスク中立的であるとする。もとの報酬契約 (w_S, w_F) と，設問(3)で求めた報酬契約 $\hat{w}$ とでは，どちらの方が株主にとって望ましいか。説明しなさい。

補論　リスク回避者の無差別曲線

リスク回避的な主体の無差別曲線の形状について考察しよう。本文で考えたようなリスク回避的な経営者を想定する。そして，報酬の期待値が1000で一定であるような報酬の組み合わせを考えよう。また，成功と失敗の確率はそれぞれ1/2とする。すると，そのような報酬契約の組み合わせは，図1.9に描かれた$\frac{1}{2}w_S+\frac{1}{2}w_F=1000$という直線で表すことができる。そのうち，$(w_S, w_F)=(1000, 1000)$という組み合わせ（つまりリスクがない固定報酬），$(w_S, w_F)=(1600, 400)$という組み合わせを比較すると，リスク回避的な経営者は$(w_S, w_F)=(1000, 1000)$を好む。また，$(w_S, w_F)=(1600, 400)$と$(w_S, w_F)=(1800, 200)$を比較すると，今度は$(w_S, w_F)=(1600, 400)$を好む。つまり，リスクがない状態である45度線からの乖離の程度が大きいほど，報酬の期待値が1000から離れてより大きくならないと，経営者の期待効用は一定ではない。したがって，リスク回避的な経営者の期待効用が一定となるような報酬の組み合わせ，つまり無差別曲線は原点に対して凸の形状を持つことになる。

次に無差別曲線の傾き，つまり限界代替率を求めてみよう。いま，無差別曲線を$w_F(w_S)$という関数として表現しよう。よって，成功したときの報酬がw_S，失敗したときの報酬が$w_F(w_S)$ならば経営者の期待効用は同じとなり，$pu(w_S)+(1-p)u(w_F(w_S))=$一定，という恒等式が成立する。これを$w_S$で微分すると，

$$pu'(w_S)+(1-p)u'(w_F(w_S))w_F'(w_S)=0$$

が成立する。この関係より$w_F'(w_S)=-pu'(w_S)/(1-p)u'(w_F)$が得られ，無差別曲線

CHART　図1.9　リスク回避者の無差別曲線

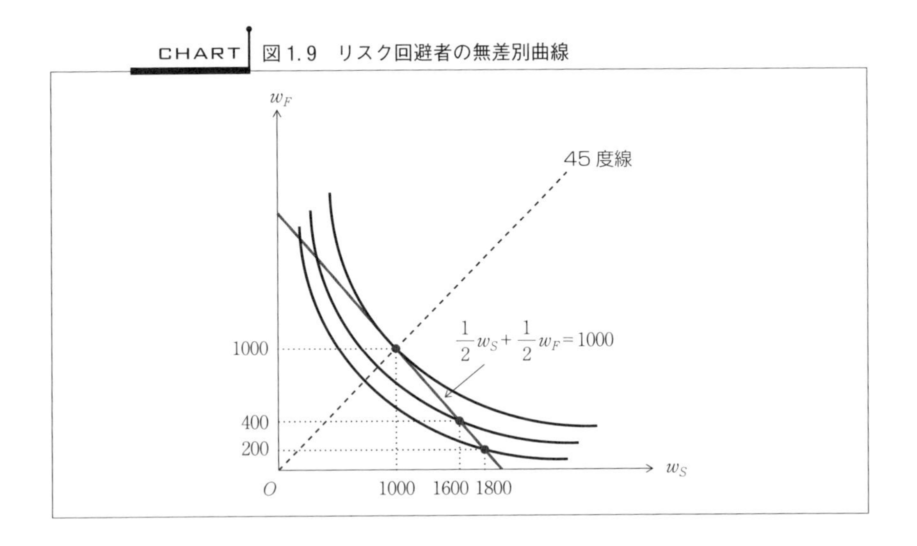

の傾きの大きさは，

$$\text{無差別曲線の傾きの大きさ} = \frac{p}{1-p}\frac{u'(w_S)}{u'(w_F)}$$

つまり期待限界効用の比率だということがわかる。そして，とくに重要な性質として，$w_S = w_F$ となる 45 度線上では，無差別曲線の傾きは確率の比率となる。

また，リスク回避的な場合，効用関数は強い凹関数となり，$u'(w)$ は w が増えれば減少していく。ここで，w_S が増加し，同時に期待効用が一定であるように w_F が減少するような変化を考えてみよう。すると，$u'(w_S)$ は減少するので無差別曲線の傾きの大きさの分子は減少する。同時に w_F の減少により分母は増加するので，全体としては無差別曲線の傾きの大きさは減少していく。つまり，原点に対して凸の形状を持つことが確認できる。

CHAPTER

第2章

モラル・ハザード：基礎編

真面目に働いてもらうことは難しい？

STORY

●他人に頼むことは難しい……

数台のパソコンと小さなオフィスがあれば起業できるITビジネスとは違って，カフェ・チェーンを展開するには豊富な資金が必要だ。人が集まる繁華街に親しみやすいカフェを開業したい。店の洒落た内装や高性能のカフェ・マシンなど，資金はいくらあっても足りない。だからこそ投資家たちからできるだけ多くの出資をしてもらいたい。もちろん，そうなるとあなたが起こしたカフェはあなたのモノとはいえなくなる。それでも問題はない。あなたは自分の夢を実現できるのは自分だけだという確信があった。

けれども，同時にそこには不安の種が蒔(ま)かれていることもよくわかっている。投資家たちは株主としてあなたのカフェ・ビジネスに関わることになっても，本当に適切に経営されているのか，資金を毎夜のパーティーなど私的な目的で浪費していないか，見通しがつかない無謀な投資を行っていないか，といったことをチェックすることはできない。もしもあなたが，巨額の経営者報酬の確約を要求したら，投資家は，あなたがこれから真剣にビジネスに取り組むつもりがあるのか疑心暗鬼に陥るだろう。

投資家たちがこのような不安に陥るのは現実の経済に似たような例をたくさん見つけることができるからだ。身近なところでは，営業をサボってカフェで休息してばかりの営業マンがいるだろう。経営者が会社の資金を私的流用していたという話もある。危険な貸付先に融資して貸付金を回収できない銀行や，危険な投資先に投資して破綻した投資銀行が引き起こした金融危機を考えてもよい。他にも，手を抜いた工事，政治家によるロビイストの優遇など，事例をあげていけばきりがない。予防診療に訪れた際，あれこれよく理解できない治療をすすめられたならば，過剰医療ではないかと疑うこともある。

誰かに働いてもらうことは難しい。いつも適切に動いてくれるとは限らない。自己利益のみを追求した行動が結果として他人や社会にダメージを与えることはよくあることだ。本章では適切ではない選択が行われる理由，そして，それを防ぐための方法について考えてみよう。

第２章で考える問題

- なぜ適切に働いてもらうことは難しいのか。
- 適切に働いてもらうためにはどのように報酬を与えればよいのか。
- 業績に強く連動した報酬は本当に望ましいのか。
- チェーン店のフランチャイズ契約にはどのような意味があるのか。
- 報酬に下限があることは何が問題なのか。

1　モラル・ハザードとは

プリンシパルとエージェントの関係

１つのビジネスには多様な利害関係者が登場し，さまざまな関係で取引が生じる。投資家は自分の代わりに経営者に資金を提供してビジネスを実現してもらう。カフェの経営者は自分の代わりに店長たちに各店舗の運営を依頼する。

このような関係はまだまだ広げることができる。預金者は銀行にお金を預けて資金の貸付先を探してもらう。国民は政治家に国家の運営を委託し，また政治家も官僚たちに実際の業務を委託する。さらには，患者は医者に病気・怪我の治療や健康管理を依頼するし，トラブルに巻き込まれた人は法的対応を弁護士に依頼する。不動産の所有者はテナントやオフィスを貸すことで，自分の代

CHART 表 2.1 プリンシパル－エージェントの関係

プリンシパル（依頼人）	エージェント（代理人）	何を依頼するか
投資家	起業家	資金のビジネス活用
株　主	経営者	企業の経営
経営者	店長や従業員	店舗経営や営業などの業務
患　者	医　者	病気や怪我の治療
預金者	銀　行	資金の貸付
フランチャイザー	加盟店	店舗の経営
国　民	政治家	国家の運営
事件の当事者	弁護士	法的業務

わりに活用してもらっている。古くは，地主が小作人に農作物作りを依頼してきたこともあった。もう少し日常的な例としては，レストランに食事を，理容店に散髪を，タクシーに移動をと，さまざまなサービスを依頼することがある。保険に加入するということは，保険会社がリスクを引き受ける代わりに，加入者に安全運転や健康管理を依頼する関係と捉えることもできる。コンビニなどのチェーン店のフランチャイズ契約では，フランチャイザーが加盟店に店舗の経営を依頼する。

実際，1人の人が仕事や生活に関わるすべての営みを自ら行うことは効率的ではない。経済が分業の利益を享受するためには，他者への仕事や業務の依頼は不可欠だ。さらに，医療や法的業務，企業経営など高度に専門化されたスキルが必要となる業務は専門家に頼らざるをえない。

これらの取引は共通する枠組みを持っている。それは，一方の主体が，もう一方の主体に何らかの依頼を行うという関係が成立していることだ。ここで，依頼する主体を**プリンシパル**（依頼人），依頼される主体を**エージェント**（代理人）と呼ぶことにしよう。プリンシパルとエージェントの関係の事例を表 2.1 にまとめておこう。

エージェンシー問題

だがエージェントたちがいつも適切に行動するとは限らない。冒頭のストーリーで紹介したように，サボってばかりの営業マン，過剰医療，不適切な投資による金融危機，政治家によるロビイストの優遇，官僚による不正行為など，そうした事例をあげていけばきりがない。共通するのはエージェントが自己利益を追求し，適切と考えられる行動が選ばれていないということだ。このような現象は**モラル・ハザード**と呼ばれている。

定義 2.1　モラル・ハザード

モラル・ハザードとは，プリンシパルとエージェントの関係において，エージェントが自己利益を追求する行動を選択しプリンシパルの利害を損なうことだ。

では，モラル・ハザードが起きるのはどのようなときだろうか。1つの条件は，エージェントの利害がプリンシパルの利害と一致しないことだ。次のような状況を想定してみよう。

(1)　株主は株主利益をできるだけ大きくしてほしいと考えるが，経営者は利益を度外視しても企業規模を大きくしたいと考えている

(2)　経営者は従業員に懸命に働いてもらいたいと考えるが，従業員はできるだけ楽をしたいと考えている

(3)　患者は必要な治療のみを望んでいるが，医者は不必要な治療を施してでも診療報酬を稼ぎたいと考えている

(4)　国民は政治家に国民全体の豊かな生活を実現してほしいと望んでいるが，政治家はロビイストを優遇したいと考えている

これらの状況では，エージェントはプリンシパルとは異なる目的を持っており，プリンシパルとエージェントとのあいだの利害は必ずしも一致しない。したがって，エージェントが自発的に選ぶ行動は，プリンシパルにとって望ましいものではなくなる。このような，利害対立がもたらすインセンティブの歪みは**エージェンシー問題**と呼ばれる。

定義 2.2　エージェンシー問題

エージェンシー問題とはエージェントの利害とプリンシパルの利害とが一致しないことだ。

非対称情報と隠された行動

けれども，プリンシパルがエージェントの行動を観察できるならば，それをコントロールすることも可能だ。経営者が適切な経営を行っていれば高い報酬を支払い，そうでなければ首にすることを事前に定めておけば，経営者は適切な行動を選択するだろう。また，医者の治療内容を完全に把握できるならば，不適切な治療については医者を変えればよいし，政治家の行動が不適切だとわかれば，次の選挙で落選させればよい。

だが実際には，株主が経営者の行動をいつも観察することはできないし，また観察できたとしても高度に専門的な経営スキルを評価することは難しい。同様に医者の医療行為が適切かどうかを患者が判断することは困難だ。もちろん，エージェントは自身が選んだ行動を知っている。けれども，プリンシパルはそれを観察することができない。よって，プリンシパルとエージェントとのあいだには行動が観察できるかどうかについての**非対称情報**の問題があり，そして情報が非対称であるので，エージェントの行動はプリンシパルにとっては**隠された行動**となる。

定義 2.3　隠された行動
プリンシパルはエージェントの行動を観察できない。プリンシパルとエージェントとのあいだには，選択された行動についての情報の非対称性がある。

モラル・ハザードが起きるとき

モラル・ハザードが起こるのは，エージェンシー問題と隠された行動が重なるときだ。エージェントは自身が選択した行動が観察されないので，自己利益を追求する行動を選択する。そして，プリンシパルとエージェントの利害は一致しないので，エージェントの自己利益の追求はプリンシパルに損害をもたらすことがある。

では，モラル・ハザードにどのように対処すればよいのだろうか。モラル・ハザードを引き起こすエージェンシー問題は，不適切な契約や制度が原因であることが多い。給与が営業成績に依存しない固定報酬ならば，営業マンに営業努力をさせることは難しいし，また給与が働いた時間のみに依存すれば，効率

Column ❷-1　経営者による株主利益の毀損

モラル・ハザードは特別な現象ではない。とくに経済学者が指摘するまでもなく，見つからないことをいいことに，後ろめたい行いをすることは少なからずありそうだ。（身に覚えがない人はいますか？）

ある著作の記述を引用してみよう。

「そのような会社の取締役たちは自分自身のカネではなく他人のカネの管理者なので，自分のカネに対するのと同様に不安と警戒心を抱きながら他人のカネに目を配るとは期待できない。……したがって，こうした会社の業務の運営では，多かれ少なかれ怠慢や浪費がいつもはびこってしまう。」

これは，アダム・スミスが 1776 年に著した『国富論』の中の一節だ。現代でいうところの株式会社の制度では，株主の無知・無関心と経営者の「怠慢や浪費」が重大な問題であることを経済学の父は看破していた。

『国富論』の 156 年後，アドルフ・バーリとガーディナー・ミーンズはアメリカで発展した巨大な株式会社をもとに，「所有と経営の分離」の概念を主著である『現代株式会社と私有財産』の中で提示した。さらに，分散化された株主には意思も能力も備わっておらず，経営者による会社の支配が不正や横暴をもたらしがちであることを論じた。スミスが抱いた危惧は，20 世紀初頭のアメリカで明確に問題となっていた。

そして現在，日本で 2015 年より上場企業に適用された「コーポレート・ガバナンス・コード」では，企業経営のあり方と，適切な企業経営を実現するための企業統治の指針についての規範をまとめている。その中で最初にうたわれているのは「株主の権利の確保」だ。それはすなわち，経営には株主利益を重視しない傾向があることを反映している。

スミスもバーリとミーンズもコーポレート・ガバナンス・コードも，意識していることは経営者のモラル・ハザード問題だ。いまも昔も普遍的な現象といえるだろう。けれども，昔と違って経済学は契約理論というツールを手にしている。問題の本質を明確に分析する枠組みを確立したことで，細部の精緻な議論と適切な処方箋の提示が可能となった。

（参考文献）

アダム・スミス『国富論』（水田洋監訳，杉山忠平訳），岩波文庫（全 4 巻）。
アドルフ・バーリ＆ガーディナー・ミーンズ（2014）『現代株式会社と私有財産』（森杲訳），北海道大学出版会。

性を無視して長時間働くようになるだろう。金融機関が危険な行動を選択しがちである背後には，破綻した金融機関を救済する政府の仕組みの存在があり，医師の過剰医療の原因を診療報酬制度のあり方に求めることもできる。

しかし逆に考えると，エージェンシー問題を念頭に置いて，適切な契約や制度をデザインすればモラル・ハザードは解消することができる。人は与えられた契約や制度の中で自身の目的に沿って行動する。重要なのは，エージェントが適切な行動を選ぶような契約や制度をデザインすることだ。

それでは，モラル・ハザードを解消する契約についてモデルを使って分析してみよう。

株主と経営者のあいだのモラル・ハザード

経営者の隠された行動

第1章で紹介した株主と経営者のモデルに基づいてモラル・ハザードの問題を議論しよう。投資家は起業家への出資により株式を取得し，起業家が起こした企業に対して株主として関与することにした。ここで問題となるのは，

(1) 株主と経営者の利害が一致しないこと（エージェンシー問題）

(2) 株主には経営者の行動が観察できないこと（隠された行動）

の2点だ。これら2つの問題が浮き彫りになるようなモデルをセットアップしよう。

経営者が新ビジネスに成功すれば x_S の収益，失敗すれば x_F の収益が生まれることを思い出そう。もちろん $x_S>x_F$ が成立する。ただし，成功するか失敗するかは経営者の行動に依存し，それを**努力**と呼ぶことにしよう。そして，経営者は高い努力 e_H か低い努力（怠けること）e_L のどちらかを選ぶ。ここでいう努力は，文字どおり経営努力と解釈してもよいし，経営に費やした時間によって経営者の余暇が失われるような状況を想定してもよい。また，獲得資金を無駄なパーティーや個人的な趣味に浪費しないことや，好みに基づいて収益性が低いプロジェクトを推進するなどといった，私的な関心の追求を経営者が我慢することと解釈してもよい。したがって，e_H を選ぶと経営者は $d>0$ の費用を被る。それに対し，e_L を選ぶ費用は0だとしよう。いずれにせよ，高い努力

を選ぶことの費用により，経営者は自発的に e_H を選ぶことはない。

モラル・ハザードのモデルでの重要な仮定として，株主は実現したビジネスの業績・収益は観察できるものの，経営者の努力を観察することができないとしよう。つまり，努力の選択についての情報の非対称性が存在している。けれども，経営者が e_H を選べば必ずビジネスが成功し，e_L を選べば必ず失敗するならば，隠された行動の問題はさほど重要ではない。業績を見れば自ずと努力の選択がわかるからだ。

ところが実際には，第1章でも強調したようにビジネスにはリスクがある。努力しても不運にも失敗することはあるし，努力しなくても幸運が舞い降りて成功することもある。

このようなリスクを反映し，次を想定する。

(1) e_H を選べば確率 p_H でビジネスは成功し，$1-p_H$ の確率で失敗する

(2) e_L を選べば確率 p_L でビジネスは成功し，$1-p_L$ の確率で失敗する

(3) $1>p_H>p_L>0$ が成立し，実現した業績は努力の選択の不確実なシグナルである

確かに高い努力を選べば高い確率で成功する。よって，成功という業績を踏まえると，経営者が e_H を選んだであろう蓋然性が高い。けれども，成功か失敗かという業績から経営者の努力水準の選択を断定することはできない。業績は行動の不確実なシグナルでしかない。

隠された行動がモラル・ハザードの問題を引き起こす背景にはリスクの存在がある。ここでは，第1章と同じく，株主はリスク中立的，経営者はリスク回避的としておこう。

利害の対立

いま，$x_S>x_F$ と $p_H>p_L$ より，ただちに，

$$p_H x_S+(1-p_H)x_F>p_L x_S+(1-p_L)x_F$$

という関係が成立する。つまり，収益の期待値で評価すると，e_H の方が e_L よりも望ましい。また，経営者の努力の費用（$d>0$）も考慮して，株主と経営者の2人の取引が生み出す価値で評価しても，

$$p_H x_S + (1-p_H) x_F - d > p_L x_S + (1-p_L) x_F$$

が成立し，e_H の選択が望ましいとしよう。

では株主と経営者の利害の不一致はどのように描写できるだろうか。もしも経営者が常に一定の固定報酬 w を受け取るとすると，必ず $u(w)-d<u(w)$ が成立するので，経営者は低い努力 e_L を選ぶ。先に，株主の観点から e_H の方が望ましい選択であることは確認したので，株主と経営者のあいだに利害の対立が存在することがわかる。また，社会的な観点からも e_H が望ましいので，経営者が e_L を選んだなら社会的なロスが生じる。経営者には e_H を選んでもらうべきだ。

インセンティブを与えるには？

経営者に e_H を選んでもらうには，どうすればよいだろうか。それには次の2つが考えられる。

(1) 経営者の努力をモニタリングする

(2) 経営者の目的を株主に近づける

モニタリングは，経営者を監視することで努力の選択を株主側で把握するというアイデアで，つまりは隠された行動の問題を解消することだ。シンプルなアイデアだが，外部取締役による経営者の監視，医療のセカンド・オピニオンや従業員の管理のためのタイムカードなど，シンプルだからこそ多くの実例を見つけることができる。けれども，そのようなシンプルなアイデアをいつでも実行できるとは限らない。経営者の高度に専門的な業務のモニタリングはそれ自体にコストがかかる。医療なども同様だ。

経営者の目的を株主に近づけるというアイデアは，つまりは利害の対立を解消してしまおうということだ。そもそも，経営者は自発的には高い努力を選ばない。それは努力のコスト d に反映されている。だが，たとえば，経営者の努力に対する内発的なモチベーション（=やる気）をうまく引き出すことができればどうだろう。働くよりも余暇を楽しみたいと考えていた経営者が経営努力そのものを楽しめるようになれば，努力の費用は下がり，自発的に経営努力を行うようになる。

ただし，経営者たちの自発的なやる気に期待するのはあまりにも楽観的だし，

Column ❷-2 スターバックス社，成功の秘密

ストック・オプションという言葉を耳にしたことがある人は多いだろう。故スティーブ・ジョブズをはじめ，アメリカでは年俸として1ドルだけを受け取っているCEOが少なくない。もちろん，創業者利益など巨額の富を得ているので報酬にあまり関心がないCEOもいるのだが，年俸は1ドルだがストック・オプションによって巨額の報酬を得ているケースもある。

ストック・オプションとは，行使価格と呼ばれる事前に定められた価格で自社株を購入できる権利であり，それを与えることで経営陣や従業員への強いインセンティブづけを可能とする。たとえば，500円の行使価格で10000株購入できる権利が与えられたとしよう。もし株価が2500円になったときに権利を行使して購入し，時価で売却したら（2500円−500円）×10000＝2000万円を獲得できる。ストック・オプションが付与されると経営陣や従業員は株価の上昇を目指すようになり，それは株主の目的と一致する。ただし，リスクもある。もし株価が下がってしまえばうまみはない。ストック・オプションはとくに成長企業で有効だ。

スターバックス社は株式公開前に全社員を対象にストック・オプション制度を導入した。ビーンストックと名付けられたこの制度は，スターバックス社の前CEO，ハワード・シュルツによれば同社の成功の最も重要な理由とのことだ。スターバックス社ではそこで働く社員を従業員とは呼ばずにパートナーと呼ぶが，それは所有権と利益とをビーンストック制度で全社員が分かち合うようになったことに始まる。全員の目的が一致するように工夫したわけだ。いまも続くビーンストック制度はスターバックス社が成長していたからこそ機能したし，同時にスターバックス社を成長させる原動力になった。

コントロールすることも難しい。そこで考えられるのは，経営者への報酬をうまくデザインすることだ。たとえば，経営者に自社株を購入させ株主報酬を受け取らせたり，ストック・オプションを与えて報酬を株価に連動させることがある（ストック・オプションについては，詳しくは**Column ❷-2**を参照してほしい）。このような場合には，経営者が株主そのものになったり，経営者と株主の目的が一致するので，利害の対立は解消される。また，終身雇用のもとで長期のあいだ同じ企業で働き続けるならば，企業の業績と従業員の報酬は長期的に一致し，利害の対立は解消されていくだろう。同じ情熱と同じ目的を共有できるな

CHART 図 2.1 株主と経営者のモデル

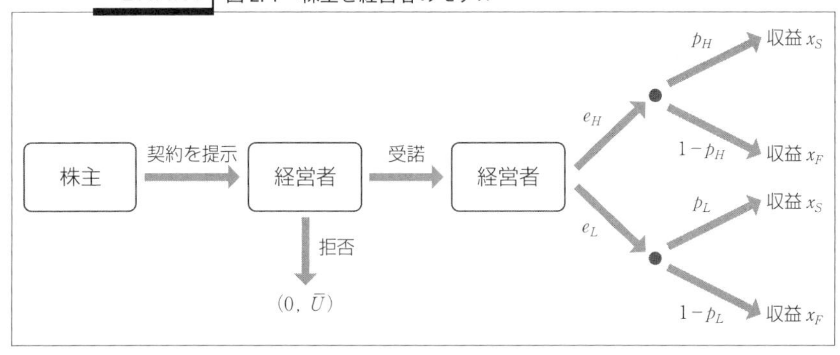

らば，モラル・ハザードは解消されるというわけだ。

隠された行動のもとでの報酬契約のデザイン

日々の業務に対して経営者や従業員たちにインセンティブを与えたい。そこで，業績連動報酬をデザインすることを考えてみよう。株主は成功か失敗かという業績は観察できると想定したことを思い出してほしい。第1章でも確認したように，実現した業績は観察可能かつ立証可能なので，報酬を依存させることができる。そして，x_S が実現したときの報酬を w_S，x_F が実現したときの報酬を w_F とする。

第1章と同様に株主が契約をデザインして経営者にそれを提示し，経営者は提示された契約を受諾するか拒否するかのみを選択できるとしよう。株主と経営者の意思決定の時間の流れは次のようになる。

(1) 株主が契約を作成し経営者に提示

(2) 経営者が契約を受諾するか拒否するかを決定

(3) 契約を受諾した場合，経営者が努力を選択

(4) 成功か失敗かの業績が実現

(5) 契約に従った報酬の確定

第1章との違いは，経営者は努力の選択をするようになったことだ。時間の流れと，株主や経営者の決定については，図 2.1 にまとめてある。

モラル・ハザードに対処するための報酬契約を株主がデザインするとき次の2点を考慮する必要がある。

(1) 経営者が報酬契約を受諾する

(2) 経営者が高い努力 e_H を自発的に選ぶようにする

1つ目は第1章で議論した参加制約だ。経営者が e_H を選ぶことを前提とするが，経営者が報酬契約にサインするように十分な期待効用を与える必要がある。つまり，経営者の留保効用が $\bar{U}$ であるとき，

$$p_H u(w_S) + (1-p_H) u(w_F) - d \geq \bar{U}$$

が成立する必要がある。

2つ目は新しい条件だ。経営者が自発的に e_H を選ぶインセンティブを与えるためには，経営者にとって e_H の選択が e_L の選択よりも得になる必要がある。もし e_H を選ぶと，経営者の期待効用は $p_H u(w_S) + (1-p_H) u(w_F) - d$ であるのに対し，e_L を選ぶと努力の費用 d がなくなるが成功する確率も p_H から p_L に減少し，期待効用は $p_L u(w_S) + (1-p_L) u(w_F)$ となる。

したがって，経営者が自発的に e_H を選ぶには，報酬契約は次の条件を満たす必要がある。

インセンティブ制約

$$p_H u(w_S) + (1-p_H) u(w_F) - d \geq p_L u(w_S) + (1-p_L) u(w_F)$$

この条件は**インセンティブ制約**と呼ばれ，モラル・ハザード問題を含めて契約理論では最も大切な条件といえるだろう。株主（プリンシパル）が経営者（エージェント）に，利害の対立を乗り越えて適切なインセンティブを与えるための条件だ。

インセンティブ制約は，$(p_H - p_L)(u(w_S) - u(w_F)) \geq d$ と書き換えることができる。いま，$p_H - p_L$ と d がそれぞれプラスであり，効用 $u(w)$ は報酬が増えると増加するので，単純に w_S と w_F の差が十分に大きい業績連動報酬を用意すれば経営者は自発的に高い努力を選ぶようになるのは明らかだ。けれども，物事はそれほど単純ではない。$w_S - w_F$ を大きくできない理由が存在する。その理由は，

(1) リスク分担の問題

(2) 有限責任の問題

の2つであり，モラル・ハザードの問題を複雑に，そして興味深くする。これから，第3節でリスク分担の問題を，第4節で有限責任の問題を考えてみよう。

3 リスク分担とインセンティブづけのトレードオフ

経営者の行動が観察できる場合

ベンチマークとして，株主は経営者の努力の選択を観察でき，隠された行動の問題が存在しないとしよう。つまり，行動の選択についての情報の偏りはなく**対称情報**となっている。このとき，低い努力に相当するような行為に対しては厳しい罰則を適用することで，株主は経営者にリスクを負わせることなく高い努力の遂行を強制できる。つまり，e_H が選ばれることを前提としてよく，インセンティブ制約は考慮する必要がない。

すると，株主の問題は期待効用 $p_H(x_S - w_S) + (1 - p_H)(x_F - w_F)$ を参加制約 $p_H u(w_S) + (1 - p_H) u(w_F) - d \geq \bar{U}$ のみのもとで最大化するように報酬契約をデザインすることだ。この問題は（確率の記号が p から p_H に変化しているものの）第1章で分析したリスク分担問題とまったく同じだ。経営者のインセンティブを考慮する必要がないので，報酬契約として w_S と w_F に差異を作ることは，リスク回避的な経営者に無駄なリスクを負わせ期待報酬額を上昇させるだけだ。リスク中立的な株主はできるだけ期待報酬額を減らしたいので固定報酬が最適となる。

第1章でも議論したように，ここで株主と経営者のあいだの取引関係が考慮すべき問題はリスク分担問題だ。そして，リスク中立的な株主がすべてのリスクを負担する固定報酬契約がベストとなる。これは株主と経営者の問題に対する最も優れた解答であり，**ファースト・ベスト**を実現する。つまり，取引の価値（余剰）を最大化するという観点では最良だ。

定義 2.4　ファースト・ベスト

取引から生じる価値・余剰が最大化される取引のあり方。リスク中立的な株主とリスク回避的な経営者のあいだの取引では，固定報酬契約によりファースト・ベストを実現できる。

経営者の行動が観察できない場合

次に，経営者の努力水準の選択が隠された行動である場合について考えよう。固定報酬契約ではインセンティブ制約が満たされず経営者が自発的に e_H を選ぶことはない。よって，e_H を選ばせるためには，株主は最適なリスク分担をあきらめるしかない。つまり，最適なリスク分担とインセンティブの付与を同時に達成することはできない。このように，一方を得るためにはもう一方をあきらめざるをえない状況を経済学では**トレードオフ**と呼んでいる。リスク分担とインセンティブとのあいだにはトレードオフが存在する。これはモラル・ハザードを考察する際の中心的なトレードオフだ。

隠された行動のもとでは，インセンティブ制約が必要となり，株主の問題は次のようになる。

隠された行動のもとでの株主の問題

$$\max_{w_S,\, w_F} \quad p_H(x_S-w_S)+(1-p_H)(x_F-w_F)$$

subject to

$$p_Hu(w_S)+(1-p_H)u(w_F)-d \geq \bar{U}$$
$$p_Hu(w_S)+(1-p_H)u(w_F)-d \geq p_Lu(w_S)+(1-p_L)u(w_F)$$

期待収益 $p_Hx_S+(1-p_H)x_F$ は一定なので，株主の関心は経営者の期待報酬額 $\bar{w}=p_Hw_S+(1-p_H)w_F$ を小さくすることだ。ここで，図 2.2 を参照してほしい。IC 線はインセンティブ制約を等号で満たす w_S と w_F の組み合わせを表しており，インセンティブ制約を満たす領域は IC 線の右下のエリアにある。そして参加制約とインセンティブ制約の両方を満たす領域は図 2.2 の網かけの部分となり，この範囲で株主は報酬契約を決める。では，まず A 点を考えよう。A 点では参加制約もインセンティブ制約も満たされているが，2つの制約が等号ではなく厳密な不等号で満たされている。ここで，A 点から w_F を減らして参加制約が等号で満たされる B 点に移動すると，インセンティブ制約はより満たされやすくなり，しかも経営者が受けとる期待報酬額は減少し，株主の期待効用は増加する。よって，株主は報酬契約を A 点から B 点に移動させ，参加

CHART 図 2.2 モラル・ハザードのもとでの最適契約

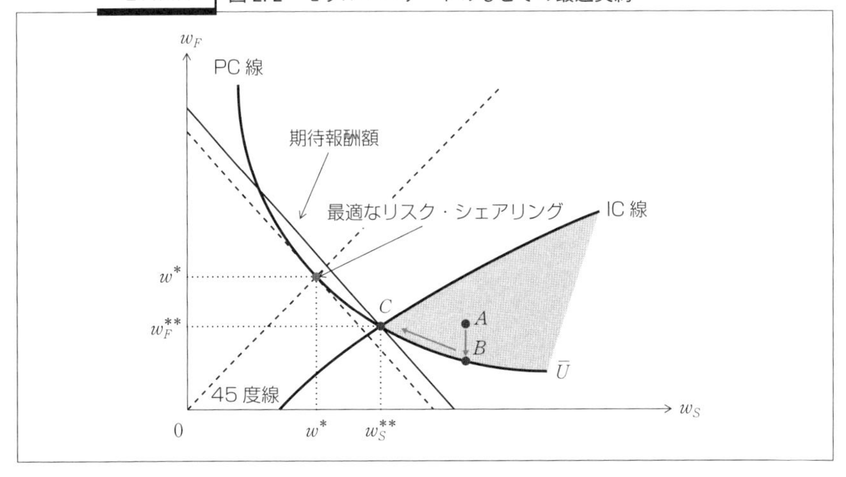

制約は等号で満たされることになる。

次に等号で満たされる参加制約に沿って，インセンティブ制約も等号で成立する C 点に移動してみよう。このとき，w_S と w_F の乖離幅が減少するので，経営者が負うリスクの程度が減少する。その分だけ，経営者は期待報酬額が減少してもかまわないと考えるので，逆に株主の期待効用は増加する。よって，株主は報酬契約を B 点から C 点に移動させ，インセンティブ制約も等号で成立する。リスク分担の立場からは，w_S と w_F の差額を小さくし，リスク・プレミアム分だけ経営者の期待報酬額を減らすべきだ。けれども，インセンティブを与えるためには w_S と w_F の差額を大きくしなければならない。この 2 つの相反する力（トレードオフ）が釣り合うことで，インセンティブ制約が等号で成立する。

つまり，株主が選ぶ報酬契約は参加制約とインセンティブ制約の両方が等号で成立する C 点となり，2 つの等号の制約条件を解くことでモラル・ハザードのもとでの最適な報酬契約が得られる。

モラル・ハザードのもとでの最適契約

$$u(w_S{}^{**}) = \bar{U} + \frac{(1-p_L)d}{p_H - p_L}, \quad u(w_F{}^{**}) = \bar{U} - \frac{p_L d}{p_H - p_L}$$

セカンド・ベストの報酬契約

モラル・ハザードを解消するための報酬契約の特徴をまとめておこう。

モラル・ハザードのもとでの最適契約の特徴

1. ${w_S}^{**} > {w_F}^{**}$が成立する。
2. dが増加すると${w_S}^{**}$と${w_F}^{**}$の差額が増加する。
3. $p_H - p_L$が減少すると${w_S}^{**}$と${w_F}^{**}$の差額が増加する。
4. 株主の期待効用は隠された行動により低下する。

第1点は，業績連動報酬によりインセンティブを与えるということだ。第2点は，e_Hを選択する経営者の費用が大きくなり，利害の対立の程度が大きくなると，より強いインセンティブを与える必要があることを意味する。第3点は，x_Sが実現することに対してe_Hの影響が小さくなると，より強いインセンティブを与えなければ経営者がe_Lを選ぶようになってしまうことを意味する。業績の成否に対して努力の影響が小さくなるとしよう。すると，実現した成果により経営者の努力選択を推測しようとしても精度が落ちる。そして，経営者は努力してもしなくてもたいした違いはないと考える。それでもe_Hを選ばせるためには，より強いインセンティブを与えなければならない。第4点は，隠された行動により最適なリスク分担をあきらめたことによる。インセンティブを与えるために，株主は経営者にリスクを負わせる必要がある。すると，固定報酬契約と比較すると，参加制約を満たすためにはリスクを負わせた分だけ期待報酬額を引き上げる必要があり，それは株主にとっては追加的な費用となる。このような，エージェントにインセンティブを与えるためにプリンシパルが支払う追加的な費用は，**エージェンシー・コスト**と呼ばれており，エージェンシー・コストがとても大きい場合には，株主はe_Hを選択させることをあきらめるかもしれない。

定義 2.5　エージェンシー・コスト

モラル・ハザードのもとでエージェントにインセンティブを与えるためにプリンシパルが負担する追加的コストは，エージェンシー・コストと呼ばれる。リスク分担とインセンティブがトレードオフの関係にあるので，エージェントにインセンティブを与えるために最適なリスク分担をあきらめることで生じる。

モラル・ハザードの問題がなければ，固定報酬契約による最適なリスク分担を実現でき，それはファースト・ベストだ。けれども，モラル・ハザードのもとではインセンティブ制約という制約を加える必要がある。よって，「ファースト・ベスト＝最適なリスク分担」は実現できない。モラル・ハザードのもとでの最適な報酬契約は追加的な制約のもとでの次善の策だ。このように，最も優れているわけではないが，置かれた状況下での最適な契約は**セカンド・ベスト**と呼ばれる。

定義 2.6　セカンド・ベスト

追加的な制約のために，ファースト・ベストを実現できない状況での最適な取引をセカンド・ベストと呼ぶ。モラル・ハザードのもとでは，リスク分担とインセンティブのトレードオフを考慮した報酬契約はセカンド・ベストだ。

確かに，起業家が投資家に出資してもらうメリットの1つに，リスクを投資家に負担してもらい，安心した環境で経営に向き合えることがある。だが，安定した環境は起業家の経営努力に対するインセンティブを阻害してしまう。インセンティブを与えるためには起業家にもリスクを負わせる必要があるが，その代償として，投資家はより大きな期待報酬額を用意しなければならない。したがって，それはファースト・ベストではない。

これまで，業績は成功か失敗かの2種類しか考えなかったが，一般には実現しうる業績はさまざまだろう。そのような多様な業績についての分析は章末の補論で説明するので，興味がある読者は目を通してほしい。

数値例　モラル・ハザードのもとでの最適な報酬契約

モラル・ハザードのもとでの最適契約を第2章の数値例を少し変更して導出してみよう。

経営者の効用関数は $u(w)=\sqrt{w}$ である。また，e_H を選ぶと経営者の費用は $d=10$ であり，ビジネスの成功確率は $p_H=2/3$ だ。それに対し e_L を選ぶと費用は0に下がるが，成功確率も $p_L=1/3$ に下がる。経営者の留保効用は $\bar{U}=20$ だとしよう。

経営者にとっての参加制約は，

$$\frac{2}{3}\sqrt{w_S}+\frac{1}{3}\sqrt{w_F}-10\geq 20$$

となり，インセンティブ制約は，

$$\frac{2}{3}\sqrt{w_S}+\frac{1}{3}\sqrt{w_F}-10\geq\frac{1}{3}\sqrt{w_S}+\frac{2}{3}\sqrt{w_F}$$

となる。

モラル・ハザードのもとでの最適な報酬契約は参加制約とインセンティブ制約を等号で満たす。連立方程式を解くことで，$\sqrt{w_S^{**}}=40$ と $\sqrt{w_F^{**}}=10$ が得られ，$(w_S^{**},\ w_F^{**})=(1600,100)$ となる。

対称情報の場合の最適契約は $w^*=900$ という固定給だった。このときの期待報酬額も，もちろん 900 となる。モラル・ハザードのもとでは，報酬の期待値は $(2/3)\cdot1600+(1/3)\cdot100=1100$ であり，差額の 200 は株主が経営者にインセンティブを与えるために支払ったエージェンシー・コストだ。

4 リスク中立的な経営者と有限責任の問題

最強のインセンティブづけ

経営者がリスク回避的ならば，報酬契約はリスク分担とインセンティブのトレードオフで特徴づけられる。けれども経営者がリスク中立的ならば，リスク分担の問題は考慮する必要はない。ただインセンティブの問題に集中できる。そのことを確認してみよう。

経営者はリスク中立的なので，効用は $u(w)=w$ とすることができ，株主の問題は次のようになる。

リスク中立的な経営者の場合の株主の問題

$$\max_{w_S,\,w_F}\quad p_H(x_S-w_S)+(1-p_H)(x_F-w_F)$$

$$\text{subject to}\quad p_Hw_S+(1-p_H)w_F-d\geq\bar{U}$$

$$p_Hw_S+(1-p_H)w_F-d\geq p_Lw_S+(1-p_L)w_F$$

いま注目している株主と経営者の取引からは，e_H を選択するとき $p_Hx_S+(1-p_H)x_F-d$ だけの取引価値が実現する。期待収益から経営者の費用を差し引いたものだ。それに対し，経営者が契約にサインせずに関係が壊れてしまうと，経営者は $\bar{U}$ が得られ，株主は何も得られない。よって，取引の純利益（余剰）

の期待値 V は,

$$V = p_H x_S + (1 - p_H) x_F - d - \bar{U}$$

となる。

そして,参加制約が等号で成立する報酬契約を考えると,それは $p_H w_S + (1 - p_H) w_F = d + \bar{U}$ を満たす。そのような契約のもとで,株主利益(株主の期待効用)は,

$$p_H(x_S - w_S) + (1 - p_H)(x_F - w_F) = p_H x_S + (1 - p_H) x_F - d - \bar{U} = V$$

となり,株主は取引から生まれる純利益をすべて得ることができる。

ここで,とくに株主がビジネスの成否にかかわらず,常に V を確保する報酬契約を考えよう。すると,経営者への報酬は,

$$w_S{}^* = x_S - V, \quad w_F{}^* = x_F - V$$

となる。この契約のもとで経営者が e_H を選ぶと期待効用は $p_H x_S + (1 - p_H) x_F - d - V$ となり,e_L を選ぶと $p_L x_S + (1 - p_L) x_F - V$ となる。もともと $p_H x_S + (1 - p_H) x_F - d > p_L x_S + (1 - p_L) x_F$ を想定していたので,この契約は経営者のインセンティブ制約を満たす。また,経営者が e_H を選んだときの期待効用は $\bar{U}$ と一致するので,参加制約も満たされる。よって,この契約のもとでは,株主は取引から生まれる純利益をすべて確保したうえで,経営者に e_H を選ばせることができる。

強いインセンティブを与えるには

株主が業績にかかわらず一定額を確保するならば,経営者は残りの部分を受け取る**残余請求者**となる。それは経営者が業績に関するすべてのリスクを負うということを意味し,その結果,経営者の目的は株主の目的と完全に一致する(100% のインセンティブ)。

モラル・ハザードが生じうる状況で,エージェントを残余請求者とし,変動リスクをすべて負担させることで,エージェントの利害をプリンシパルの利害に完全に一致させるような契約は現実でもよく見られる。代表的な事例はフランチャイズ契約だ。たとえば,カフェの直営店とフランチャイズ店を比べてみ

CHART 図 2.3 エージェントを残余請求者とする契約

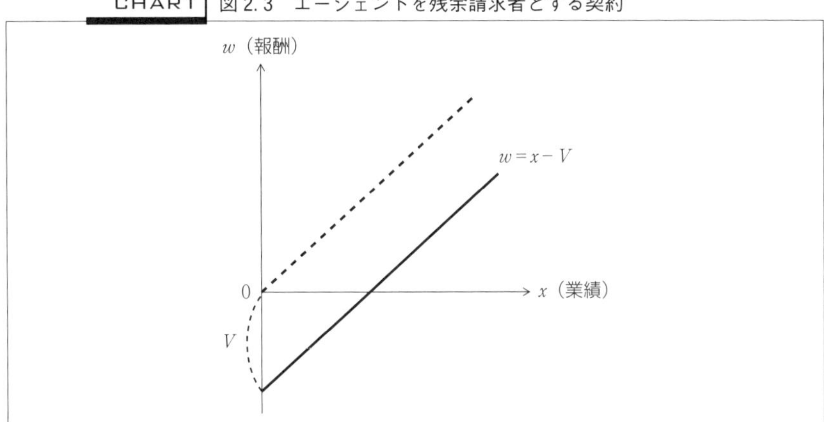

よう。直営の場合には店長は従業員で報酬も普通のサラリーだ。店舗の業績に基づいて昇給や昇進があるかもしれないが，店舗の収益がすべて報酬に反映されることはない。赤字店舗の損失を店長が埋め合わせることはないはずだ。

一方，フランチャイズの場合は独立の事業者と契約を結び出店してもらう。最もシンプルな場合は，店舗のデザインや商標，メニューやノウハウを提供する代わりに，事業者は一定のフランチャイズ料を支払う。事業者は店長となるわけだが，その報酬は店舗の収益からフランチャイズ料を差し引いた額だ。すると店長は収益の変動のリスクもすべて引き受けながら収益の最大化を目指すことになる。図 2.3 に示すように赤字もありうる話だ。

似たような契約は他にもある。オフィスを所有者から借りるような状況を考えよう。オフィスを借りる事業者（エージェント）は，所有者（プリンシパル）の代わりに，それを有効利用することを依頼されている。所有者への支払いはビジネスの業績に依存するような契約も本来はありうる。けれども，多くの場合は定額の賃料を毎月支払うのみで，事業者は賃料以外のすべての収益を手にする残余請求者となっている。他にも商業施設に出店する際のテナント料や特許技術に対するロイヤリティもそれが**固定額**ならば同様の効果を持つ（固定額ではない場合も実は多い）。建築会社が固定額で工事を請け負った場合，コスト削減の努力による収益はすべて建設会社のものとなる。

エージェントにリスクを負担させることでインセンティブを与え，プリンシパルの利害と一致させる方法は他にもある。たとえば，経営者に自社株の一部を買い取らせ株主としてしまう方法や，Column ❷-2 で説明したようにストック・オプションによって株価の上昇と経営者の目的を一致させる方法もある。

ただし，リスクのエージェントへの移転は万能というわけではない。患者（プリンシパル）と医者（エージェント）の関係で，一定の健康を患者に確保し，代わりに健康リスクをすべて医者が引き受けるといったリスクの移転は不可能だ。また，そもそもエージェントがリスク回避的ならば，このような強すぎるインセンティブはリスク分担の観点で望ましくない。そして，強いインセンティブを与えることができないもう１つの理由として，エージェントにマイナスの報酬を要求できない有限責任がある。

数値例　経営者へのリスクの移転

リスク中立的な経営者の効用関数は $u(w)=w$ であるとしよう。また，これまでと同じく e_H を選ぶと経営者の費用は $d=10$ で成功確率は $p_H=2/3$，e_L を選ぶと費用は 0 で成功確率は $p_L=1/3$ となる。また経営者の留保効用は $\bar{U}=20$ だ。

そして，成功すれば $x_S=90$ の収益が生まれ，失敗すれば $x_F=30$ となる。すると，経営者が e_H を選ぶとして，取引の純利益の期待値は $V=(2/3)90+(1/3)30-10-20=40$ だ。

ここで，$w_S{}^*=x_S-V=50$，$w_F{}^*=x_F-V=-10$ という契約を考える。すると，e_H を選ぶと経営者の期待効用は $(2/3)50+(1/3)(-10)-10=20$ となり，参加制約は満たされる。また，e_L を選んだときの期待効用は $(1/3)50+(2/3)(-10)=10$ なので，インセンティブ制約も満たされる。このとき，株主は取引の純利益のすべてをいつも確保できる。また，w_F がマイナスであることにも注意しよう。収益が低いとリスクを移転された経営者の報酬はマイナスだ。

有限責任のもとでの契約

株主-経営者のモデルで経営者に強いインセンティブを与えることができない１つの理由は，経営者（エージェント）がリスク回避的でリスクを負担させることがリスク・シェアリングの観点から望ましくないことにあった。だからこそ，経営者がリスク中立的ならばトレードオフは解消される。

強いインセンティブが与えられない，もう１つの要因は制度的にエージェントに負の報酬を要求できないことにある。実際，会社が赤字だからといって経営者や従業員の報酬がマイナスとなることはありえない。そのようにエージェントの責任に制約があることもまたモラル・ハザードを解消するためのインセンティブづけの障害となる。その本質を理解するために，前節と同じくリスク中立的な経営者を想定して考察しよう。

経営者を残余請求者とする契約で $w_F=x_F-V$ を実際に計算してみると $w_F=-p_H(x_S-x_F)+d+\bar{U}$ となる。したがって $x_S-x_F>(d+\bar{U})/p_H$ ならば $w_F<0$ となり経営者の報酬はマイナスとなる。数値例の値はこのようなケースに相当している。経営者の事例ではないが，収益から賃料やフランチャイズ料などの一定額を支払うと，採算が合わずに赤字に陥ることは現実にもよくあることだ。

けれども，会社の経営者や従業員がマイナスの報酬を得ることは制度上不可能だ。このように報酬をマイナスにするような契約が強制できないならば，それが常にゼロ（プラスの額でもよいが，単純化のためにゼロとしておく）以上でなくてはならない**有限責任制約**（破産制約ともいわれる）を考慮しなければならない。

有限責任制約

$$w_S\geq 0,\quad w_F\geq 0$$

すると株主の問題は次のようになる。

有限責任のもとでの株主の問題

$$\max_{w_S,\,w_F}\quad p_H(x_S-w_S)+(1-p_H)(x_F-w_F)$$

subject to

$$p_Hw_S+(1-p_H)w_F-d\geq\bar{U}$$

$$p_Hw_S+(1-p_H)w_F-d\geq p_Lw_S+(1-p_L)w_F$$

$$w_S\geq 0$$

$$w_F\geq 0$$

図 2.4 を見てほしい。まず，IC 線はインセンティブ制約 $p_Hw_S+(1-p_H)w_F-d\geq p_Lw_S+(1-p_L)w_F$ を等号で満たす $(w_S,\ w_F)$ の組み合わせを示し，具体的には $w_F=w_S-d/(p_H-p_L)$ によって与えられる。また，インセンティブ制

CHART 図 2.4 有限責任のもとでの最適契約

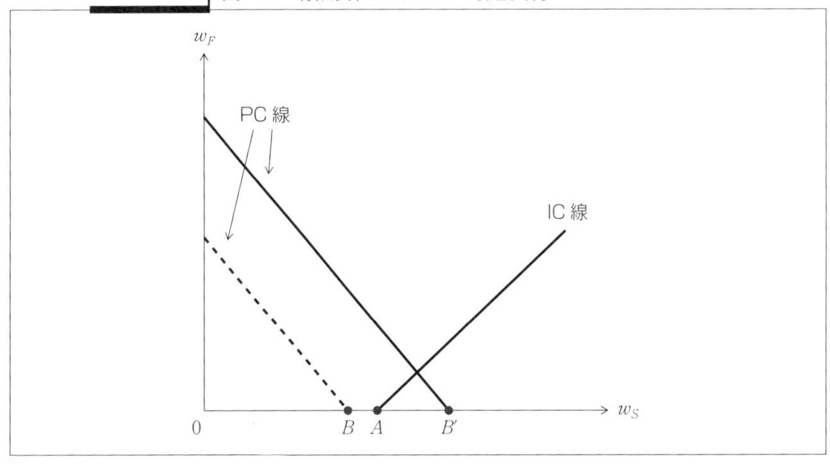

約は $(p_H-p_L)(w_S-w_F)\geq d$ と書き換えられることに注意しよう。すると，インセンティブ制約のみを考えた場合，有限責任制約のもとで株主の利益を最大化するためには，$w_F=0$ としたうえで，インセンティブ制約を満たす最小の w_S を見つけることが望ましい。よって，IC 線上の $(w_S, w_F)=(d/(p_H-p_L), 0)$ という報酬契約に着目しよう。それは図 2.4 の A 点で示される。

次に，PC 線は参加制約 $p_Hw_S+(1-p_H)w_F-d\geq\bar{U}$ を等号で満たす (w_S, w_F) の組み合わせを示しており，それは $w_F=-p_Hw_S/(1-p_H)+d/(1-p_H)+\bar{U}/(1-p_H)$ によって与えられる。また，PC 線上では株主は取引の純利益 V をすべて確保できる。そして，PC 線上でもとくに $w_F=0$ である $(w_S, w_F)=((d+\bar{U})/p_H, 0)$ に注目しよう。それは図 2.4 で点 B と点 B' の 2 つのケースについて示されている。

《$\bar{U}$ が小さい場合》 点 B は $\bar{U}$ が小さい場合に対応する。点 B は点 A の左側にあり，それはインセンティブ制約を満たさない。実際，報酬が非負である範囲では PC 線と IC 線は交差しないので，有限責任のもとでは参加制約を等号で満たしつつインセンティブ制約を満たすことは不可能だ。株主はインセンティブ制約を満たす範囲での最適な報酬契約を選び，それは点 A で与えられる

$$(w_S^{**},\ w_F^{**})=\left(\frac{d}{p_H-p_L}, 0\right)$$

となる。このとき経営者の期待効用は留保効用 $\bar{U}$ を厳密に上回るので，株主は取引の純利益の一部を経営者に渡すことになる。

留保効用が小さければ，それほど大きな報酬を用意しなくても経営者は契約にサインする。けれども有限責任のもとで経営者にインセンティブを与えるためには留保効用を超える上乗せ（レントと呼ばれる）が必要となる。これは株主にとってのコストとなり，リスク回避的な経営者の場合と同様にエージェンシー・コストの源泉となる。

このように，有限責任制約があることで，たとえエージェントがリスク中立的でリスク分担を考慮する必要がなくても，マイナスの報酬を利用することでのインセンティブづけはできない。その結果，プラスの報酬をより増やすことでインセンティブを与えることになり，それは報酬の上昇を招くことになる。

《$\bar{U}$が大きい場合》 とはいえ，有限責任のもとでもエージェンシー・コストが発生しないこともある。点 B' は $\bar{U}$ が大きい場合を想定している。点 B' は点 A の右側にあるのでインセンティブ制約を満たす。つまり，参加制約を等号で満たしながらインセンティブ制約も満たされ，経営者は自発的に e_H を選ぶ。そして，株主は取引の純利益 V をすべて確保できる。

有限責任制約はインセンティブの強度の制限となる。けれども，留保効用 $\bar{U}$ が大きい場合，参加制約を満たすためにはある程度大きな報酬を用意する必要がある。すると，その報酬を得ることが経営者にとってのインセンティブとなり，追加的な上乗せは必要ない。結果として有限責任のもとであってもエージェンシー・コストは発生しない。

数値例　有限責任制約のもとでの報酬契約

先ほどの数値例では，$w_F = -10$ となってしまったので，これは有限責任制約を満たしていない。それでは，有限責任制約のもとでは報酬契約はどのようになるだろうか。

モデルを確認しておこう。効用関数は $u(w) = w$ である。そして e_H を選ぶと経営者の費用は $d = 10$ で成功確率は $p_H = 2/3$，e_L を選ぶと費用は 0 で成功確率は $p_L = 1/3$ となる。経営者の留保効用は $\bar{U} = 20$ だ。そして，収益は $x_S = 90$，$x_F = 30$ となる。

このとき $(d + \bar{U})/p_H = 45$ となり，また，$d/(p_H - p_L) = 30$ なので，有限責任のも

とでの報酬契約は（$w_S{}^{**}$, $w_F{}^{**}$）=（45, 0）となる。経営者の期待効用は e_H を選べば（2/3）45 +（1/3）0 − 10 = 20 なので，参加制約は等号で満たされる。また e_L を選べば期待効用は（1/3）45 +（1/3）0 = 15 なので，インセンティブ制約も満たされる。株主の期待利潤は（2/3）（90 − 45）+（1/3）30 = 40 となり，これは取引の期待純利益だ。よって，エージェンシー・コストは発生していない。

では，留保効用が $\bar{U} = 0$ であるとしよう。すると，取引の純利益の期待値は $V =$（2/3）90 +（1/3）30 − 10 = 60 となる。また $(d + \bar{U})/p_H = 20/3$，$d/(p_H - p_L) = 30$ なので，契約は（$w_S{}^{**}$, $w_F{}^{**}$）=（30, 0）となる。このとき e_H を選んだ場合の経営者の期待効用は（2/3）30 +（1/3）0 − 10 = 10 なので，経営者は留保効用を上回るレントを得る。また，e_L を選べば期待効用は（1/3）30 +（2/3）0 = 10 なのでインセンティブ制約も満たされる。

株主の期待利潤は（2/3）（90 − 30）+（1/3）30 = 50 となり，取引の純利益の期待値 60 を経営者が受け取ったレント 10 だけ下回る。これはエージェンシー・コストだ。

SUMMARY ●まとめ

□ 1 プリンシパルがエージェントに何らかの行動を委任する関係をプリンシパル-エージェントの関係と呼ぶ。株主と経営者の関係が代表的だ。

□ 2 プリンシパルがエージェントの行動を観察することができず，また両者の利害が一致しない（エージェンシー問題）ときモラル・ハザードが起きる。

□ 3 モラル・ハザードへの対処法の 1 つに業績に連動させた報酬によるインセンティブづけがある。

□ 4 エージェントがリスク回避的ならば業績連動報酬により強いインセンティブを与えることはできない。モラル・ハザード問題はリスク分担とインセンティブのトレードオフにより特徴づけられる。

□ 5 定額のフランチャイズ料や賃料などによりエージェントの目的をプリンシパルの目的と一致させることができる。また，ストック・オプションは経営者や従業員（エージェント）の目的を株主（プリンシパル）の目的と一致させる仕組みだ。

□ 6 エージェントが有限責任で守られるならば強いインセンティブが与えられず，より高い報酬をエージェントに与える必要が生じることがある。これはプリンシパルにとってはエージェンシー・コストとなる。

EXERCISE ● 練習問題

2-1 自動車の車両保険などでは免責金額と呼ばれる保険加入者の自己負担が設定されることが多い。その理由をモラル・ハザードの観点から説明しなさい。

2-2 業績が成功すれば w_S，失敗すれば w_F という業績連動報酬を考えよう。以下のうち，$w_S - w_F$ が大きくなるのはどのようなときか。正しいものを選びなさい。

1. 努力を行うことの費用が［a. 大きいとき，b. 小さいとき］。
2. 業績の成功への努力の効果が［a. 大きいとき，b. 小さいとき］。

2-3 ファストフード・チェーンやコンビニ・チェーンのフランチャイズ店と直営店を比較したとき，どちらの店長の方がより強いインセンティブが与えられているだろうか。説明しなさい。

2-4 株主－経営者のモデルを考える。経営者は e_H か e_L の努力を選択し，e_H が選択されたならば確率 4/5 で x_S（成功）が，確率 1/5 で x_F（失敗）が実現し，e_L が選択されたならば，確率 1/5 で x_S が，確率 4/5 で x_F が実現する。経営者の効用は $u = \sqrt{w} - d$ によって与えられて，期待効用を最大化する。ここで d は努力の費用であり，e_H ならば $d = 30$，e_L ならば $d = 0$ となる。また，経営者の留保効用は $\bar{U} = 20$ としよう。株主はリスク中立的である。以下の設問に答えなさい。

(1) 経営者の努力が観察・立証可能で，株主は e_H を強制できるとする。株主にとっての最適契約を求めなさい。

(2) 経営者の努力が隠された行動であるとする，株主にとっての最適契約を求めなさい。

(3) 株主はモニタリングを行うことで経営者の努力・行動を観察できるようになる。株主がモニタリングに支払ってもよいと考える費用はどれだけか。

2-5 ある企業とその従業員とのあいだの報酬契約を考える。従業員には 20 の基本給が支払われる。それに加えて業務に成功すれば，従業員にはボーナスが支払われるとしよう。また失敗したならばボーナスはゼロだ。従業員は「高い努力」か「低い努力」のどちらかを選択し，「高い努力」を選択すれば 3/4 の確率で業務に成功し，1/4 の確率で失敗する。また，「低い努力」を選択すれば，1/4 の確率で業務に成功し，3/4 の確率で失敗する。さらに，努力の費用を d とすると，「高い努力」を選べば $d = 30$ であり，「低い努力」を選べば $d = 0$ である。基本給とボーナスの合計を w とすると，従業員の効用は $u = w - d$ によって与えられ，従業員は期待効用を最大化するように行動する。従業員が自発的に「高い努力」を選ぶようになるボーナスについての条件（インセンティブ制約）を求めなさい。

補論　株主と経営者のモデルの一般化

本文では収益は x_S（成功）と x_F（失敗）の2種類とし，契約は業績に依存する (w_S, w_F) とした。それを一般化し，実現しうる収益を $(x_1, x_2, \ldots, x_N)$ としよう $(N \geq 3)$。そして，収益は観察・立証可能で，$x_1 < x_2 < \cdots < x_N$ が成立する。経営者の努力はやはり e_H と e_L の2種類で，その私的費用はそれぞれ d と $0(d>0)$ である。そして，努力 e_k を選択したときに業績 x_n が実現する確率を p_{kn} とする（$\sum_n p_{kn}=1$）。また，観察・立証可能な収益に依存する契約は $(w_1, w_2, \ldots, w_N)$ と書ける。そして，

$$\sum_{n=1}^{N} p_{Hn}x_n - d > \sum_{n=1}^{N} p_{Ln}x_n$$

が成立し，e_H の選択が望ましい。

株主が努力を観察可能で e_H を強制できるとしよう。このときの株主の問題は参加制約のもとで期待効用を最大化する

$$\max_{(w_1, \cdots, w_N)} \sum_{n=1}^{N} p_{Hn}(x_n - w_n)$$

$$\text{subject to} \quad \sum_{n=1}^{N} p_{Hn}u(w_n) - d \geq \bar{U}$$

となる。ラグランジュ関数を

$$\mathscr{L} = \sum_{n=1}^{N} p_{Hn}(x_n - w_n) + \lambda\left[\sum_{n=1}^{N} p_{Hn}u(w_n) - d - \bar{U}\right]$$

と定義すると，1階の条件は，

$$\frac{1}{u'(w_1)} = \frac{1}{u'(w_2)} = \cdots = \frac{1}{u'(w_N)} = \lambda$$

となる。ここで，報酬の支払いは株主にとってコストとなるので，参加制約は等号で成立し $\lambda>0$ である。よって，経営者は業績にかかわらず常に一定の報酬額を得ることになり，最適な報酬契約は最適なリスク分担を実現する。

では次に，経営者の努力が隠された行動である場合を考えよう。株主は参加制約に加えてインセンティブ制約も考慮する必要があり，その問題は，

$$\max_{(w_1, \cdots, w_N)} \sum_{n=1}^{N} p_{Hn}(x_i - w_i)$$

$$\text{subject to} \quad \sum_{n=1}^{n} p_{Hn}u(w_n) - d \geq \bar{U}$$

$$\sum_{n=1}^{N} p_{Hn}u(w_n) - d \geq \sum_{n=1}^{N} p_{Ln}u(w_n)$$

となる。ラグランジュ関数を，

$$\mathscr{L}=\sum_{n=1}^{N}p_{Hn}(x_n-w_n)+\lambda\left[\sum_{n=1}^{N}p_{Hn}u(w_n)-d-\bar{U}\right]$$
$$+\mu\left[\left(\sum_{n=1}^{N}p_{Hn}u(w_n)-d\right)-\left(\sum_{n=1}^{N}p_{Ln}u(w_n)\right)\right]$$

と定義すると，1階の条件は，

$$\frac{1}{u'(w_n)}=\lambda+\mu\left(1-\frac{p_{Ln}}{p_{Hn}}\right),\quad n=1,\dots,N$$

によって与えられる。ここで，もし $\mu=0$ ならば，$w_1=w_2=\cdots=w_N$ が成立し，e_H を選ぶインセンティブを与えられない。よって $\mu>0$ であり，インセンティブ制約は等号で成立する。また，1階の条件を $p_{Hn}/u'(w_n)=p_{Hn}\lambda+\mu(1-p_{Ln})$ と書き直し，すべての n について足し合わせると $\sum_{n=1}^{N}[p_{Hn}/u'(w_n)]=\lambda>0$ であることがわかる。よって，参加制約も等号で成立する。

さて，$u''(w_n)<0$ であることに注意すると，p_{Ln}/p_{Hn} が大きければ大きいほど，w_n は小さくなることがわかる。したがって，$w_1<w_2<\cdots<w_N$ が成立する，つまり，収益が高ければ高いほど報酬も大きくなるというもっともらしい単調性が成立するためには，p_{Li}/p_{Hi} が x_i の減少関数である必要がある。

努力の違いによる確率の比率 p_{Li}/p_{Hi} は**尤度比**と呼ばれる。尤度比は収益が実現したときに，e_H と e_L のどちらを選択したと考えるのがもっともらしいかを測る尺度で，p_{Ln}/p_{Hn} が x_n の減少関数であるならば，より大きな x_n は経営者が e_H を選択したことのより精度が高いシグナルとなっている。つまり，より大きな x_n を観察すると，e_H を選択しているであろう確率が相対的に大きいと株主は判断できる。

この条件は**単調尤度比条件**と呼ばれる。この条件が満たされないような状況では，より大きな収益がより小さな報酬につながることもある。たとえば，e_L がリスキーな行動で，非常に大きな収益をもたらす確率が大きいと同時に，非常に小さい収益が実現する確率も高い。しかし，e_H を選択したならば，中間的な収益がたいてい確保できるような状況で，もし，e_H からの期待収益が e_L のそれを上回るならば，株主は e_H を実行させたいだろう。このとき，高い x_n は e_L のシグナルとなるので，株主は報酬を減らすかもしれない。

たとえば，(x_1, x_2, x_3) とし $(x_1<x_2<x_3)$，$(p_{H1}, p_{H2}, p_{H3})=(0.1, 0.7, 0.2)$，そして，$(p_{L1}, p_{L2}, p_{L3})=(0.6, 0.1, 0.3)$ とする。このとき，x_1 が十分に小さく，x_2 と x_3 の差がそれほど大きくないならば，株主は e_H を実行させる。しかし，$p_{L1}/p_{H1}=6$，$p_{L2}/p_{H2}=1/7$，$p_{L3}/p_{H3}=2/3$ なので，単調尤度比条件は満たされず，最適な契約では $w_2>w_3$ が成立する。

CHAPTER

第3章

モラル・ハザード：応用編

仕事の成果はどのように評価すればよいか？

STORY

●人を評価するには

なんとか資金を手に入れたあなたは早速事業に取りかかることとなった。各店舗で顧客の評判を得ることは当然不可欠だが，事業の拡大には新商品の開発，ブランド・マーケティング，新店舗の開拓，大きな需要に対応できる仕入れ先の確保など，やらなければならない仕事は山積みだ。これらの仕事をこなしながら，現場を切り盛りするのはとうてい不可能だろう。あなた自身は経営に専念するために，現場のオペレーションの責任者として店長（ここではストア・マネージャーと呼ぶとしよう）を新たに雇うこととした。

ここであなたは大きな問題に直面する。実際の店舗では，接客サービスの提供からバイト店員の勤務管理まで，店の評判に直結するさまざまな仕事をこなさなければならない。ストア・マネージャーの選考には十分な時間と労力を割いたつもりではあるが，それでも採用者はあなたとは縁もゆかりもない人物だ。放っておいても仕事に対して最大限の努力をしてくれるという保証はまったくないし，将来的に店舗数が増大し，あなたの目が届かなくなるにつれて，この問題はさらに深刻となるに違いない。ビジネスをさらに成長させるためには綿密なインセンティブ設計が不可欠だ。

すでにモラル・ハザードの原則を理解しているので，最適なインセンティブ設計はそれほど難しくないはずだ。問題の源泉は，あなたとストア・マネージャーとの利害が完全に一致しないことと，その行動を観察できないことにある。今度は経営者であるあなたが契約を設計する立場にあることを除けば，問題の構造は投資家と経営者のそれと変わらない。モラル・ハザード環境でのインセンティブ問題を解決するために必要なのは，ストア・マネージャーの見えない行動の指標となるものを適切に利用し，リスクの分担を考慮しつつ，利害の対立を最小限にするようなインセンティブ体系を設計することだ。

しかし，一口にインセンティブ体系を設計するといっても，その方法は潜在的には無数といってよいほどに存在する。第2章では，投資は「成功」か「失敗」のいずれかを想定したが，現実はもっと複雑だ。店舗の売上を成果の指標として用いることは可能だが，これは成功か失敗かだけではなくもう少し細かな値をとる。また，売上以外にも，成果の指標としてあなたが潜在的に利用できる情報は数限りなく存在するはずだ。複雑な業務をこなすストア・マネージャーの報酬を売上だけで一刀両断に決めてしまってよいものだろうか。さまざまな指標を組み合わせた複雑な契約の方がうまくいきそうな気もする。では，その契約はどこまで複雑にすればよいのだろうか。本章ではこうしたモラル・ハザード環境での正しい評価のあり方について考えよう。

第3章で考える問題

- モラル・ハザード問題の解決にはどのような情報が有益なのか。
- インセンティブの弊害について理解する。
- 成果主義が機能しない状況とはどのようなものか。

1 線形契約

第2章で説明したモデルは，リスク分担とインセンティブを明快に捉えることができ応用の範囲も広い。だが選択可能な努力水準を「する」か「しない」かに限定しているので，どのような水準の努力を選択するべきなのかという問題や，その水準がどのような要因に影響を受けるのかという問題が議論できない。しかしその一方で，エージェントが取りうる努力水準の幅が広がると（とくに努力水準を連続的に選べるような場合は），分析は技術的に複雑になり，最適契約の明快な特徴づけが難しくなることが知られている。応用的な観点からは，エージェントのとりうる選択肢を制限することなく，それでも明快な結論を導出できるモデルが必要だ。

これらの条件を満たすモデルとして最もよく知られるのが線形契約のモデルだ。線形契約によるモラル・ハザードへのアプローチは，具体的で扱いやすく，契約理論の分析の射程を大きく広げることに貢献した。以下では，このモデルを紹介するとともに，そこから得られる含意について検討しよう。また，第2章まではイメージを具体的にするために，株主－経営者の関係を想定してモデルを考えたが，第3章からは，より一般的に登場する主体をプリンシパル－エージェントと呼ぶことにする。

線形契約のモデル

リスク中立的なプリンシパルとリスク回避的（もしくはリスク中立的）なエージェントを考えよう。エージェントが実現する収益（業績）は，

$$x = e + \varepsilon$$

であり，ここで e はエージェントの努力を示す。また，ε はエージェントの努力とは独立に収益に影響を与える不確実性を表現しており，つまり努力だけではなく運不運によって収益は変動する。ここで，ε は $-\infty$ から ∞ までの値をとる確率変数であり，期待値は $E[\varepsilon]=0$，分散は $E[\varepsilon^2]=\sigma^2$ だとしよう。よって，収益 x の期待値 $E(x)$ は努力水準 e となる。

収益は観察かつ立証可能で，プリンシパルは報酬契約を x の実現値に依存させることができる。ここでは，報酬契約として以下のような**線形契約**に焦点を当てる（⇒web 補論）。

線形契約

$$w = \alpha + \beta x$$

ここで考察する線形契約は（α，β）という2つの変数で特徴づけることができ，

報酬の期待値は $E[w]=\alpha+\beta e$ として与えられる。報酬の分散は $(w-E[w])^2=(\beta\varepsilon)^2$ の期待値なので，

$$E[(\beta\varepsilon)^2]=\beta^2E[\varepsilon^2]=\beta^2\sigma^2$$

となる。ここで，報酬契約の傾き β は収益に対する依存の程度（歩合のレート）を表し，これによって**インセンティブの強度**を測ることができる。

報酬が w で努力費用が $C(e)$ のときのエージェントの利得が，

$$u(w-C(e))$$

で与えられるとしよう。ここで利得関数は $u'>0$，$u''\leq 0$ を満たすと仮定する。$u''<0$ ならばエージェントはリスク回避的だし，$u''=0$ ならばエージェントはリスク中立的だ。以下では，エージェントはリスク回避的であると仮定する。

リスクの評価

エージェントがリスク回避的であれば，エージェントがどのように不確実性を評価するのかという点を考慮しなければならない。そして，第1章で紹介した確実同値額とリスク・プレミアムという概念がここでも重要な役割を果たす。

最初にこの概念を簡単に復習しよう。エージェントがリスクに直面している状況は一種のくじとして捉えることができる。たとえば，確率 p で $w=w_H$ 円が当たり，残りの確率 $1-p$ で $w=w_L$ 円が当たるくじを考えよう。すると，このくじの期待効用は，

$$E[u(w)]=pu(w_H)+(1-p)u(w_L)$$

となる。確実同値額を CE とすると，これは，

$$pu(w_H)+(1-p)u(w_L)=u(CE)$$

と定義することができる。また，リスク・プレミアム ρ は，

$$E[w]-CE=pw_H+(1-p)w_L-CE=\rho$$

として与えられる。

数値例　確実同値額とリスク・プレミアム

効用関数が $u(w)=\sqrt{w}$ で与えられるとする。このとき，確率 20% で 10000 円，残りの 80% で 2500 円が当たるくじの確実同値額とリスク・プレミアムを求めてみよう。

このくじから得られる期待効用は，

$$0.2\times\sqrt{10000}+0.8\times\sqrt{2500}=0.2\times100+0.8\times50=60$$

として与えられる。定義より確実同値額 CE は，

$$60=\sqrt{CE}$$

を満たすので $CE=3600$ を得る。つまり，このエージェントにとっては，確実に 3600 円もらえることと，このくじをひくことが同値となる。また，このくじの賞金の期待値は 4000 円なので，リスク・プレミアムは 4000 円 − 3600 円 = 400 円となる。

この考え方を線形契約に応用してみよう。線形契約のモデルでは，不確実性である ε が連続に分布しているため計算はやや複雑になる。だが，確実同値額の定義とその背後の理屈はまったく同じだ。このモデルでのエージェントの期待効用は $E[u(w-C(e))]$ と書くことができ，これより確実同値額は，

$$E[u(w-C(e))]=u(CE)$$

を満たす CE として定義できる。また，ρ をリスク・プレミアムとすると，

$$CE=E[w]-C(e)-\rho$$

が成立する。

不確実性が連続に分布しているとき，このリスク・プレミアムはエージェントのリスク回避度と報酬の分散によって決定される。このとき，リスク・プレミアムは，

$$\rho=\frac{r}{2}\beta^2\sigma^2$$

を満たすことが知られている。ここで，r はエージェントのリスク回避度，$\beta^2\sigma^2$ は報酬 w の分散を表す。第 1 章で説明したように，エージェントがリス

ク回避的ならば，効用関数の傾きがだんだん緩やかになる凹関数となる。リスク回避度 r は効用関数の傾き具合を測る指標であり，r が大きいほどエージェントはリスク回避的といえる（⇒web 補論）。

この関係を利用すると，線形契約モデルの環境でのエージェントの期待効用を確実同値額で評価すると次のようになる。

エージェントの期待効用の確実同値額による評価

$$CE=\alpha+\beta e-\frac{r}{2}\beta^2\sigma^2-C(e)$$

つまり，エージェントの期待効用は，**報酬の期待値から報酬の変動をリスク・プレミアムで評価した大きさと努力の費用を差し引いたもの**となる。エージェントは $r>0$ ならばリスク回避的なので，報酬の不確実性からはマイナスの効用を得るわけだ。

努力が観察可能な場合

プリンシパルが努力を観察できるならば，特定の努力水準以外を選択した場合に罰則を課すことによって，インセンティブ制約がなくても任意の努力水準を強制できる。この場合，エージェントの効用は自分がコントロールできる努力にのみ依存するので，リスクはない。

インセンティブ制約を考慮する必要はないので，プリンシパルの問題は参加制約のもとでの期待効用の最大化となる。では，参加制約はどのように記述できるだろうか。参加制約はエージェントの期待効用が留保効用 $\bar{U}$ 以上となることであるが，いまは確実な受取額である CE で期待効用を評価している。したがって参加制約は $CE\geq v$ と表現でき，$\bar{v}$ はちょうど $\bar{U}$ と等しい効用をもたらす確実同値額だ。この $\bar{v}$ は以下の分析で重要な役割を果たさないので，簡単化のため $\bar{v}=0$ として議論を進める。

ここでのプリンシパルの問題は，「収益の期待値－報酬額の期待値」を，参加制約のもとで最大化するように報酬契約をデザインすることだ。プリンシパルは契約（α，β）の他に観察可能な努力水準 e も指定できる。いま，議論を単純化するために努力の費用を $C(e)=ce^2/2$ とすると（ここで c はある正の定数），問題は次のように書くことができる。

努力が観察可能な場合の線形契約のデザイン

$$\max_{\alpha,\beta,e} \quad E[x]-E[w]=e-(\alpha+\beta e)$$

$$\text{subject to} \quad \alpha+\beta e-\frac{r}{2}\beta^2\sigma^2-\frac{ce^2}{2}\geq 0$$

参加制約が等号で成立していないならば，プリンシパルは単純に報酬の固定部分αを減額することができる。したがって，参加制約は必ず等号となり，

$$\alpha+\beta e=\frac{r}{2}\beta^2\sigma^2+\frac{ce^2}{2}$$

が成立する。そして，これをプリンシパルの目的関数に代入すると，プリンシパルの問題は，

$$\max_{\beta,e}\left\{e-\frac{r}{2}\beta^2\sigma^2-\frac{ce^2}{2}\right\}$$

となる。つまり，**取引から生じる価値を確実同値額で評価した大きさ**を，βとeを選ぶことで最大化する問題と書き換えることができる。

この問題における最適な努力水準は$e^*=1/c$となる。また，努力が観察可能な環境ではβをプラスとすることはエージェントにリスクを負担させるマイナスの効果しかないので，そのコストを削減するために$\beta^*=0$が成立する。そして，等号の参加制約から$\alpha^*=1/2c$が得られ，プリンシパルの期待利得は$\Pi^*=1/2c$となる。エージェントの努力が観察可能ならば，エージェントの報酬は実質的に**固定報酬**となり，これは最適なリスク分担が達成できるファースト・ベストだ。

努力が観察不可能な場合

次に，エージェントの努力が観察できない場合を検討しよう。つまり，モラル・ハザード問題が生じる状況だ。この場合，エージェントが実際に受け取る報酬は収益の実現値に依存するので，自分がコントロールできないリスクの影響を受ける。つまり，努力したのに収益と報酬が低かったり，反対にそれほど

CHART 図 3.1　インセンティブ強度とエージェントのリスク負担

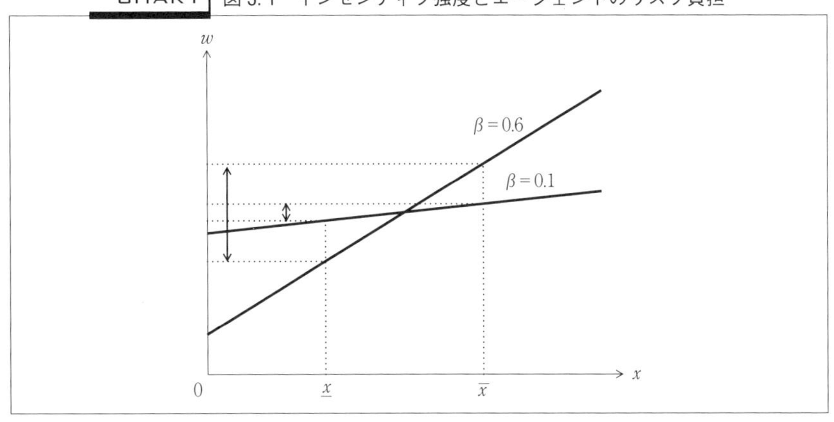

努力していないのにそれらが高かったりということが起こりうる。エージェントはリスク回避的なので，こうした報酬のばらつきはエージェントの期待効用を低下させる要因となる。

ここでの議論で重要なのは，努力のインセンティブを与えるためには報酬を収益に連動させ，β をプラスにする必要があること（業績連動報酬），そして，インセンティブの強度を測る β が増大すると，エージェントが負担するリスクもまた増大するという事実だ。これは，報酬の基礎となっている収益が確率的に変動することによる。図 3.1 では，β が大きい契約（$\beta=0.6$）と β が小さく固定報酬に近い契約（$\beta=0.1$）を示している。ここで，努力水準 e を固定して，運が良いケース（$x=\bar{x}$）と悪いケース（$x=\underline{x}$）を比較してみよう。固定報酬に近い契約では，こうした運による収益の変動が報酬にほとんど影響を与えないことがわかるだろう。一方で，β が大きい場合は，収益の変動は報酬を大きく増減させ，エージェントが直面するリスクも増大する。

次に報酬の変動幅がエージェントの期待効用に与える影響を確認しよう。ここでも簡単化のため，運は良いか悪いかのいずれかで，それぞれが 50% の確率で起こるとする。努力水準 e を固定すると，このとき，報酬は $w=\alpha+\beta e$ を中心に左右に振れることとなる。運が良かった場合の報酬を $\bar{w}$，悪かった場合を $\underline{w}$ としよう。図 3.2 (a) は β が小さく，報酬の変動があまりない状況を，図 3.2 (b) は反対に報酬の変動が大きい状況を表す。報酬の変動が大きい場合，リスク・プレミアムが増大し期待効用が低下することがわかる。つまり，より強

図 3.2　報酬の変動とリスク・プレミアム

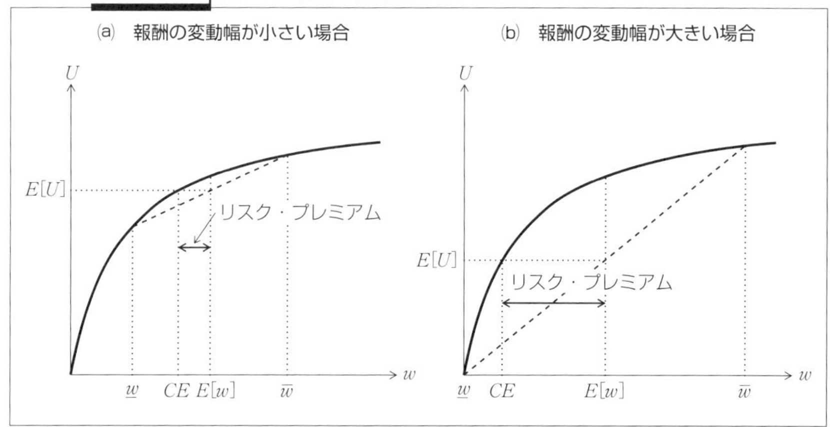

いインセンティブ（大きなβ）を課せば，エージェントの期待効用はその分だけ低下する。すると，プリンシパルは参加制約を満たすために，αを増大させることで，リスクによる期待効用の低下を補塡しなければならない。この性質がモラル・ハザード問題の本質である**リスク分担とインセンティブのトレードオフ**を導くこととなる。

最適な線形契約

これまでの議論を踏まえて，努力が観察できない場合の最適な線形契約を導出しよう。最初にエージェントの努力水準選択の問題を考える。エージェントは報酬契約 $w=\alpha+\beta x$ を所与として（確実同値額で評価した）期待効用を最大化する。つまり，$(\alpha,\ \beta)$ を所与として，

$$\alpha+\beta e-\frac{r}{2}\beta^2\sigma^2-\frac{ce^2}{2}$$

を最大化するようにeを選択する。リスク・プレミアムはエージェントの期待利得を低下させるが，これはeの選択には影響しないことに注意してほしい。これより，最適な努力水準はエージェントが負担するリスクとは独立で，その解は $e=\beta/c$ となる。よって，プリンシパルはインセンティブ強度βを決めることで，間接的にエージェントの努力水準をコントロールすることができる。

線形契約のもとでのインセンティブ制約

線形契約 $w=\alpha+\beta x$ が与えられると，エージェントは，

$$e=\frac{\beta}{c}$$

を満たすように努力水準を決定する。変動給のレート（歩合レート）β が増加すれば e も増加する。

プリンシパルは参加制約とインセンティブ制約のもとで期待効用を最大化する。

隠された行動のもとでの線形契約のデザイン

$$\max_{\alpha,\beta} \quad E[x]-E[w]=e-(\alpha+\beta e)$$

$$\text{subject to} \quad \alpha+\beta e-\frac{r}{2}\beta^2\sigma^2-\frac{ce^2}{2}\geq 0, \quad e=\frac{\beta}{c}$$

努力が観察可能な場合と同様に，プリンシパルは $e-\frac{r}{2}\beta^2\sigma^2-\frac{ce^2}{2}$ を最大化するが，この場合は努力水準を直接指定することはできないので，インセンティブ制約も考慮に入れなければいけない。インセンティブ制約を目的関数に代入すると，プリンシパルの問題は，

$$\max_{\beta} \quad \frac{\beta}{c}-\frac{r}{2}\beta^2\sigma^2-\frac{\beta^2}{2c}$$

と表現できる。これを最大化することで以下の結論を得る。

線形契約の特徴

(1) $\beta^{**}=1/(1+r\sigma^2 c)>0$ が成立し，インセンティブが付与される。

(2) $e^{**}=1/c(1+r\sigma^2 c)\,(<e^*=1/c)$ の水準の努力が実行され，ファースト・ベストの努力水準よりも小さい。

(3) α^{**} は参加制約より決定され $\alpha^{**}=(r\sigma^2-1/c)\beta^{**2}/2$ となる。

(4) プリンシパルの期待効用は $\Pi^{**}=1/\{2c(1+r\sigma^2 c)\}\,(<\Pi^*)$ となり，エージェントの努力が観察できないことでプリンシパルの期待効用も低下する。

CHART 図 3.3 プリンシパルの期待収益と補塡しなければならない費用：$c=1,\ r\sigma^2=0.5$

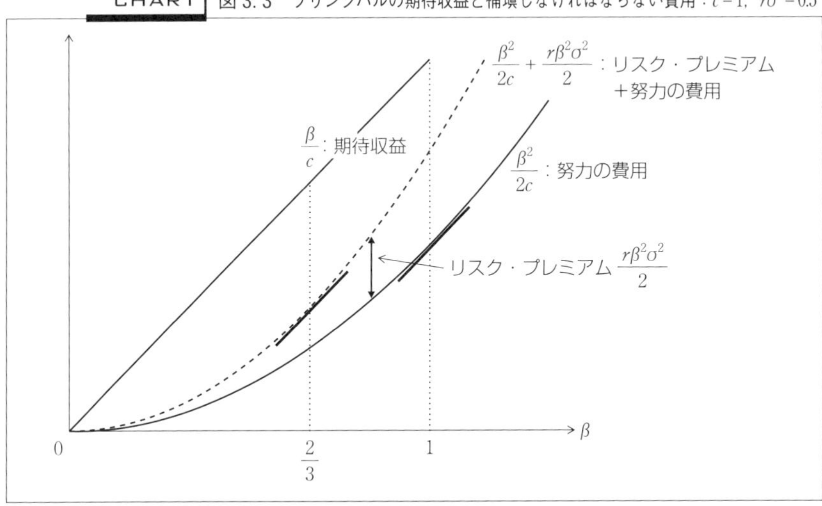

プリンシパルの問題を図で見てみよう。まず，βが定まるとエージェントは$e=\beta/c$の努力水準を選び，その費用は$ce^2/2=\beta^2/2c$であることに注意しよう。すると，プリンシパルの目的関数は，選ばれる努力を表す$e=\beta/c$からリスク・プレミアムの費用と努力の費用を合わせた$r\beta^2\sigma^2/2+\beta^2/2c$を差し引いたものと表現できる。図 3.3 では右上がりの直線が選ばれる努力水準，つまり期待収益に対応する。もしエージェントがリスク中立的（$r=0$）か，不確実性が存在しない（$\sigma^2=0$）ならば，リスク・プレミアムはゼロなので，費用は単純に$\beta^2/2c$となる。このとき，プリンシパルの効用は$\beta=1$のときに最大となり，エージェントは$e=1/c$を選択する。これはファースト・ベストの配分と一致する。一方，リスク・プレミアムがプラスの場合，プリンシパルの費用はその分だけ増大することとなる。図 3.3 が示すように，リスク回避度rまたは不確実性σ^2が増大するにつれて費用は上方へシフトし，最適なインセンティブ強度が低下することがわかるだろう。これが線形契約におけるセカンド・ベストの配分となる。

この隠された行動のもとでの線形報酬契約は興味深い性質を持っている。以下にあげてみよう。

(1) リスク回避度rが増加すれば，β^{**}とe^{**}が低下する。つまり，エージェントがよりリスク回避的ならば，より弱いインセンティブが与えられ，努力水準とプリンシパルの期待効用も減少する。

(2) リスク回避度rがゼロならば，$\beta^{**}=1$と$e^{*}=e^{**}$が成立する。エージェントがリスク中立的ならば，エージェントはすべてのリスクを負担する100%のインセンティブが与えられ，残余請求者となる。このときのプリンシパルの効用は一定の$1/2c$となり，これはエージェントの努力が観察可能な場合の期待効用と一致する。

(3) 収益の分散σ^2が増加すれば，β^{**}とe^{**}が低下する。つまり，リスクの程度が増加すると，エージェントが直面するリスクを減らすために弱いインセンティブが与えられ，努力水準とプリンシパルの期待効用も減少する。

(4) エージェントの費用のパラメータcが増加すれば，β^{**}とe^{**}が低下する。つまり，エージェントの生産性が低下すれば，与えられるインセンティブは弱くなり，努力水準も下がる。

線形契約のモデルから明快に導かれるこれらの結論は直観的にも理解しやすい。まず，リスク回避度が増加すれば，契約はリスク分担をより考慮せざるをえず，インセンティブの強度は低下することになる。反対に，エージェントがリスク中立的で$r=0$が成立すれば，プリンシパルはリスク分担について考える必要がないので，インセンティブの強度を高め，すべてのリスクをエージェントに転嫁することでファースト・ベストを達成できる（これはあたかもプリンシパルがエージェントに固定額で企業を売ってしまうのと同じ状況だ）。たとえば，企業内では管理職に比べると新入社員の方が，単年度で比較すると報酬の収益への依存の程度が小さいだろう。また，報酬の変動が相対的に大きい年俸制も管理職を中心に導入されている。それは比較的富裕な個人の方がリスク回避度が小さいので，より大きなリスクを負えることから正当化できる。

一方で，βを一定とすると，収益の分散の程度が増加するにつれてエージェントが直面するリスクも大きくなるため，βを小さくしてリスク分担を調整する必要が生じる。これは，不確実性が大きい環境では，リスク回避的なエージェントにあまり強いインセンティブを与えられないことを意味する。逆に，努力と収益が密接に関連しており不確実性が小さい場合には，インセンティブが比較的よく機能する。たとえば，セールスマンやタクシー・ドライバーは，収益が明確に測りやすく，また努力との間の不確実性が小さいため，相対的に高い歩合レート（強いインセンティブ）が選ばれることが多い。

この結果は，モニタリングとインセンティブの関係についても重要な示唆を与える。第2章で，モラル・ハザードの問題を解決する方法の1つとして，隠された行動を解消してしまうモニタリングをあげた。ここで，もしモニタリングによって行動と収益とのあいだの不確実性を解消でき，σ^2 を小さくできるならば，プリンシパルはより強いインセンティブを与えることができることに注意してほしい。実際，モニタリングにより不確実性を解消できるなら，プリンシパルはリスク分担の問題をあまり考慮しなくてもよい。そして，インセンティブを与えることに集中できるようになる。また，エージェント側も，強いインセンティブが与えられたときに，不確実性が小さいならば安心してそれを受け入れることができる。つまり，モニタリングと業績に連動した報酬契約はモラル・ハザードを解消する代替的な手段ではなく，むしろ補完的だ。

数値例　線形契約

$c=r=1$ として σ^2 が1から3へ変化したときに最適な契約がどのように変化するか見てみよう。$\sigma^2=1$ であれば，最適契約は線形契約の特徴より，

$$\alpha^{**}=0,\quad \beta^{**}=0.5$$

で，歩合のレートが50% と比較的高いものとなる。一方で，$\sigma^2=3$ へと上昇すると，最適契約は，

$$\alpha^{**}=0.0625,\quad \beta^{**}=0.25$$

と歩合のレートは低下する。また，$e^{**}=\beta^{**}$ なので努力の水準も低下する。

2 最適な評価指標の選び方

モラル・ハザード問題におけるエージェンシー・コストは，エージェントが直面する不確実性の程度によって決まる。それは経済全体の景気指標やライバル・チェーンの出店状況かもしれないし，そのときの気象条件——たとえばその月の降水量——かもしれない。いずれにせよエージェントの行動とは独立に収益に影響を与えるもの全般を指す。不確実性の程度が小さければ，リスク負

担はあまり問題とはならず，より効率的な水準のインセンティブを与えることができる。けれども不確実性の程度が高まれば，エージェントが直面するリスクを軽減するために，インセンティブの強度を弱めなければならない。

こうした事実は，もし費用をかけずに不確実性を低下させることができれば，それは必ずプリンシパルの利益を増大させるということを意味する。線形契約のモデルは，この関係性を最も明確に示すモデルだ。線形契約のモデルでは，エージェントが直面する不確実性は確率変数 ε によって捉えられている。ここで，この不確実性はさらに2つの互いに独立な要素に分解できるとしよう。つまり，$\varepsilon=\varepsilon_A+\varepsilon_B$ と書くことができるとする。いま，ε_A と ε_B は互いに独立で，期待値はゼロ，分散はそれぞれ $E[\varepsilon_A^2]=\sigma_A^2$，$E[\varepsilon_B^2]=\sigma_B^2$ だとしよう。

以下では，説明の都合上，ε_A が「降水量の影響」を表し，ε_B が「それ以外の不確実性」を表すとしよう。さらに，降水量の影響は立証可能で契約に書くことができるとする。もちろん，降水量自体は，プリンシパルが直接関心を持つ指標ではないし，エージェントが自分の意思でコントロールできる指標でもない。それでも，この情報を契約に取り込むことで，プリンシパルはより効率的なリスク分担を達成することが可能となる。

具体的に，この ε_A を追加的な情報として用いて，

$$w=\alpha+\beta(x-\varepsilon_A)$$

という線形契約を書いたとしよう。このときエージェントが解くべき問題は前節とまったく同じだが，努力水準 e のもとでエージェントが実際に受け取る報酬とその期待値の差は，

$$w-E[w]=\alpha+\beta(e+\varepsilon_B)-\alpha-\beta e=\beta\varepsilon_B$$

であり，降水量の影響が取り除かれていることがわかる。独立であると想定したので $\sigma^2=\sigma_A^2+\sigma_B^2$ が成り立つため，$\sigma_A^2>0$ であれば降水量の影響を取り入れることでエージェントが直面するリスクが軽減でき，より高い努力水準を引き出すことが可能となる。

モラル・ハザードが起きる環境でエージェントが直面するリスクとは，エージェントの行動を所与としたときの報酬のバラツキに他ならない。エージェントの選択した行動と報酬がまったく連動しないなら，インセンティブを与える

ことができないのは明らかだろう。反対に，この両者が強く連動していればエージェントのリスクは小さくなり，より強いインセンティブ強度を達成することができる。これは，プリンシパルの立場からいうと，観察できる指標からどれだけ正確にエージェントの隠された行動を推測できるかという問題に置き換えることができる。つまり，エージェントの行動についての推測を改善する情報こそが，契約に反映させるべき情報といえる。

この結果は**インフォーマティブネス原理**として知られ，モラル・ハザード問題において（線形契約モデルだけでなく）一般的に成立する原則だ。この原則が意味するのは，適切な契約には適切に設定された評価指標の存在が不可欠であり，その評価指標の価値は**エージェントの隠された行動に関する情報量**によって決まるということだ。これは，ごく当たり前のことをいっているだけにも見えるかもしれない。けれども，この原則を理解することは現実のインセンティブ設計において重要な役割を果たす。それは，適切な評価指標は，必ずしも**エージェントが直接コントロールできる要因である必要はない**し，さらにいえば（収益のように）**プリンシパルの利益に直結するものである必要もない**ということだ。当事者たちが直接的な関心を持たない指標であっても，もしエージェントの行動について追加的な情報を与えるのであれば，それは評価指標として契約に反映させるべきだ。

定義 3.1　インフォーマティブネス原理

ある評価指標がエージェントの行動について追加的な情報を与えるのであれば，それを用いることでより効率的なリスク分担が達成できる。

3 マルチタスク問題

これまで考察したモデルでは，より強いインセンティブを与えることで，エージェントからより大きな努力を引き出すことができた。こうしたモデルによる分析を見るまでもなく，業績に連動した報酬はあらゆる経済活動におけるモチベーションの源泉であり，こうしたインセンティブ設計は社会の基礎を支える仕組みとして欠かせない。

しかしその一方で，不適切なインセンティブ設計が，かえって望ましくない帰結を招いてしまう事例をしばしば観察できる。ただやみくもに報酬を増減させればすべてがうまくいく，という単純な話でもないということだ。インセンティブはエージェントの隠された行動をコントロールするうえで不可欠なツールだが，その性能を上げるためには適切に設計される必要がある。インセンティブの構造を理解することはその限界を理解することでもある。以下では，インセンティブ設計が潜在的にもたらす弊害について議論したい。

インセンティブ設計の弊害は，エージェントが複数の業務を任されている環境で顕著に現れる。たとえば，カフェのストア・マネージャーであれば，売上を少しでも増やすことが達成すべき重要な業務であることは間違いないが，同時に現場のリーダーとして働きやすい環境を構築することも重要な業務だ。問題は，ある業務の成果は観察しやすいのに対して，他の業務の成果は容易に観察できない可能性があることだ。たとえば，短期の売上を最大にするための努力は，まさに現時点での売上として反映され，その成果は客観的に観察可能だ。一方で，店員たちが気持ちよく働くための環境作りに割いた努力を測る明確な指標は存在しないので，成果は相対的に不明瞭にならざるをえない。

これまでに考察した問題では，エージェントの選択は，成果を上げるためにどれだけの努力をすべきかという純粋に量的な問題だった。しかし，現実には，たとえば企業の従業員を考えてみても，一面的な尺度では測れない多種多様な業務に従事する。すると，どれだけ努力をするかといった量的な問題だけでなく，限られた時間や資源をどの業務にどれだけ配分するかという新たな問題が出現する。このとき，目に見えやすい側面についてだけ評価をすれば，目につきにくいが重要な側面がおろそかになってしまうことがある。この問題は一般に**マルチタスク問題**として知られている。

定義 3.2　マルチタスク問題

エージェントが複数の業務に従事する状況で，その一部の業務についてだけインセンティブを与えることでエージェントの努力配分に歪みが生じること。

努力配分のモデル

エージェントは2種類の異なる業務 $j=1, 2$ に従事しており，それぞれに対

CHART 図 3.4 費用関数 $C(e_1, e_2)$

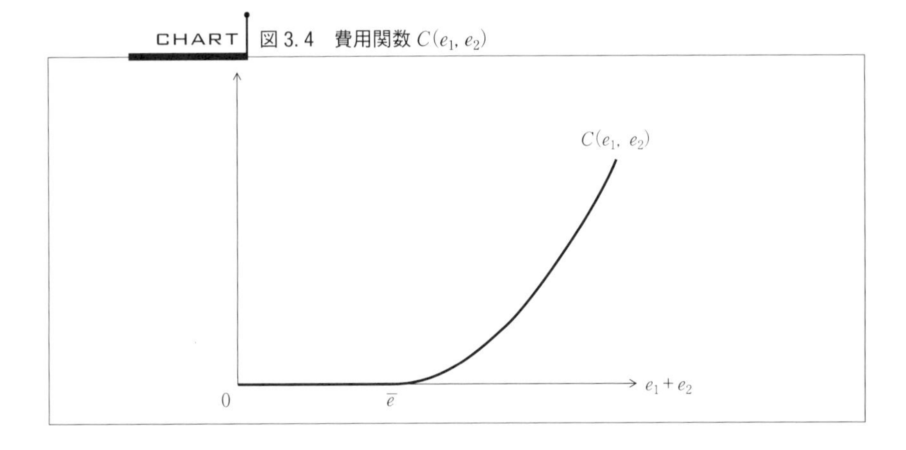

して努力水準 e_1 と e_2 を決定する。たとえば，e_1 は売上を上げるための努力，e_2 は職場環境を良好にするための努力としよう。ここでの関心は，エージェントがどれだけ努力するかだけではなく，異なる業務に対してどのように時間を配分するかにもある。

以下では業務の「成果」と業務の組み合わせから生じる「便益」を分けて考えよう。カフェの場合には，短期的な売上や職場環境の改善が成果であり，それらが組み合わさって生まれる長期的な収益が便益だ。

各業務 j $(j=1, 2)$ の成果を y_j と表し，それは，

$$y_j = e_j + \varepsilon_j$$

で与えられるとする。ここで ε_j は期待値ゼロ，分散 σ_j^2 の確率変数で，ε_1 と ε_2 は独立とする。また，エージェントの留保効用はゼロとする。

努力の費用を $C(e_1, e_2)$ としよう。ここでは，努力配分の問題に焦点を当てるため，費用は努力の総量 e_1+e_2 にのみ依存すると仮定する。具体的には，

$$C(e_1, e_2) = \begin{cases} 0 & \text{if} \quad \bar{e} \geq e_1+e_2 \\ \dfrac{C(e_1+e_2-\bar{e})^2}{2c} & \text{if} \quad e_1+e_2 > \bar{e} \end{cases}$$

とし，図 3.4 で示そう。ここで $\bar{e}$ は正の定数で，エージェントは直接的なインセンティブが与えられない状況でも，この水準までは努力することを意味する。

次に長期の便益について考えよう。ここでは，2 つの業務の成果は補完的であり，最終的に生み出される便益は，

$$B(e_1, e_2) = \lambda(e_1 + e_2) + (1-\lambda)e_1e_2$$

によって与えられるとする。ここで，λは0と1のあいだの値で，業務間の独立性（補完性）の程度を表す。$\lambda=1$であればそれぞれの業務の成果は独立であるのに対し，λが小さくなると補完性の重要度が増し，バランスのとれた努力の配分が必要となる。

成果の観察可能性とインセンティブ

重要な仮定として，2つの業務は長期的な便益を生み出すうえでどちらも有用だが，その成果の見えやすさに差があるとしよう。ここでは，プリンシパルはe_1については成果を客観的に立証でき，そこから選ばれた努力水準を推測できる一方で，e_2については立証可能な情報がいっさいない状況を想定する（これはσ_2^2が無限大に発散するケースと考えることができる）。

以下では線形契約のモデルを援用して議論を進める。立証可能な形で観察できるのはy_1のみなので，ここで書ける線形契約は，

$$w = \alpha + \beta y_1$$

に限定される。そして，もし$\beta>0$であれば，エージェントは業務2に努力を割くインセンティブはなくなり$e_2=0$が選択される。すると，努力費用は$C(e_1, 0) = c(e_1 - \bar{e})^2/2$となり，エージェントは$\alpha + \beta e_1 - c(e_1 - \bar{e})^2/2$を最大化するように$e_1$を選ぶ（線形契約のモデルではリスク・プレミアムは努力の選択に影響を与えないことを思い出そう）。よって，エージェントの努力水準は，

$$e_1 = \frac{\beta}{c} + \bar{e}$$

となる。業務1に対してインセンティブを与えることで，エージェントにとっての業務2の相対的な価値が減少し，結果として極端な努力配分が選ばれることがわかる。たとえば，売上のみが評価指標に設定されると，店長は職場環境を度外視しても売上を増やすことに躍起になるだろう。

もし，λが十分に大きく，業務間の補完性が小さいならば，$\beta>0$として業務1にインセンティブを与えることが最適だ。一方で，業務間の補完性が増すと，最適な契約は質的な意味で大きく形を変える。議論を簡単にするため$\lambda=$

0だとしよう。このとき，$\beta>0$ならば，業務2についての努力水準はゼロとなるので，便益もゼロとなってしまう。一方で$\beta=0$ならばエージェントは$e_1+e_2\leq\bar{e}$を満たすすべてのe_1とe_2について無差別だ。とくに利害の対立がないので，プリンシパルはその中で便益を最大にする努力水準$e_1=e_2=\bar{e}/2$を指定できるとしよう。つまり，プリンシパルは固定報酬契約を提示することで，

$$B\left(\frac{\bar{e}}{2},\frac{\bar{e}}{2}\right)=\lambda\bar{e}+(1-\lambda)\frac{\bar{e}^2}{4}>0$$

の便益を得ることができる。負のインセンティブ（$\beta<0$）を与えることが望ましくないことも明らかなので，これより$\beta=0$という成果に連動しない固定報酬が最適となることが示される。

数値例　インセンティブ設計の弊害

例として，$r=c=\sigma_1^2=1$および$\bar{e}=2$を想定し，どのようなときに固定報酬が最適となるのか見てみよう。便益は$B=\lambda(e_1+e_2)+(1-\lambda)e_1e_2$で与えられている。

最初に業務1にインセンティブを与えるケースを考える。このときエージェントは業務2についての努力は行わないので，便益は$B=\lambda e_1$となり，業務が1つしかないケースと同じ問題となる。インセンティブ強度βを所与としてエージェントは，

$$e_1=\frac{\beta}{c}+\bar{e}$$

を選択するので，業務が1つの場合の線形契約の結果より，プリンシパルの問題は，

$$\max_{\beta}\quad\lambda\left(\frac{\beta}{c}+\bar{e}\right)-\frac{r}{2}\beta^2\sigma_1^2-\frac{\beta^2}{2c}$$

と書くことができる。これより最適なインセンティブ強度は，

$$\beta^{**}=\frac{\lambda}{1+r\sigma_1c}=\frac{\lambda}{2}$$

と求められ，プリンシパルの期待効用は，

$$\lambda\left(\frac{\lambda}{2}+2\right)-\frac{\lambda^2}{8}-\frac{\lambda^2}{8}=\frac{\lambda^2}{4}+2\lambda$$

となる。

一方で固定報酬を提示する場合のエージェントは$e_1=e_2=\bar{e}/2$を選択する。エージェントの留保効用がゼロなのでプリンシパルの期待効用は，

$$B\left(\frac{\bar{e}}{2},\frac{\bar{e}}{2}\right)=\lambda\bar{e}+(1-\lambda)\frac{\bar{e}^2}{4}=1+\lambda$$

と求められる。これより，λが十分に小さく，

$$1 > \frac{\lambda^2}{4} + \lambda$$

を満たすときに固定報酬が望ましくなることがわかる。

成果主義が機能しない理由

ここまでの議論は，主要な結論を導くためにやや特殊な環境を想定しているが，マルチタスク問題の背後にあるロジックは明快だ。多くの局面において企業の従業員などのエージェントは複数の業務に従事する。そして，時間，体力，注意力などの限られた資源を異なる業務に配分しなければならない。問題は，こうした複数の業務の成果の見えやすさが，その業務の性質に依存して大きく異なる可能性があることだ。こうした状況で，成果が見えやすい業務に対するインセンティブを強めることは，成果が見えにくい業務からの**非効率な努力の代替**を引き起こし，結果としてプリンシパルの利益を損なうことになる。成果の見えやすさとその業務の重要性のあいだには必ずしも本質的な関係があるわけではない。だから，成果の見えやすい業務にのみインセンティブを与えると資源配分は歪められ，全体としての生産性や効率性を低下させる要因となる。

マルチタスク問題が最も顕著に現れるのは，製造業などで典型的に観察される**「質」と「量」のトレードオフ**だ。通常，従業員は「たくさん作る」ことと「丁寧に作る」という，ときとして相反する2つの業務が求められる。しかし，生産量はすぐさま明示的に観察可能であるのに対して，製品の品質はすぐにはわからないことが多い。こうした状況で，ノルマなどによって生産量に対して強いインセンティブを与えると，丁寧に質の高いものを作るインセンティブは相対的に失われる。製品の価値が品質に強く依存している場合は，こうしたインセンティブ体系は粗悪品を大量に生み出すこととなるため，生産量に対するノルマを弱めた方が望ましい。マイホームを建てるときに，工期の遅れに対して工務店に罰金を課すべきでないことも，同様の理由により説明ができる。

こうした例は他にも枚挙にいとまがない。もし教師の給与が学力テストの成績に過剰に依存していれば，成果を数値化しづらい人格教育への配慮は自ずと減少するだろう。公共交通機関において，ダイヤを遵守することを過剰に強調すれば，乗客の安全や快適さを確保するための配慮がおろそかになるかもしれ

Column ❸-1 成果主義の失敗？

日本企業における成果主義の導入が叫ばれて久しいが，単純に成果主義を導入したからといってすぐに収益が上がるわけではないようだ。実際にこれまでにも成果主義による弊害は多くの企業の事例によって報告されている。日本企業に成果主義はなじまないのだろうか。もしそうだとすると，それはいったいどのように説明できるのだろうか。

成果主義が機能しなかったケースとしては，日本マクドナルド社の事例が象徴的だ。同社は年齢によらない実力主義の人事体系を目指す一環として 2006 年に定年制の廃止に踏み切ったが，のちにそれを「時期尚早」として撤廃することになる。その理由として，ベテラン社員が自分の成果を上げることに集中するがあまり，若手の育成がおろそかになってしまったという点をあげている。つまり，成果主義の導入によって「自分の成果をあげる」ことと「ノウハウを伝授し若手を育てる」という業務のあいだでの資源配分のバランスが崩れてしまったわけだ。

こうした問題の背景には，若手育成という業務の評価が相対的に困難であるという事実がある。徒弟制度のように，1 人の若手従業員が 1 人の上司に仕えていれば，若手育成の成果を個人と結びつけることもできるかもしれないが，通常の企業の仕組みはそのようにはなっていない。さらにいうと，若手が活躍したからといっても，その若手がもとから優秀であった可能性も排除できない。現実に誰がどの若手をどのように育てたのかはほとんど識別不可能であり，結果として若手育成という業務に対する評価が曖昧になることは避けられない。これはまさにマルチタスク問題を生み出す土壌といえる。

日本企業は，伝統的に外部からの即戦力ではなく，社内での人材育成を重視する傾向がある。また，従業員の別会社への移動があまり活発でなかったので，企業の生産ノウハウが十分に標準化されておらず，個々の企業は独自の企業特殊的知識を蓄積してきた。こうした環境では，従業員間での助け合いやノウハウの共有が非常に重要な役割を果たす。このように内部での人材育成が必須の環境で成果主義を導入したいならば，その評価には人材育成の項目をなんとしてでも明示しなければならない。一方で，その評価を明確に行うことが現実的でないとなれば，成果主義をあきらめるか，もしくは内部での人材育成をあきらめるかのいずれかになるだろう。成果主義が機能しない理由は，実際にはほとんどマルチタスク問題の視点で説明が可能だ。こうした視点は，日本社会における成果主義のあり方についての洞察を与えてくれる。

ない。過剰なノルマや歩合制を課せば，たとえば保険会社の従業員は必要な説明義務を果たさずに保険加入者を増やそうとするだろうし，ガソリンスタンドの店員は過剰なメンテナンス・サービスを進言するかもしれない。同様に，プロ野球選手の年俸がホームラン数だけに依存していれば，状況に応じたチーム・バッティングは減少するだろうし，サッカー選手の年俸がゴール数だけに依存していれば，ゴール前での効果的なパスも減少するだろう。いずれも適切な資源配分のバランスが歪められ，全体としての生産性を低下することになる。

マルチタスク問題の視点は，なぜ企業などで単純な「成果主義」がうまく機能しないのか，そしてどのような環境において成果主義の弊害がより顕著になるのかという問題に対して理論的な説明を与える。私たちは，ときに目に見えやすい，数字になって現れやすい成果に目を奪われがちだが，実際には，表にはあまり出ないが組織にとって不可欠な作業も存在する。もちろん，成果に応じたインセンティブを与えることは必要だが，その副作用にも注意が必要だ。マルチタスク問題はそのおそらく最も重要な1つといえる。

4 内発的動機

経済学者は報酬のような外から与えられるインセンティブを重視するが，人々の行動は道徳心や義務感，好奇心といったわれわれが内発的に持つ動機にも少なからず影響を受けるはずだ。心理学者はこうした個人が持つ**内発的動機**の役割を重視する。もちろん，こうしたアプローチの相違は，それぞれが問題のどの側面に着目するのかという話であって，どちらが正しいという問題ではない。しかし，これらが相互に関連し影響を与えるような場合には，この両者を明確に切り分けることができなくなる。最近では，経済学でも外的なインセンティブと内発的動機のあいだの関係——とくに外的なインセンティブが内発的動機を損なう可能性——についての関心も高まっている。

外的なインセンティブによって内発的動機が失われる理論的なメカニズムはいくつか存在する。その1つは，ある行動をとる理由が公共心や道徳心のシグナリングにある場合だ（シグナリングについては第6章で詳しく説明する。ここでは，簡単に自分が周囲の人からどのような人物だと見られたいかを選択する行動によって示

Column ❸-2 業績に連動した報酬は有効か？

野球やサッカーの観戦にスタジアムを訪れると，重いサーバーを背負いながらあふれる笑顔でビールやソフトドリンクを観客に売り歩く売り子たちを目にする。誰もサボる様子はいっさいなく，試合開始前から終了まで懸命に観客に声をかける姿は清々しいくらいだ。もちろん，それが笑顔の理由のすべてではないだろうが，実は販売努力を促す仕組みが売り子たちの給与にデザインされている。給与体系がたいてい「固定報酬(時給)＋販売量に比例する歩合給」となっているのだ。つまり，販売量が支払われる報酬に直結しており，販売成績によってその金額は大きく変動する。

モラル・ハザードに対処するために業績に連動した報酬を与えるというアイデアはシンプルだ。そして，業績がよければより高い報酬が得られるなら，つい頑張ろう！ と思ってしまう人も少なくないはずだ。ジェイ・ハーツェル，クリストファー・パーソンズ，デイビッド・ヤーマックの3人による興味深い研究によれば，一見すると金銭的なインセンティブづけとは無縁に見えるメソジスト教会の聖職者について，信者を新たに1人獲得すると平均で15ドルが与えられ（また1人の信者を失った場合は平均で7ドルが取り上げられていた），寄付金の獲得に対してはその3% が与えられるらしい。聖職者であっても生活しなければいけない。業績連動報酬によるインセンティブは有効らしい。ならば世俗の住人にはなおさら有効だろうか。この研究については原論文を読まずとも，レイ・フィスマンとティム・サリバンがインセンティブにまつわる諸問題を軽妙な語り口で紹介する名著，『意外と会社は合理的』の中で詳しく紹介されている。

モラル・ハザードを解決する方法として業績に連動した報酬は有効か，という問いの答えは確かにイエスだろう。ただし完璧というわけではない。ユーリ・ニーズィとアルド・ルスティキニはイスラエルの保育園で行った実験により，子どものお迎えの遅刻に対して一律3ドルの罰金を科すことで遅刻が大幅に増えることを明らかにした。時間までに迎えに行かなければいけない，という暗黙の合意に基づく正しい行為が，3ドルという金銭的なインセンティブにより，罰金さえ支払えば守らなくてもよい合意に代わってしまったと解釈できる（ただし，罰金額が50ドルだったならばおそらく遅刻は激減しただろう。3ドルという金額の大きさは重要だ)。人は道徳心や公共心，やる気，高い志といった内発的なインセンティブによっても動機づけられている。そして，内発的なインセンティブが業績連動報酬のような外的なインセンティブによって失われるかもしれない。笑顔でいたいというスタジアムの売り子たちには，その笑顔が業績につながるインセンティブづけでなくてはならない。

また，内発的なインセンティブと外的なインセンティブに食い違いが起きると，人はその狭間でジレンマに陥るかもしれない。クリエイティブな料理を丁寧に客に振る舞いたいと考えている料理人に対し，作った料理の皿数に比例する歩合給を与えたらどうなるだろうか。料理人はやる気が出ないままにしぶしぶ，料理が盛られた皿の枚数を増やさざるをえなくなるだろう。

（参考文献）Hartzell, J. C., C. A. Parsons and D. Yermack（2010）"Is a Higher Calling Enough? Incentive Compensation in the Church," *Journal of Labor Economics*, 28（3）, 509-539

レイ・フィスマン＆ティム・サリバン（2013）『意外と会社は合理的――組織にはびこる理不尽のメカニズム』（土方奈美訳），日本経済新聞出版社。

Gneezy, U. and A. Rustichini（2000）" A Fine Is a Price," *Journal of Legal Studies*, 29（1）, 1-17.

そうとしていると考えてほしい)。たとえば，献血をすることで道徳心を周囲にアピールしたい人がいるとしよう。このとき，もし献血に対して金銭的な報酬が支払われるとすれば，周囲の人は，その個人が社会に貢献するという崇高な目的で献血をしているのか，ただ小遣い稼ぎのために献血をしているのか区別がつかなくなってしまう。実際に，献血に金銭的報酬を与えれば，金目当ての献血は増えるはずだ。しかし，その事実こそが社会貢献としてのシグナルの効果を弱めることとなってしまう。もし，献血に報酬を与えるのであれば，その額は十分でなければ逆に献血の量は減ってしまうかもしれない。

この他にも外的なインセンティブが内発的動機を損なう可能性があるのは，ある行動をとる動機が道徳心や良心の呵責（かしゃく）にある場合だ。ある社会のルールを守るという規範があるとき，これから逸脱することに対してわれわれは心理的なコストを感じる。このとき，その行動に対して罰金などの措置があると，逆にその罰金を支払うことが免罪符となってしまい，良心の呵責というモチベーションが失われてしまう可能性が存在する。**Column ❸-2** で紹介する話はこの実例といえる。

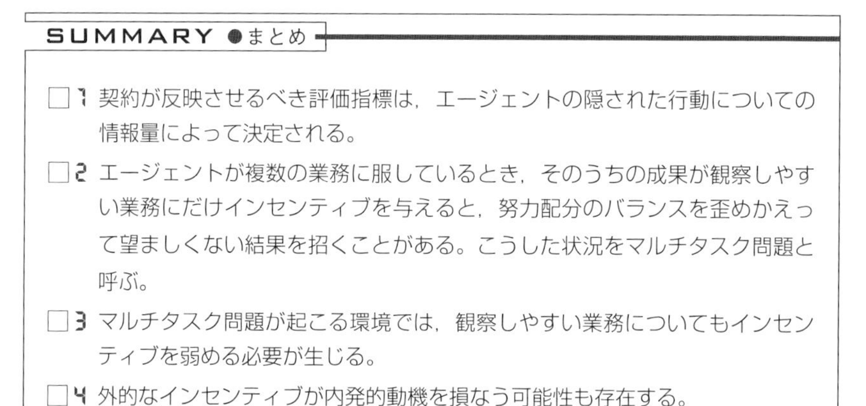

SUMMARY ●まとめ

□ 1 契約が反映させるべき評価指標は，エージェントの隠された行動についての情報量によって決定される。

□ 2 エージェントが複数の業務に服しているとき，そのうちの成果が観察しやすい業務にだけインセンティブを与えると，努力配分のバランスを歪めかえって望ましくない結果を招くことがある。こうした状況をマルチタスク問題と呼ぶ。

□ 3 マルチタスク問題が起こる環境では，観察しやすい業務についてもインセンティブを弱める必要が生じる。

□ 4 外的なインセンティブが内発的動機を損なう可能性も存在する。

EXERCISE ● 練習問題

3-1 効用関数が $u(w)=\sqrt{w}$ で与えられるとする。このとき，確率 60% で 10000 円が，残りの 40% で 3600 円が当たるくじの確実同値額とリスク・プレミアムを求めなさい。

3-2 線形契約モデルで不確実性 σ^2 が増大したときにインセンティブ強度 β はどのように変化するか説明しなさい。また，その理由について説明しなさい。

3-3 次の選択肢の中で正しくないものを 1 つ選びなさい。

1. リスク回避度が増加すればインセンティブ強度 β も増加する。
2. エージェントがリスク中立的ならばファースト・ベストが達成可能である。
3. 収益の分散が増加すれば均衡での努力水準は低下する。

3-4 2 つの評価指標 x_1，x_2 が存在する状況を考えよう。エージェントが選ぶ努力水準を e として，それぞれの指標が以下のように与えられるとする。

$$x_1=e+\varepsilon_A$$
$$x_2=e+\varepsilon_A+\varepsilon_B$$

ここで ε_A と ε_B は独立とする。このときどちらの評価指標を用いるべきか説明しなさい。また，この状況で両方の指標を同時に用いることに意味があるか説明しなさい。

3-5 マルチタスク問題の現実の例をあげなさい。

CHAPTER

第4章

組織の中のモラル・ハザード

複数の労働者を評価するには？

STORY

●競争させることの意味

あなたのカフェが提供する，こだわりのコーヒー，心地よい空間，そしてホスピタリティの組み合わせはこれまでの喫茶店にはなかったものだ。大規模チェーン店というにはまだほど遠いが，それぞれの店舗は着実に顧客に受け入れられている。現在の盛況ぶりは，気軽に立ち寄ることができ，笑顔で美味しいコーヒーがサーブされ，肩肘張らずに心地よい雰囲気を味わえるカフェ，というコンセプトが正しかったことを裏付けている。

なかでも総合的なホスピタリティが大切だ。スタッフの接客サービスの向上がそのカギとなるだろう。とはいえ，スタッフの接客態度を評価することは難しい。客観的で整合的な評価基準が必要となるし，その基準が顧客満足度の向上に寄与するのかもやってみなければわからない。いずれにせよ骨の折れる作業だ。それよりは，顧客アンケートの結果を利用した方がよいかもしれない。そもそも接客態度が重要なのは顧客の満足度を高めるためだ。とすれば，その情報は顧客から直接聞きだすのが正確だし手っ取り早い。

幸いにして，これまでも顧客アンケートは集めており，スタッフそれぞれの評判はだいたい把握している。しかし，顧客アンケートの結果を精査するうちに，あなたはあることに気がついた。スタッフの平均的な評価が店舗によって大きく異なっているのだ。よく考えればこれは自然なことかもしれない。住宅街の広めの店舗はゆったりとしたスペースがあり，顧客の数もそこまで多くない。サービスも十分に行き届く。顧客のスタッフ評価も自然と高くなる。けれども，繁華街の店舗は常に混み合っていて，行き届いたサービスは難しいし，最高の居心地とはいいがたい。スタッフへの評価もやや厳しくなる。もちろん，店舗の立地や広さはそのスタッフ個人の責任ではない。だが，顧客はそのとき感じたことを書くまでで，事情を勘案してもらうというわけにもいかない。

評価が不公平にぶれてしまうと，スタッフに余分のリスクを負わせることとなる。スタッフとしても，どこの店舗に配属されるのか気が気でないだろう。評価が不当だと思ってしまうとやる気を失うかもしれない。評価に関するノイズを，公平性が保たれるように修正することが必要だ。ここで注目できるのは，似た環境のスタッフたちは似た要因の影響を受けやすいという事実だ。顧客の評価の厳しさが店舗ごとに異なるとしても，同じ店舗内で比較をすればノイズの影響は排除できるはずだ。たとえば，最優秀スタッフ賞を設けて各店舗で最高の評価を獲得したスタッフを表彰するのも1つの方法だ。要するに店舗の仲間たちの中で競争させて相対的に評価すればよい。

これまではエージェントが1人のケースを考察してきた。しかし，企業に代表される組織では，エージェントにあたる従業員は一般的に多数存在する。エージェントの数が増えると契約を設計する自由度は確実に増える。たとえば，相対評価の導入はその可能性の1つだ。しかしその一方で，エージェントが複数存在すると，エージェント間での相互作用という新たな問題も生じることになる。これらはいずれもエージェントが1人のときには考える余地のなかった問題だ。

評価は絶対評価が良いのか，それとも相対評価が良いのか。チーム内での協力を阻む要因とは何か，そしてそれに対してどのような対策が可能だろうか。本章ではエージェントが複数存在することで生じるこれらの問題について検討しよう。

第4章で考える問題

- 評価は絶対評価で行うべきか，それとも相対評価で行うべきか。
- 相対評価が果たす重要な役割とは何か。
- 相対評価が引き起こす問題点とは何か。
- チーム生産はなぜ非効率になるのか。

1 相対評価

複数エージェントの評価

第3章で見たように，仕事の難易度は報酬を与えるうえで非常に重要な指標だ。たとえば，気象条件やライバル他社の動向の影響などで市場需要がたまたま低かった場合は，エージェントの努力とは無関係に収益は低くなってしまう。こうした状況で，失敗の責任をエージェントに負わせることは，エージェントに不要なリスク負担を強いるだけで，エージェントのインセンティブに対する効果は期待できない。けれども，逆に考えると，もし「成果の達成しやすさ」を明示的に計測できれば，その情報は積極的に評価指標として利用するべきともいえる。

とはいえ，「成果の達成しやすさ」を事前に契約に書き込める程度に厳密かつ客観的に定義することは，現実問題として決して容易ではない。第3章で想定した「降水量」のような都合の良い指標はそう簡単に見つからないだろう。しかし，もし同じような環境にある複数のエージェントが存在すれば，個々のエージェントのパフォーマンスが成果の達成しやすさに関してなんらかの情報をもたらしてくれるかもしれない。このことは，複数のエージェントが存在する状況では，それぞれのパフォーマンスを比較評価することで，より効率的なリスク分担が実現できる可能性を示唆する。

実際に，同じような環境にいる者同士を比較する**相対評価**は，日常生活でも頻繁に観察できる評価手法だ。営業職であれば，その月に一番高い売上を達成した者にボーナスを与えることは一般的によく観察される。またポストの数には限りがあるので，そもそも企業での出世競争は同僚との相対的な競争だ。さらに，教育の現場においても成績を平均点に依存させ相対的に評価を行うことはよくあるし，入試は合格定員が決まっているので必然的に相対評価といえる。

これらに共通していえるのは，個人の評価が他人のパフォーマンスという（降水量と同様に）その個人のコントロールの及ばない要因に強く依存しているという点だ。そして，相対評価という評価手法は，すべての参加者におおよそ等しく影響を与える攪乱（かくらん）要因を排除し，より効率的なリスク分担を可能とする仕組みとして理解できる。

複数エージェントのモラル・ハザード

これまでとは異なり2人のエージェントが存在する状況を想定する。各エージェントを$i=1,2$で表し，エージェントiの成果x_iが，

$$x_i = e_i + \eta + \varepsilon_i \tag{4.1}$$

で与えられるとする。ここで，e_iはエージェントiが選択した努力水準，ηが両者に共通の不確実性，そしてε_iがエージェントi固有の不確実性とする。ηとε_iは期待値がゼロで，分散がそれぞれσ_η^2とσ_ε^2よって与えられる。また，ηとε_iは独立で，さらにε_1とε_2も独立とする。この定式化で重要な点は，ηが2人のエージェントに**等しく影響を与える共通のショック**になっているという点だ。以下では，ε_iを個人の不確実性，ηを共通の不確実性と呼ぶ。

それでは，プリンシパルは，たとえばエージェント1の報酬をどのように設計すればよいのだろうか。ここで，ηは共通なので，エージェント1の成果を評価する際に，エージェント2の成果という追加の情報を用いることができる。したがって，プリンシパルは次のような線形契約を提示することができる。

複数エージェントの線形契約

$$w_1 = \alpha + \beta x_1 + \gamma x_2$$

もし$\gamma=0$ならば，報酬は自身の成果のみに依存する絶対評価となる。プリンシパルはいつでも$\gamma=0$とできるので，エージェント2の成果にも依存させる相対評価の導入はプリンシパルの効用を（弱い意味で）必ず改善する。ここでの関心は，このγが正の値をとるのか，それとも負の値をとるのかという点に集約できる。

結論からいうと，最適な報酬契約ではγは必ず負の値をとる（⇒web補論）。相対評価を利用した最適契約の導出はやや技術的だが，その背後にある直感は単純だ。いまの環境では，各エージェントは共通の不確実性に直面している。もし，各エージェントの報酬が個人の成果にのみ依存するなら，報酬も大きく

変動するかもしれない。もし，共通の不確実性の分散 σ_η^2 が非常に大きいならば，インセンティブの強度は弱まり，努力を引き出すことが困難となっていく。

けれども，相対評価を利用すれば各エージェントが直面する不確実性を軽減できる。重要なのは，共通の不確実性の影響は，エージェントたちの成果を常に同じ方向に動かすという事実だ。エージェントたちの成果の差を見てみよう。成果の差は，

$$x_1 - x_2 = e_1 - e_2 + \varepsilon_1 - \varepsilon_2$$

となるが，これは共通の不確実性 η の影響を受けない。つまり，成果の差は，エージェントたちの努力の差について，共通の不確実性とは独立の情報を与えてくれるということだ。この情報を利用することで，エージェントが直面するリスクを低減し，より効率的なリスク分担が可能となる。

定義 4.1　相対評価によるリスクの軽減

エージェント間の相対評価を利用すると共通のリスクの影響を軽減することができ，より効率的なリスク分担が可能となる。

こうした理屈は，実際に相対評価が導入されるさまざまな局面にあてはめることができる。入学試験の結果が受験生個人の絶対的な点数にのみ依存していれば，合否の結果は，その年の試験の難易度というその受験生の努力とはまったく無関係な要因に過剰に左右されるだろう。同様に，プロゴルファーの賞金が絶対的なスコアにのみ依存していれば，コースの難易度や気候条件といった，ゴルファーの実力や努力とは無関係の要因によって賞金額が変動してしまう。いずれの場合も，エージェントは過剰なリスク負担を強いられており，結局のところ全体の効率性を低下させる要因となる。一方，試験の難易度や気候条件を明示的に数値化して，合否判定や賞金額に反映させるのはほとんど不可能だ。

似たような環境で複数のエージェントが競合する状況で，相対評価は共通の不確実性を排除し，より効率的なリスク分担を達成するための簡便かつ効果的な評価手法として理解することができる。相対評価が評価システムに組み込まれている本当の理由は，競争をすることそれ自体だけではなく，**比較をすることによって生み出される情報**にもあるという理解は重要だ。

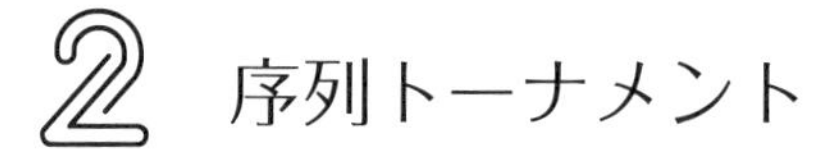

2 序列トーナメント

序列トーナメントの仕組みと機能

相対評価は現実社会で頻繁に観察されるが，実際に使われる相対評価はより特殊な形態をとることが多い。たとえば，企業内での出世競争は確かに相対評価だが，とくに重要なのは同僚間で何番目に位置しているかという序列（順位）だ。受験競争においても，最終的に重要なのは受験生の中での順位だ。また，多くのカフェ・チェーンではスタッフにバリスタ技術を競わせるコンテストを開催しているが，これも序列に基づく評価体系といえる。

このように順位情報のみに応じて報酬を決定する評価方法は**序列トーナメント**と呼ばれる。トーナメントとはいうまでもなくスポーツにおけるトーナメントのアナロジーであり，ゴルフやテニスといったプロスポーツの世界で一般的に用いられる競争形態だが，スポーツの世界以外でも出世競争や受験競争のように抽象的にトーナメントとして記述し分析できる状況は数多く存在する。

定義 4.2　序列トーナメント

序列トーナメントでは報酬は順位のみに基づいて決定される。同僚との競争に勝ち，昇進すると報酬も増加する昇進競争がその例だ。

順位情報のみを利用すると，たとえば，受験生の絶対的な得点水準など，多くの情報を捨象する。そのため，順位という「粗い」情報のみに依存するトーナメントが，より一般的な相対評価契約よりも優れているという期待はできない。一方で，トーナメントが身近な相対評価の方法であることも事実だ。なぜトーナメントが現実に採用されるのかという点については，少なくとも次の2つの理由が考えられる。

(1) 評価の容易さ：成果を順位づけることは，絶対的な水準で評価するよりはるかに簡単だ。たとえば，教師にとって，学習達成度を各学生について絶対的に評価することは骨が折れる作業だが，どの学生がより優秀かを判断することは比較的容易だ。

(2) 自己拘束性：トーナメントのもう１つの重要な特性は，報酬の総額が常に一定という点だ。順位ごとに報酬が定められていれば，その報酬を誰が受け取るかについては順位に応じて変動するが，合計は変化しない。この点の重要性については「第８章　コミットメント」の章で説明する。

それでは，序列トーナメントの仕組みと機能を詳しく説明しよう。２人のエージェントが存在し，これまでと同じようにエージェント i の成果 x_i は努力 e_i と不確実性 ε_i を合わせたものとなる。

$$x_i = e_i + \varepsilon_i$$

各エージェントは同時に努力水準 e_i を選択する。また，以下では ε_i は平均 $\mathrm{E}[\varepsilon_i]=0$，分散 $\mathrm{E}[\varepsilon_i^2]=\sigma^2$ の正規分布に従い，ε_1 と ε_2 は独立だとする。

ここで，プリンシパルは，それぞれの成果の絶対値ではなく，どちらの成果がより高いかという順位情報のみに応じて報酬を決定するとしよう。具体的には，エージェント１の報酬 w_1 とエージェント２の報酬 w_2 は次のように与えられる。

順位に基づく報酬

$$w_1 = \begin{cases} W & \text{if } x_1 > x_2 \\ L & \text{if } x_2 > x_1 \end{cases}$$

$$w_2 = \begin{cases} W & \text{if } x_2 > x_1 \\ L & \text{if } x_1 > x_2 \end{cases}$$

したがって，報酬は成果の水準には依存せず，報酬契約は（W，L）という２つの変数によって完全に記述できる。

ここでは分析を簡単にするために，各エージェントは「努力する」($e_i=1$)，もしくは「努力しない」($e_i=0$) のいずれかを選ぶとしよう (⇒web 補論)。努力の費用を c とし，報酬が w_i であるときのエージェント i の効用は，

$$u_i = \begin{cases} u(w_i) - ce_i & \text{if } e_i = 1 \\ u(w_i) & \text{if } e_i = 0 \end{cases}$$

だとしよう。

以下では説明の都合上，より成果が高いエージェントを「勝者」と呼ぶことにする。また，エージェント1がe_1，エージェント2がe_2の努力を選ぶ組み合わせを（e_1, e_2）と表記する。そして，とくにエージェント1に注目すると，勝者となるのは，

$$x_1 > x_2 \quad \Leftrightarrow \quad e_1 + \varepsilon_1 > e_2 + \varepsilon_2 \quad \Leftrightarrow \quad e_1 - e_2 > \varepsilon_2 - \varepsilon_1$$

が成立する場合だ。仮に，$(e_1, e_2) = (1, 0)$ ならば，エージェント1のみが努力しているので勝利しやすい。だが，$\varepsilon_2 - \varepsilon_1$が1よりも大きくなってしまうと，努力していないエージェント2が勝者になってしまう。つまり，勝者は努力と運の両方によって決まる。

一般化して議論すると，エージェント1が勝者となる確率は，

$$P(e_1 - e_2 > \varepsilon_2 - \varepsilon_1) \equiv G(e_1 - e_2)$$

と書くことができる。ここで，ε_1とε_2が正規分布に従うならば，$\varepsilon_2 - \varepsilon_1$もまた正規分布に従うことが知られている。$\varepsilon_2 - \varepsilon_1$の累積分布関数を$G$で表そう。つまり，$\varepsilon_2 - \varepsilon_1$がある値$x$を下回る確率が$G(x)$となり，これは$x$の増加関数だ。そして，正規分布の性質より$\varepsilon_2 - \varepsilon_1$は平均$\mathrm{E}[\varepsilon_2 - \varepsilon_1] = 0$，分散$\mathrm{E}[(\varepsilon_2 - \varepsilon_1)^2] = 2\sigma^2$となる。また，正規分布は平均を中心に左右対称に分布するため，$G(0) = 0.5$と，任意のxについて$G(-x) = 1 - G(x)$が成り立つ。さらに，**仮に共通の不確実性があり各エージェントの成果が$x_i = e_i + \varepsilon_i + \eta$となる場合でも，トーナメントは相対評価なので共通の不確実性の影響はなくなる**ことを注記しておこう。

したがって，$e_1 = e_2$ならばエージェント1が勝者となる確率は$G(0) = 0.5$だ。また，$(e_1, e_2) = (1, 0)$の場合にエージェント1が勝者となる確率を$G(1) = 0.5 + p$とすると，$(e_1, e_2) = (0, 1)$のときに勝者となる確率は$G(-1) = 0.5 - p$となる。そして，エージェントの努力のインセンティブはこのpによって決まる。もしpがゼロに近ければ，努力が順位に与える影響は小さくなり，エージェントの努力のインセンティブは低下する。図4.1で示すように分布Gの分散が大きくなると$G(-1) = 0.5 - p$（網かけの領域）は大きくなる。

そして，$e_1 = e_2$ならば，エージェント1は等しい確率でWとLを得る。一方で自分だけが努力した場合は$0.5 + p$の確率で，自分だけがサボったときに

CHART 図4.1 正規分布

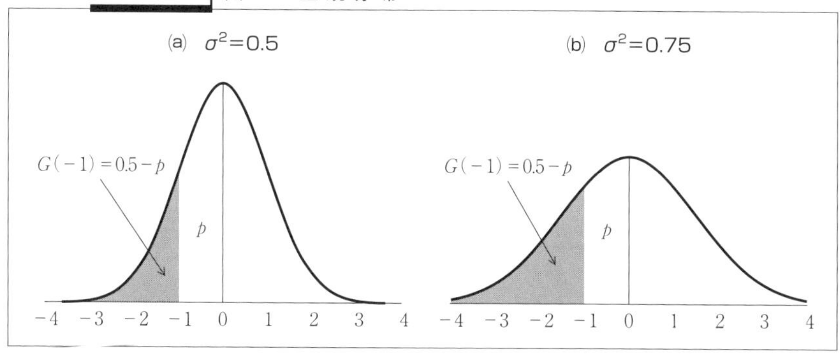

CHART 表4.1 トーナメント・モデル（エージェントの期待効用）

エージェント1 ＼ エージェント2	努力する	努力しない
努力する	$0.5[u(W)+u(L)]-c$, $0.5[u(W)+u(L)]-c$	$(0.5+p)u(W)+(0.5-p)u(L)-c$, $(0.5-p)u(W)+(0.5+p)u(L)$
努力しない	$(0.5-p)u(W)+(0.5+p)u(L)$, $(0.5+p)u(W)+(0.5-p)u(L)-c$	$0.5[u(W)+u(L)]$, $0.5[u(W)+u(L)]$

は $0.5-p$ の確率でエージェント1は勝者となり，勝者ならば W，敗者ならば L を得る。そして，同じ議論はエージェント2についても成立する。いま，努力を行う費用が c であることに注意すると，契約（W, L）が定まると，問題は表4.1のような標準型ゲームとしてまとめることができる。

ライバルが努力している場合の各エージェントのインセンティブ制約は，

$$0.5[u(W)+u(L)]-c \geq (0.5-p)u(W)+(0.5+p)u(L)$$

によって与えられ，これを整理することで，

$$p[u(W)-u(L)] \geq c \tag{4.2}$$

という条件が得られる。また，エージェントがともに努力をする場合の参加制約は，

$$0.5[u(W)+u(L)]-c \geq 0 \tag{4.3}$$

となる（留保効用はゼロとしている）。

最適なトーナメント・デザイン

各エージェントがともに $e_i=1$ を選ぶ均衡では（4.2）式と（4.3）式の2つが満たされる必要がある。(4.2) 式より，p が小さいときに，エージェントから努力を引き出すことが難しくなることがわかる。不確実性の影響が大きいとき，p は0に近づき，エージェント間の順位は個人の努力水準にほとんど影響を受けない。反対に，不確実性の影響が小さくなると p は0.5に近づき，順位は個人の努力をより強く反映する。

最適契約を（W^*, L^*）と表そう。最適契約において，（4.2）式と（4.3）式は等号で成り立つため，これらを解くことで，

$$u(W^*)=\frac{1+2p}{2p}c,\quad u(L^*)=\frac{-1+2p}{2p}c$$

が得られる。これまでの議論で明らかなように，不確実性の影響が増大し p がゼロに近づくと，努力を引き出すために $u(W^*)-u(L^*)$ を大きくする必要が生じる。一方で，最適契約は参加制約を満たすので，$u(W^*)+u(L^*)=2c$ が常に成り立つ。エージェントがリスク回避的であれば，同じ期待効用を達成するためには，L^* が減少すると，W^* をそれ以上に増加させる必要がある。トーナメントのもとでのプリンシパルの費用は W^*+L^* なので，報酬の格差が大きくなると，一般的にプリンシパルの負担する報酬支払いの増大につながる。

このときのプリンシパルの期待効用を図4.2に示そう。この図で，太線は $p=0.1$ と $p=0.3$ の場合のインセンティブ制約を表す。参加制約は細い線で表されており，これは p には依存しない。すぐにわかるように，p が0.3から0.1に減少する（不確実性が高まる）につれて，$u(W^*)$ は増加し $u(L^*)$ は減少する。

定義4.3　トーナメントでの報酬の格差

報酬が順位に基づくトーナメントの場合，不確実性の程度が大きくなると，報酬の格差も増加する。

相対評価とハンディキャップ

トーナメントは多くの状況で非常にうまく機能するが，1つ重要な前提条件

CHART 図 4.2 トーナメント・モデルの最適報酬格差

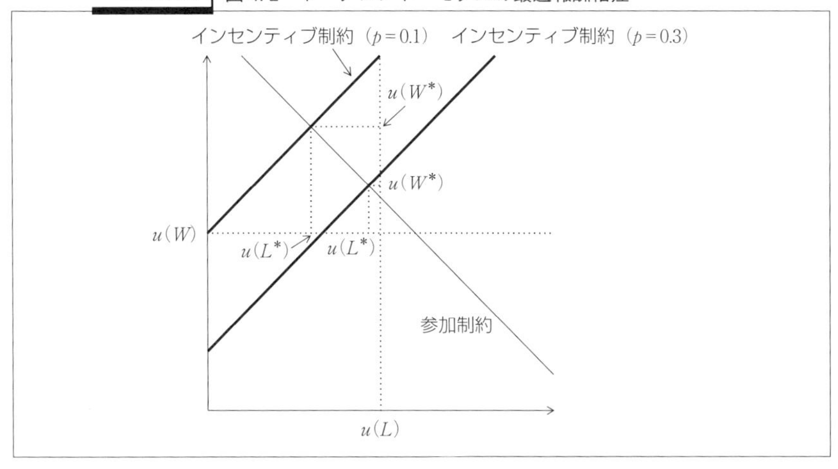

が存在する。それはエージェントたちが**同質的で生産性に大きな格差がない**という点だ。この前提がどの程度の妥当性を持って成り立つかは状況に強く依存するだろう。たとえば，カフェの売上であれば，都心の一等地にある店と郊外にある店では，店長の努力とは無関係に売上の差が生じるはずだ。こうした環境の違いを無視して，エージェントを順位づけする――より一般的には相対的に評価する――ことは，エージェントのインセンティブを著しく歪め，プリンシパルにとっても望ましくない結果を招くことになる。

エージェント間での非対称性がインセンティブに与える影響を見るために，エージェント i の成果が，

$$x_i = a_i + e_i + \varepsilon_i$$

によって与えられるとしよう（共通の不確実性 η を導入してもよい）。ここで，a_i はエージェント i の生産性を表すパラメータだ。以下の分析では，エージェント 2 は（立地が良いなどの理由により）エージェント 1 よりも生産性が高く $a_1=0$, $a_2=a>0$ だとしよう。

では，エージェントの非対称性は各エージェントの努力インセンティブにどのような影響を与えるだろうか。ここで仮にエージェント 2 がサボっており，$e_2=0$ だとしよう。このときエージェント 1 が勝者となる確率は，

CHART 図4.3 正規分布

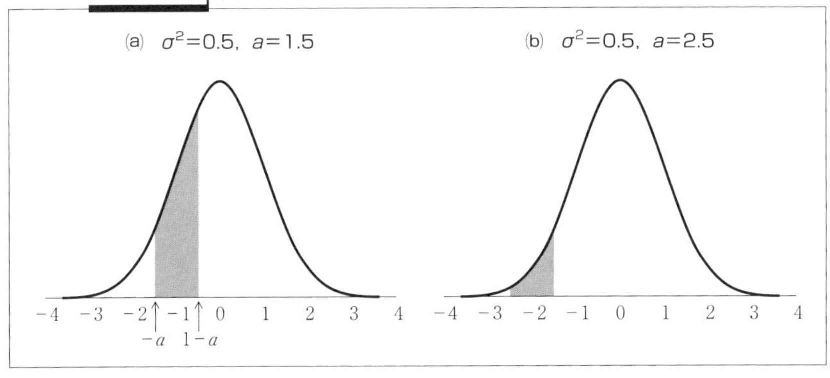

$$P(e_1 - a \geq \varepsilon_2 - \varepsilon_1) = G(e_1 - a)$$

なので，このエージェント1のインセンティブ制約は，

$$G(1-a)u(W) + [1 - G(1-a)]u(L) - c$$
$$\geq G(-a)u(W) + [1 - G(-a)]u(L)$$

となる。つまり，$[G(1-a) - G(-a)][u(W) - u(L)] \geq c$ となる。エージェント1の努力インセンティブを決定するのは $G(1-a) - G(-a)$ だ。図4.3では，これは網かけの領域の面積にあたる。すると，a が大きくなるとこの領域が小さくなることがわかるだろう。とくに，a が非常に大きいならば，$G(1-a)$ と $G(-a)$ はともにゼロに近づくため，エージェント1から努力を引き出すことができなくなってしまう。つまり，弱い立場にあるエージェント1はどうせ勝てないとやる気をなくしてしまい，たとえライバルのエージェント2がサボっていても，それでも努力しないという問題が起こる。

さらに問題となるのは，トーナメント環境では，この影響がエージェント1だけにとどまらないという点だ。エージェント1が努力せずに $e_1 = 0$ だとすると，エージェント2が勝者となる確率は，

$$P(e_2 + a \geq \varepsilon_1 - \varepsilon_2) = G(e_2 + a)$$

なので，インセンティブ制約は，

$$G(1+a)u(W)+[1-G(1+a)]u(L)-c$$
$$\geq G(a)u(W)+[1-G(a)]u(L)$$

つまり，$[G(1+a)-G(a)][u(W)-u(L)]\geq c$ となる。そして，a が大きくなると $G(1+a)$ と $G(a)$ はともに1に近づき，エージェント1と同様にエージェント2も努力をするインセンティブを失ってしまう。どうやっても負けないくらいに相手が弱いと，強い立場にある方もやはりやる気をなくしてしまう。

ここから重要な点を見つけることができる。もし相対評価を導入するならば，エージェントたちがすべて**同じ土俵に立っている**ように配慮するべきということだ。では，生産性の格差がある場合はどうすればよいだろうか。答えは原理的には非常に簡単だ。それは弱い立場にある者に下駄をはかせて，成果の底上げをすればよい。ここで考察したケースでいえば，エージェント1の成果に a 単位分の下駄を履かせ，エージェント2は $x_2-x_1>a$ の場合のみ勝者となるという，ハンディつきの競争にすればよい。ゴルフや将棋のように対人で競う競技で実力差がある場合は，ハンディキャップを導入することがよくあるが，こうした慣行はインセンティブ付与の観点から理解できる。どうせ勝つ，もしくは負けると考えると努力するインセンティブは生まれない。どちらに転ぶかわからない不確実性が努力を生み出すのだ。

定義 4.4　ハンディキャップの必要性

エージェントの立場に大きな格差がある場合，トーナメントを導入してもインセンティブを与えられないことがある。その場合はハンディキャップ制により互いが同程度に勝者となる環境を整えることが有効だ。

一方で，ハンディキャップの導入は短期的には効果を持つが，長期的な観点からはマイナスの効果も存在する。たとえば，個人の生産性が本人にしかわからない場合は，ハンディを得るために生産性の低いふりをするインセンティブを与える可能性が生じる。さらに問題となるのは，生産性がその個人の努力や研鑽（けんさん）によって決まるような状況だ。この場合は，努力をして生産性を高めると，将来的に不利な競争条件を強いられることになる。すると，費用をかけて生産性を高めるインセンティブが抑制されてしまうであろう。ゴルフや将棋の世界でハンディキャップを利用するのがお遊びの場合に限られ，プロの世界で存在しないのはこうした理由が大きい。

競争とインセンティブ

相対評価はメリットも多いが，競争をさせることから生じる問題点も存在する。最後にこうした点について触れておこう。

相対評価が潜在的に引き起こす問題のひとつは，エージェント間の**結託の可能性**だ。トーナメント・モデルを考えてみよう。均衡で両エージェントがともに努力をしたとすれば，それぞれが勝者となる確率は2分の1だ。では，ここでエージェントたちが事前に話し合い，ともに努力をしないことを約束すればどうなるだろうか。この場合も，それぞれが勝者となる確率はやはり2分の1であり，結果として期待報酬額にはいっさい影響を与えない。ところが，努力しないならば，努力費用を負担する必要がない。よって，エージェントたちはそうした約束が実行可能ならば，効用を確実に改善することができる。

結託の可能性が大きな脅威となるのは，エージェントたちの関係が長期的で，かつ相互に行動の監視が容易な場合だ。たとえば，大学の大教室の講義で相対評価を導入しても，受講生がお互いを監視することは難しいうえに，長期的な関係もないことからこうした結託を維持することはほぼ不可能だ。外回りの営業スタッフは，より長期的な関係にあるかもしれないが，やはり互いの行動を逐一チェックすることは難しい。よって，全員でサボることを強制することは容易ではない。それに対し，工場での作業現場などでは相互監視が可能で関係も比較的長い。そのため，結託の条件が満たされやすく，相対評価の導入は意に反する結果をもたらす可能性がある。個人のレベルでは常に「抜け駆け」をしてライバルを出し抜くインセンティブがあるため，結託の可能性がただちに相対評価の効果に影響を与えるわけではない。けれども，相対評価を導入する際に結託の可能性を考慮することは大切だ。

もう1つの問題は，エージェント間での助け合いのインセンティブを著しく削ぐことだ。これまでに検討したモデルでは，他のエージェントを「助ける」という選択肢は考慮していないが，助け合いが求められる状況は組織内では頻繁に起こりうる。こうした助け合いには，忙しい同僚の穴を一時的に埋めたり，業績を改善するために有益な情報を共有したりということが含まれる。けれども，競争原理が強く働く現場ではこうした行動は抑制される傾向にある。相対評価のモデルでは，他人の成果は報酬に負の影響（$\gamma<0$）を与えるが，こうした助け合いが重要な状況では，他人の成果が報酬に正の影響を与えるような報酬契約（チーム契約，$\gamma>0$）が最適となる可能性がある。

3 相対評価と妨害工作

相対評価のもとではお互いが助け合うインセンティブは格段に弱まる。助け合わないだけならまだよいが，さらに悪化すると，組織内で足を引っ張り合う妨害工作に発展する可能性も否定できない。具体的に出世競争のようなトーナメントの状況を考えよう。ここで問題なのは，自分の成果を上げることと他人の成果を下げることが同じ効果をもたらすという事実だ。もしライバルの成果に直接の影響を与えることができれば，エージェントは自分の成果を上げることだけでなく，他人の成果を下げることにも努力を投じるかもしれない。妨害工作は企業内部だけでなくさまざまな場面で観察される普遍的な現象だ。以下ではこの問題について検討しよう。

定義 4.5　トーナメントのもとでの妨害工作

トーナメントでは勝者は順位によってのみ決まるので，それが効果的ならば，自分が努力するよりも他のエージェントの妨害工作を選ぶことがある。

妨害工作のあるトーナメント・モデル

前節のトーナメント・モデルを拡張し，妨害工作の可能性を導入してみよう。2人のエージェントが存在し，各エージェント $i=1,2$ は自分の成果を上げる努力 e_i と他人の成果を下げる妨害工作 s_i を同時に選ぶ。ここでは簡単化のため，エージェントは以下の3つの可能性から選択すると仮定しよう。

- 自分の成果を上げる努力のみをする（$e_i=1$，$s_i=0$）
- 他人の成果を下げる妨害工作のみをする（$e_i=0$，$s_i=1$）
- 何もしない（$e_i=s_i=0$）

そして，各エージェント i の成果 x_i は次のようになるとしよう。

妨害工作がある場合の成果

$$x_1 = a_1(e_1 - s_2) + \varepsilon_1$$
$$x_2 = a_2(e_2 - s_1) + \varepsilon_2$$

ここで，ε_i は不確実性を表し，期待値ゼロ，分散 σ^2 の同一の分布から独立に選ばれる確率変数だ。さらに，a_i はエージェント i の生産性を表現し，その値は全員が観察できる。また，$a_1 = 1$，$a_2 = 2$ とし，エージェント 2 の方が生産性が高いと想定する。

エージェントは努力すれば c，妨害工作を行えば $(1+\lambda)c$ の費用を負担する。妨害工作の費用には心理的費用や妨害工作が発覚したときに受ける罰則の費用が含まれており，$\lambda > 0$ が成り立つと想定しよう。

それでは，エージェント 1 が直面する問題に注目してみよう。妨害工作が可能ならば，エージェント 1 の「実質的な努力」は $e_1 - s_2$ となる。そして，努力の差が成果の差に与える影響は，

$$(e_1 - s_2) - 2(e_2 - s_1)$$

として求めることができる。なぜならば，エージェント 2 の選択 (e_2, s_2) を所与として，エージェント 1 がより高い成果を上げるのは，

$$(e_1 - s_2) + \varepsilon_1 > 2(e_2 - s_1) + \varepsilon_2$$

が成り立つときで，その確率は，

$$P[(e_1 - s_2) - 2(e_2 - s_1) > \varepsilon_2 - \varepsilon_1] = G((e_1 - s_2) - 2(e_2 - s_1))$$

となるからだ。前節と同様に，$G(e)$ は確率変数 $\varepsilon_2 - \varepsilon_1$ がある e を下回る確率で，$G(0) = 0.5$ および任意の e について $G(-e) = 1 - G(e)$ を満たす。同様に考えると，エージェント 2 が勝つ確率は $G(2(e_2 - s_1) - (e_1 - s_2))$ と求められる。

前節のモデルよりも計算が煩雑に見えるが，問題の本質は変わらない。妨害工作のないケースでは勝者となる確率が努力水準の差に依存したが，ここでは，それが「実質的な努力水準」の差に置き換わっただけだ。いずれの場合も，この差が大きくなれば勝者となる確率は増大する。

妨害工作のインセンティブ

生産性の高いエージェント2のインセンティブを確認しよう。エージェント1の選択（e_1, s_1）を所与とすると，エージェント2が勝者となる確率は，$G(2(e_2-s_1)-(e_1-s_2))$ となる。ここでは，努力することと妨害工作をすることの効果は同じではないことに注意してほしい。エージェント2にとっては努力をすることの効果は自身の生産性に等しい2であるのに対し，妨害工作をすることの効果はエージェント1の生産性に等しい1だ。つまり，努力は妨害工作よりも勝者となる確率を上げるためのより効果的な手段であり，エージェント2に妨害工作をするインセンティブはない。

妨害工作が問題となるのは生産性の低いエージェント1についてだ。エージェント1が勝者となる確率は $G((e_1-s_2)-2(e_2-s_1))$ なので，エージェント2とは反対に，妨害工作の方が努力よりも勝者となる確率を効果的に上げる手段となっている。たとえば，エージェント2が $e_2=1$ を選ぶとき，エージェント1も $e_1=1$ を選べば，実質的な努力水準の差は-1となる。一方で，エージェント1が妨害工作で対抗し $s_1=1$ を選べば，実質的な努力水準の差はなくなり，0.5の確率で勝者となることができる。

より詳しく見てみよう。エージェント2が $e_2=1$ を選ぶとき，エージェント1が妨害工作よりも努力をすることを選択するためには，

$$G(-1)u(W)+[1-G(-1)]u(L)-c \geq 0.5[u(W)+u(L)]-(1+\lambda)c$$

が成り立たなければならない。これを書き直すと，

$$\frac{\lambda c}{0.5-G(-1)} \geq u(W)-u(L) \qquad (4.4)$$

というインセンティブ制約を得る。これまでのインセンティブ制約とは不等号が逆を向いていることに注意してほしい。一方で，エージェント1が努力を行わないよりも，努力を選ぶためのインセンティブ制約は，

$$u(W)-u(L) \geq \frac{c}{G(-1)-G(-2)} \qquad (4.5)$$

となる。

妨害工作を防ぐ契約

妨害工作は非生産的な活動であり，それ自体が非効率であることはいうまでもないが，それ以外にもさまざまな負の外部効果を生み出す。とくに重要なのは，たとえば昇進競争を考えると，それはインセンティブを与えるだけでなく，より優秀な従業員を選抜する装置でもあるという点だ。こうした状況で妨害工作が起こると，その選抜にノイズが入り，優秀な従業員を選抜する確率が低下してしまう。具体的には，従業員の生産性が異なる場合，妨害工作がなければ生産性の高い従業員は0.5以上の確率で勝者となるが，妨害工作がある場合は，その確率は0.5まで低下する。さらに，妨害工作が横行するような組織では，有能な従業員を獲得することが難しくなるであろう。こうした観点からも妨害工作が起こらないような制度設計はとても重要だ。

以下では，妨害工作が与える負の影響が十分に大きく，最適契約は必ず(4.4) 式を満たす必要があるとしよう。妨害工作の費用 $(1+\lambda)c$ が努力の費用 c と比較して十分に大きければ，(4.4) 式を気にすることなく，異なる生産性のエージェントたちから努力を引き出すことができるため，ここでは λ が比較的小さい状況を考察する。

エージェント1から努力を引き出すためには (4.4) 式と (4.5) 式が同時に満たされなければならないので，その条件は，

$$\frac{\lambda c}{0.5-G(-1)} \geq u(W)-u(L) \geq \frac{c}{G(-1)-G(-2)}$$

と書くことができる。これより，

$$\frac{c}{G(-1)-G(-2)} > \frac{\lambda c}{0.5-G(-1)}$$

が成り立つならば，より生産性の低いエージェント1から努力を引き出すことはできない。$0.5-G(-1) > G(-1)-G(-2)$ が成り立つので，この条件は λ が1より小さければ必ず成り立つ。よって，妨害工作を防ぎつつも生産性の低いエージェントから努力を引き出すトーナメントの報酬契約は存在しない。こうした場合には，プリンシパルはインセンティブの強度を弱めることで，生産性の低いエージェントに「何もしない」ことを選択させることが必要となる。

最後に，どのような状況で妨害工作がより問題となりやすいのかをまとめて

Column ❹-1　スポーツ界における妨害工作

ネガティブ・キャンペーンが半ば公然と行われる政治の世界とは異なり，フェアプレイが重視されるスポーツの世界ではライバルに対する妨害工作は社会通念上のタブーであり，万一それが発覚したときの代償も大きい。それにもかかわらずというべきだろうか，そうしたスポーツの世界でさえ妨害工作とは無縁ではない。とくに出場枠の限られるオリンピックの出場権をめぐる争いはきわめて熾烈（しれつ）で，ときにこうした問題を引き起こす要因となる。

スポーツ界における妨害工作で最も有名な例は，1994 年にアメリカで起こった「ナンシー・ケリガン襲撃事件」だろう。当時，リレハンメル冬季オリンピックのフィギュア・スケートのアメリカ代表の座をかけた全米選手権に向けての練習後に，当時有力候補の 1 人であったナンシー・ケリガンが何者かに足を殴打されるという事件が起こった。結局ケリガンは全米選手権には欠場を余儀なくされ，当時激しいライバル関係にあったトーニャ・ハーディングが優勝する（ケリガンは特別措置で五輪出場が認められる）。しかしその後，事態は驚きの展開を見せる。当時激しいライバル関係にあったハーディングの元夫がこの殴打事件の首謀者だったことが明らかとなったのだ。当然ながらハーディング自身の関与も疑われることとなった。ハーディングがどの程度この事件に関与していたのかについてはいまも不明な点が残るが，この顚末は後に映画化されるなどアメリカ・スポーツ界最大のスキャンダルとして知られている。

オリンピック出場権をめぐる争いの熾烈さは洋の東西を問わない。2017 年には，カヌーの日本選手権で，優勝した有力選手の飲み物に禁止薬物である筋肉増強剤が混入されるという事件が起こった。これも後にライバル選手の犯行であることが明らかとなったが，被害選手はドーピング検査で陽性となり，自身の身の潔白を証明できなければ 4 年間の出場停止処分を受けるところだった。そうなれば当然，東京オリンピックへの道も絶たれていたはずだ。

オリンピック出場はスポーツ選手にとって最大の栄誉であり，どんな犠牲を払ってでも手に入れたい勲章だろう。しかし，オリンピックの出場枠には国ごとに厳格な上限があるため，競争は必然的に序列に応じた相対評価だ。この大きな報酬と相対評価の組み合わせは常に妨害工作の遠因となる。妨害工作の代償が大きいスポーツの世界でさえ起こることだ。われわれの身近で起こるのも当然かもしれない。

おこう。

(1) **妨害工作の費用**：λが小さくなると，与えられるインセンティブ強度は制限され妨害工作が大きな問題となる。妨害工作の費用の最大の決定要因は，それがいかに容易にモニタリングできるかだ。工場の生産ラインのような生産過程がガラス張りの環境で，他人を妨害することは現実的に難しい。一方で，生産工程が複雑になりその中身が不透明になれば，失敗の原因も不明確になるため妨害工作は比較的容易となる。

(2) **生産性格差**：この分析で妨害工作が起こりうるのは，エージェントのタイプが異なる場合に限られる。つまりエージェントがより異質なときに妨害工作の可能性がより深刻となる。もしエージェントの生産性が観察可能ならば，評価対象を生産性ごとにグループ化し，生産性の差がある者同士をなるべく競争させないことも1つの解決策となる。

(3) **外部との競争**：外部との競争が強ければ，内部で足を引っ張り合う余裕はなくなるであろう。たとえば，エージェントが妨害工作を選択すると，企業が倒産し報酬を受け取れなくなる確率が増えるとすれば，エージェントが妨害工作を行うインセンティブは格段に弱まるはずだ。強力な外敵の存在は内部の結束を強める。一方で，組織の中ですべてが決まるような閉じた世界では妨害工作の可能性がより顕著になる。

4 チーム生産

ここまでは，個人の行動に関するモラル・ハザード問題に焦点を当ててきたが，現実の社会では，複数の人間が共同で作業を行うことも多い。企業においては，製品開発から製造現場にいたるまで，さまざまな場面でチームによる生産は一般的だし，学校でグループ課題を課されることもあるであろう。それ以外にも，日常の家庭生活やコミュニティにおける公共的な活動は，程度の差こそあれいずれもチーム生産の要素を持つ。

こうしたチーム生産の環境では新たな問題が生まれる。それは，成果が全体で共有されることから，自分が積極的に生産に貢献しなくてもある程度の分け前が期待できてしまうことだ。いわゆる**努力の「ただ乗り（フリーライド）」**だ。

このただ乗りの可能性は，リスク分担とインセンティブのトレードオフとは異なるインセンティブ問題だ。実際，グループ課題に貢献しない同級生や，町内会の活動に参加しない隣人の存在は普遍的な現象だ。以下では，このただ乗り問題について検討しよう。

パートナーシップ問題

最も簡単なケースとして2人のエージェントの共同作業よって作業が行われる状況を考える。複数のエージェントが存在するという意味では相対評価の分析と同じだが，ここでは各エージェントの成果を個別に観察することはできないとする。また，これまでとは異なり，プリンシパルに相当する主体はおらず，エージェントのみの状況を想定する。こうした環境は一般に**パートナーシップ問題**と呼ばれる。町内会の活動や学校におけるグループ課題などはまさにこうした例といえよう。

エージェントは努力の水準 a_i を同時に決定し，それぞれは私的に努力の費用 $C(a_i)=ca_i^2/2$ を負担する。ここで c は正の定数とする。また，不確実性はなく，成果は単純に各エージェントの努力の総量に依存して $y=a_1+a_2$ となる。そして，エージェントたちは，チームによって生産された成果 y の配分方法について，事前に定めることができる。ここでエージェント i のシェアを θ_i としよう（$0\leq\theta_i\leq1$）。これより，エージェント i の効用は，

$$u_i=\theta_i(a_1+a_2)-c\frac{a_i^2}{2}$$

となる。

以下の分析では，事後的に効率的な配分に焦点を当て，

$$\theta_1+\theta_2=1$$

が常に成り立つこととしよう。この条件は**予算バランス制約**と呼ばれ，これから説明するように，パートナーシップ問題において非常に重要な役割を果たす。

まずチーム全体の総余剰（効用の和）を最大にするファースト・ベストの努力水準を導出しよう。ファースト・ベストは以下の問題の解として求めることができる。

$$\max_{a_1, a_2} \quad a_1 + a_2 - c\frac{a_1^2}{2} - c\frac{a_2^2}{2}$$

ファースト・ベストの努力水準を（a_1^*, a_2^*）とすると，これらは $a_1^* = a_2^* = 1/c$ を満たす。実現する成果は $y^* = 2/c$ であり，これは効率的な配分となっている。ここでの問題は，この効率的な成果 y^* を実現する配分ルールが存在するかという点に集約される。

パートナーシップの非効率性

配分ルール（θ_1, θ_2）が決まると，各エージェント i はそれぞれ，

$$\theta_i(a_1 + a_2) - c\frac{a_i^2}{2}$$

を最大にするような a_i を選択する。最適な努力水準を a_i^{**} とすると，1 階の条件より，それは，

$$a_i^{**} = \frac{\theta_i}{c}$$

となり，これが選択される努力水準となる。予算バランス制約より，均衡での成果 y^{**} について，

$$y^{**} = a_1^{**} + a_2^{**} = \frac{\theta_1 + \theta_2}{c} = \frac{1}{c}$$

が常に成り立つ。これより均衡での成果は効率的な水準よりも常に過少となることがわかる。

ここでは，配分ルールが全体の生産量 y に依存せず，固定されたルールのみを考察している。けれども，パートナーシップの非効率性はいかなる配分ルールのもとでも成り立つ一般的な結果だ。こうした結果が得られる理由の一端は，パートナーシップの環境では，自分が費用を負担して成果に貢献しても，その一部を他のエージェントに取られてしまうという構造に帰着できる。いわゆる努力のただ乗り問題だ。全員で成果を共有する環境では，このただ乗り問題を解消することは不可能で，効率的な結果はいかなる配分ルールでも達成不可能であることが知られている。

定義 4.6　パートナーシップとただ乗り

チーム生産で成果を共有するパートナーシップでは，成果をエージェントですべて分け合う状況では，選ばれる努力水準はただ乗り問題により必ず過少となる。

数値例　チーム生産のただ乗り問題

$c=1$，$\theta_1=\theta_2=0.5$ としよう。それぞれのエージェントは $0.5(a_1+a_2)-ca_i^2/2$ を最大にするので，選ばれる努力水準は $a_i^{**}=0.5$ と求めることができる。このとき，チーム全体の余剰は，

$$0.5+0.5-\frac{0.5^2}{2}-\frac{0.5^2}{2}=0.75$$

となる。一方で，それぞれのエージェントが $a_1^*=a_2^*=1$ を選んだとすると，全体の余剰は，

$$1+1-\frac{1^2}{2}-\frac{1^2}{2}=1$$

となり，増大することがわかる。ここで $a_1^*=a_2^*=1$ は全体の余剰を最大にする効率的な努力水準の組となっていることを確認してほしい。

予算バランス制約とプリンシパルの役割

チーム生産の非効率性の一端は，サボった者とそうでない者を峻別できないことから，個々のエージェントに十分なインセンティブを与えられないという事実にある。努力のただ乗り問題は普遍的な問題であり，効率性を阻害する要因になることは直感的に理解できるであろう。しかし，効率性を達成するルールが存在しないという強い結論が成り立つためには，もう 1 つの決定的な要因が存在する。それは予算バランス制約だ。

予算バランス制約が果たす役割を見るために，生産量 y に依存した配分ルールを考える。つまり，成果が y のときのエージェント i のシェアを $\theta_i(y)$ とし，すべての y について，

$$\theta_1(y)+\theta_2(y)\leq 1$$

であるとしよう。この制約が不等号であることには注意が必要だ。これは事後

的に成果を捨てることを許容し，予算バランス制約が守られないかもしれないことを意味する。

予算バランス制約が課されない場合は，たとえば，

$$\theta_i(y)=\begin{cases}1/2 & \text{if } y\geq 2/c\\ 0 & \text{if } 2/c>y\end{cases}$$

のような配分ルールを作ることが可能だ。これは，ファースト・ベストの成果が達成されれば，その成果は等分に分けるが，そうでない場合は，すべての成果は没収されるというものだ。

この配分ルールでファースト・ベストが達成可能か確認しよう。たとえば，エージェント2が $a_2=1/c$ を選択しているとしよう。このとき，エージェント1は $a_i\geq 1/c$ を選択すれば，期待効用はシェアが固定の場合と同じで，

$$\frac{1}{2}\left(\frac{1}{c}+a_1\right)-c\frac{a_1^{\,2}}{2}$$

となる。$1/c$ 以上の努力水準を選ぶと効用は減少するので，これ以上の水準は選ばないことが確認できる。一方で，$a_1<1/c$ を選択すれば期待効用はゼロだ。また，

$$\frac{1}{2}\left(\frac{1}{c}+a_i\right)-c\frac{a_i^2}{2}\geq 0$$

は仮定により常に成り立つので，ファースト・ベストを実現する均衡の存在を示すことができる。

この配分ルールで重要なのは，チームの成果が目標に達しなかった場合は，グループ全体に罰則が科されるという点だ。これはいわば**団体責任**といえよう。予算バランス制約を課さない団体責任がうまく機能すれば，パートナーシップ問題の解決は比較的容易なことのように思える。実際，予算バランスというのは本質的な制約なのであろうか。

このことを見るために，エージェント1が均衡戦略から逸脱し $a_1<1/c$ を選択したとしよう。この場合は，$a_2=1/c$ を所与とすると $y<y^*$ となるので，事前の取り決めでは，各エージェントは $\theta_i(y)=0$ を受け取ることとなる。これは結果として，すでに生産された成果 y を放棄することを意味する。しかし，実際の成果が目の前にある以上，そのルールをこの段階で杓子定規に守ること

Column ❹-2 パートナーシップの機能

事後的に利益を共有するパートナーシップは，努力のインセンティブを与えるという点では非効率的だ。このことは，実際にほとんどの企業が階層的な組織構造を有していることからもわかる。しかし，一部ではパートナーシップという組織形態が一般的に観察される業界もある。典型例が，法律，会計，コンサルティングに代表されるいわゆるプロフェッショナル・サービス業界だ。

通常の企業組織ではなく，インセンティブ供与の観点からより非効率であると考えられるパートナーシップという組織形態をあえて選択する理由は何だろうか。ジョナサン・レビンとスティーブン・タデリス（Levin and Tadelis, 2005）は理由として，パートナーシップという組織形態が，新しいメンバーを採用する際に質を厳選するインセンティブを与える点を指摘している。

もし，新たな採用者に（市場によって規定される）賃金を支払うだけならば，企業は単純に賃金以上の生産性がある候補者をすべて採用すればよい。一方で，新たな採用者をパートナーとして迎え入れ利益を共有するならば，その候補者が新たに加わることで，現在の平均的な収益率が向上すると判断されるときのみに採用するインセンティブが生じる。結果として，パートナーシップは企業ほどに規模は拡大しないが，平均的な収益率をより高く保つことを可能とする。とくに，①供給される財・サービスの質が重要，②財・サービスの質が組織構成員の人的資本に強く依存している，③財・サービスの質を外部の顧客が容易に観察できない，という条件下では，パートナーシップが企業よりも望ましい組織形態となりうる。

これらの性質は，プロフェッショナル・サービス業界の特徴と親和的で，こうした業界にパートナーシップが集中している理由を明快に説明できる。たとえば，法律事務所では，供給されるサービスの量ではなく質が決定的に重要だということは間違いない。また，その質は，機械や設備といった物的資本への投資ではなく，所属している弁護士の人的資本に強く依存している。一方で，法律事務所が供給するサービスは，その高度な専門性ゆえに，外部の素人が正確に質を判断するのは容易ではなく，市場における評判が非常に重要な役割を果たすことも事実だ。このような条件がそろう環境では，パートナーシップの人選への強いインセンティブが質についての評判を確保し，階層的な組織と比較してより大きな利益を上げることを可能とする。

（参考文献） Levin, J. and S. Tadelis (2005) "Profit Sharing and the Role of Professional Partnership," *Quarterly Journal of Economics*, 120 (1), 131-171.

がどちらのエージェントの利益にもならないことは明白だ。事後的にはやはり目の前にある成果を2人で分けてしまおうとしないだろうか。成果を事後的に放棄することにコミットできれば，パートナーシップ問題の非効率性は団体責任によりある程度解消できる。しかし，事後的に誰も得をしないルールを守ることは，いかなる状況においても容易ではない。

一方で，この状況に第三者が介入すると事情は大きく変わる。プリンシパル（管理者）のいる企業のような組織を考えて，もし生産量が目標に達しなかった場合は，このプリンシパルが成果を没収するとしよう。この場合は，もし $y<y^*$ ならば，プリンシパルは粛々と事前の配分ルールどおりに成果を没収するのみであり，エージェントにとって事後的にルールを再交渉する余地はまったくない。生産には直接関与しない主体の存在が，事後的に団体責任を強制することへの強力なコミットメントとなり，これは結果として効率性の改善に寄与する。ここでのプリンシパルの役割は，必ずしもモニタリングすることではなく，プリンシパルによって事後的な罰則を強制するという点には注意が必要だ。こうした議論は，組織の構成員が並列的に並ぶパートナーシップではなく，企業という階層的な構造を持つ組織形態に一定の存在意義を与えるといえる。

SUMMARY ●まとめ

□ 1 相対評価によってすべてのエージェントが共通して直面する不確実性を排除できる。相対評価の価値は競争を生み出すことではなく情報を生み出すことにある。

□ 2 受験競争や出世競争に代表される序列トーナメントは，現実に最もよく観察される相対評価の一形態だ。

□ 3 相対評価の導入は妨害工作を引き起こす要因となりうる。

□ 4 努力のただ乗りによってチーム生産の効率性が阻害される。

□ 5 生産に直接関与しないプリンシパルの存在によって団体責任の強制が可能となる。

EXERCISE ● 練習問題

4-1 相対評価が意味を持つ理由についてリスク・シェアリングの観点から説明しなさい。

4-2 相対評価がもたらす妨害工作の現実の例をあげなさい。

4-3 第3節のモデルで，エージェント1が「何もしない」を選択しているときにエージェント2が努力するためのインセンティブ制約を導出しなさい。また，妨害工作を防ぎつつエージェント2から努力を引き出す契約が存在するための条件を求めなさい。

4-4 第4節のモデルでエージェントが n 人のケースを考察する。このときの各エージェントの均衡での努力水準 a_i^* を求め，それが n とどのような関係にあるか説明しなさい。また生産量 $y^* = \Sigma_{i-1}^{n} a_i^*$ が n に対してどのように変化するか計算しなさい。

4-5 2人のエージェントのチーム問題を考える。エージェント i の努力を a_i とすると，そのエージェントにとっての費用は $C(a_i) = a_i/4$ によって与えられる。また，チームの成果は $y = (a_1)^{1/4}(a_2)^{1/4}$ となる。以下の設問に答えなさい。

(1) パートナーシップが過少な成果をもたらすことを示しなさい。ただし，2人のエージェントは同時に成果への支出を決定する。

(2) また，本文で説明した団体責任の方法を利用すると，効率的な成果を実現することが可能となることを示しなさい。

第 **2** 部

アドバース・セレクションの問題と解決策

CHAPTER

第5章

アドバース・セレクション

隠された知識が引き起こす問題とは何か？

STORY

●信頼を勝ち取ることの難しさ

まだ大規模チェーンとはいえないが，いくつかのカフェの出店も無事に終わった。自分で始めたカフェが街角に溶け込む光景には心を揺さぶられる。もちろん，自分で立ち上げたという達成感もあるが，それ以上に社会に必要なものを届けたという思いが強い。顧客の反応もいまのところ上々だ。内部のオペレーションも十分に管理できており，経営は軌道に乗ったと考えてよいだろう。しかし，あなたの野心は数店のカフェの成功だけにはとどまらない。最終的に描く目標は，この名もなき街のカフェを，いずれは日本中，世界中のどこにいても見つけられる一大ブランドへと育て上げることだ。

この大きな目標を達成するためには，あなたのビジネスの価値を周囲の人間に理解してもらうことが不可欠だ。事業を拡大するためには，投資家からのさらなる融資が必要となるし，取引相手からの信頼も勝ち取らなければならない。なにより，顧客の支持を得られなければ，事業が立ち行かないことはいうまでもない。もちろん，あなたは自らのビジネスモデルには揺るぎない自信を持っているし，どんな困難も乗り越えるだけの情熱も持っている。しかし一方で，周囲の人たちからすると，あなたは数多（あまた）存在する零細なカフェの経営者の1人にすぎない。あなただけを特別扱いする特段の理由がないこともまた事実だ。チャンスさえ与えられれば，自らの能力を証明する自信はあるが，そのチャンスは簡単にはやってこない。

こうしたジレンマは，現実にもごくありふれた，そして誰にでも起こりうる問題だ。立場を変えると，あなたは経営者として従業員を雇用する立場であり，ときには見ず知らずの求職者を採用するかどうか決定しなければならない。その求職者があなたの期待に応えうる人物であるかどうかは，実際にある一定期間雇用してみればわかることではある。だが，生産性の低い者を雇用してしまった場合に，結果として大きな損害を被るかもしれない。求職者が任に堪えうるという十分な確証がない限り，雇用に対してはやはり慎重にならざるをえない。

これらの問題が起こる背景にはすべて共通の要因が存在する。それは，取引の特性に関する情報が取引主体間で共有されていないことだ。あなたの経営者としての才覚や取引相手としての誠実さは，あなたは知っているが投資家や取引相手は知らない。カフェで提供するドリンクの質もあなたは知っているが，潜在的な顧客は知らない。従業員を採用する場合には，求職者の能力やその職に対する熱意は，求職者は知っているが経営者は知らない。こうした，スキルや能力，財・サービスの品質などについての情報の非対称性の存在は，取引の大きな障害となりうる。本章では，こうした問題が，身の回りの取引に与える影響と，それを克服するための手段について概観しよう。

第5章で考える問題

- 情報が等しく共有されていないことがなぜ問題なのか。
- 隠された情報の問題を解決するための手段にはどのようなものが存在するか。
- ありふれたサービスしか提供しないチェーン店が拡大する理由は何か。
- 偏見による差別が解消されないのはなぜか。

1 アドバース・セレクションとは

隠された知識

企業という組織で考慮すべき問題はモラル・ハザードだけにとどまらない。

株主は経営者の経営能力を，経営者は従業員の職務への適性を完全に把握できるだろうか。おそらくは難しい。高度な経営能力の評価は簡単ではないし，饒舌な従業員だからといって，営業のスキルもあるかというとそれはわからない。

もちろん，経営者自身は自らの経営能力の高さについて自覚があるだろうし，従業員たちも自らの向き不向きをある程度はわかっているだろう。だが他人はそれらを知ることはできない。つまり，経営能力や適性についての情報の非対称性がある。だがこれは「行動」についての情報ではない。むしろ，経営者や従業員の「資質」に関する情報だ。

株主にとって経営者の能力の評価はとても重要だし，経営者にとって従業員の適性の把握は適材適所を実現するためには不可欠だ。資質に関する情報の非対称性は企業の業績を悪化させる要因となりうる。同様の問題は他にもたくさん見つけられる。新しくオープンしたカフェやレストランの味・素材の質は実際に訪れてみるまでわからない。見知らぬ人から中古パソコンや中古車を購入しようとしても，どれくらいの頻度で利用したか，事故歴があるのか，といった情報を正確に知ることは難しい。ただし，カフェの店長や中古品の売手はそれらの情報を持っているはずだ。このような，経営者・従業員の資質や財・サービスの品質についての情報に偏りがあることは，**隠された知識**と呼ばれる（ここでの問題は隠された情報と呼ばれることも多い。だが，情報という用語はもう少し広い意味で利用しているので，本書では隠された知識と呼ぶことにする）。

ここで，プリンシパル－エージェントの関係を援用し，財・サービス・スキルを供給する主体（売手）をエージェント，需要する主体（買手）をプリンシパルと呼ぶことにしよう。隠された知識とは，財・サービス・スキルの特性（タイプ）をエージェントのみが知っている状況だ。

定義 5.1　隠された知識

経営者・従業員のスキルは本人たちのみが知っている。財・サービスの品質は売手のみが知っている。プリンシパルとエージェントとのあいだには，財・サービス・スキルの特性（タイプ）について情報の非対称性がある。

実際のところ，隠された知識の問題は売手と買手にのみに生じるわけではないし，情報を持つ主体が売手に限られるわけでもない。いくつか例を表 5.1 にあげておこう。

CHART 表 5.1 隠された知識

情報を持たない主体（プリンシパル）	情報を持つ主体（エージェント）	隠された知識
投資家	起業家	ビジネスの収益性
株　主	経営者	経営スキル
経営者	従業員	職務への適性
患　者	医　者	医療技術
保険加入者	保険会社	運転スキルや健康状態
国　民	政　府	公共財への評価
企　業	消費者	製品の品質
消費者	企　業	製品の評価

アドバース・セレクションの発生

取引を円滑に実行するには，どのような利益・便益が得られるかについて共有される必要がある。だが，隠された知識は正確な情報の共有を妨げてしまう。すると何が起きるだろう。第1に，買手は財・サービスのタイプがわからないので，入手する前に疑心暗鬼に陥らざるをえない。売手がいくら高い品質をアピールしても額面どおりに信じることはできない。第2に，買手が信用しないことは高い品質の財・サービスを供給する売手にとっては不利となる。本当に高い品質だとしても，それを信じてもらえないからだ。すると，品質に見合った支払いを受け取れなくなり，供給をあきらめるかもしれない。価値ある取引の消滅だ。このように，隠された知識により取引が阻害され，場合によっては消滅してしまう問題は**アドバース・セレクション（逆淘汰）**と呼ばれる。

定義 5.2 アドバース・セレクション（逆淘汰）

財・サービス・スキルの特性（タイプ）が隠された知識である場合に，取引が阻害され，ときには消滅してしまう問題をアドバース・セレクション（逆淘汰）と呼ぶ。

なぜアドバース・セレクション（逆淘汰）と呼ばれるのか，その理由はあとで説明しよう。アドバース・セレクションは隠された知識により取引が阻害される現象を指している。だが，経済学ではこれが転じて隠された知識による情

CHART 表 5.2 アドバース・セレクションとモラル・ハザードの対比

	情報の非対称性の発生	情報の非対称性の中身	何が問題か
モラル・ハザード（隠された行動）	契約（取引）後	エージェントの行動	適切な行動を選ばせること
アドバース・セレクション（隠された知識）	契約（取引）前	エージェントの特性	特性の識別

報の非対称性に起因する諸問題を，広くアドバース・セレクション問題と総称することが多い。

第 2 章から第 4 章では，隠された行動による情報の非対称性に起因する問題としてモラル・ハザードを学習した。ここで両者の違いを対比しておこう（表 5.2）。アドバース・セレクションとモラル・ハザードを分かつ最大の要因は**どの段階で情報の非対称性が生じるのか**という部分に集約できる。モラル・ハザードを考えてみよう。問題はエージェントが（契約を結んだ後で）事後的にとる行動が見えないという事実だった。つまり，情報の非対称性は事後的に発生し，契約を結ぶ段階では存在していない。そして，適切な行動を選ばせるインセンティブを与えることが問題となる。

それに対して，アドバース・セレクションの問題はエージェントの特性についてだ。よって，情報の非対称性は取引を行う（契約を結ぶ）段階ですでに存在している。問題となるのは，隠されている情報をいかに識別するかだ。

2 隠された知識のもとでの取引

▶ レモン市場

レモン市場

隠された知識とアドバース・セレクションの問題をはじめて提示したのは 2001 年にノーベル経済学賞を受賞したジョージ・アカロフだ。敬意を表するためにも，彼が用いた中古車市場の例でアドバース・セレクションを説明しよう。

まずは簡単な数値例でアイデアを理解しよう。リスク中立的な売手と買手による中古車の取引を考える。そして，中古車には優良中古車と欠陥中古車があ

CHART 表 5.3 品質に依存した中古車の価値

	優良中古車	欠陥中古車
買手にとっての価値	100 万円	40 万円
売手にとっての価値	80 万円	20 万円

るとしよう。アメリカの俗語で欠陥中古車を「レモン」と呼ぶことから，この中古車を例としたモデルは**レモン市場のモデル**として知られている。

中古車の品質は外観からは判断できないが，売手はそれが事故車であるかどうかなど品質を知っている。だが買手は区別ができず，ただ確率 1/2 で優良車，確率 1/2 で欠陥車だとということしかわからない。つまり中古車の品質は隠された知識だ。また，このようなとき，中古車の品質は売手の**私的情報**であるという。

定義 5.3 私的情報
ある主体だけが知っている情報を，その主体の私的情報という。

買手にとっての中古車の価値（支払ってもよい最大額）と売手にとっての中古車の価値（手放してもよい最少額）は，それぞれ品質に依存する。それらを表 5.3 にまとめておこう。

隠された知識による優良車の消滅

まず買手も中古車の品質がわかるとしよう。品質の異なる中古車は別個の財なので，異なる市場で取引される。そして，それぞれの品質について［**買手にとっての価値**］>［**売手にとっての価値**］が成立するので，双方が利益を得る取引が可能だ。たとえば優良車の価格が 90 万円，欠陥車の価格が 30 万円という価格が成立し，取引は合意にいたる。

では品質が隠された知識ならばどうだろう。買手は中古車の品質を区別できないので，優良車も欠陥車も同じ市場で取引されてしまう。そして，もし優良車の売手も欠陥車の売手も供給すると，買手は中古車を平均的に評価し，最大で，

$$買手にとっての価値の期待値 = \frac{1}{2} \times 40 万円 + \frac{1}{2} \times 100 万円 = 70 万円$$

まで支払ってもよいと考える。

ところが，この金額は優良車の売手にとっての価値である80万を下回る。よって，優良車は供給されなくなり，欠陥車のみが供給されることになる。供給される中古車はすべて欠陥車なので，価格はたとえば30万となる。

優良車と欠陥車が混ざり合って供給されると，区別ができない買手は平均的に評価する。平均的な評価は優良車の評価を必ず下回るので，優良車の売手にとってはそれは低すぎる。すると供給をやめてしまい，欠陥車のみが市場に残ることになる。**欠陥車が中古車市場から優良車を駆逐したわけだ**。

この問題がなぜアドバース・セレクション（逆淘汰）と呼ばれるかが理解できただろう。隠された知識のもとでは，低品質な財・サービスが高品質なものを取引から駆逐し，結果として低品質なもののみが取引されることがある。チャールズ・ダーウィンの進化論が考えるナチュラル・セレクション（自然淘汰）では優良な種がそうではない種を駆逐して繁栄する。経済でもやはり高品質の財・サービスが低品質のものを取引から駆逐するべきだ。だが，隠された知識が引き起こすのはその反対だ。だからこそ，経済に大きな損失をもたらしかねない。

一般化されたモデル

アドバース・セレクションを深く理解するために，一般化したレモン市場のモデルを考えてみよう。売手が所有する中古車の品質を v で表し，0から1のあいだを一様に分布するとしよう。すると，v の期待値は1/2であり，また，ある x を下回る v の期待値は，$x/2$ となることを覚えておこう（図5.1）。

品質 v の中古車を p という価格で取引した場合の売手の利益を p，買手の効用を $v-p$ とする。また，取引が成立しなければ売手は中古車を所持しつづけることから βv を，買手はゼロを得るとする。ここで $0.5<\beta<1$ が成立し，これは**買手は自動車をより必要とし，より高く評価する**状況を示すと解釈する。

買手の方が中古車をより高く評価するので，取引を行うことは中古車の品質にかかわらずいつも取引の利益を生む。しかし，先ほどの例と同じく，取引が成立するかどうかは，この中古車の品質が隠された知識であるかどうかによっ

CHART 図 5.1 タイプは一様分布する

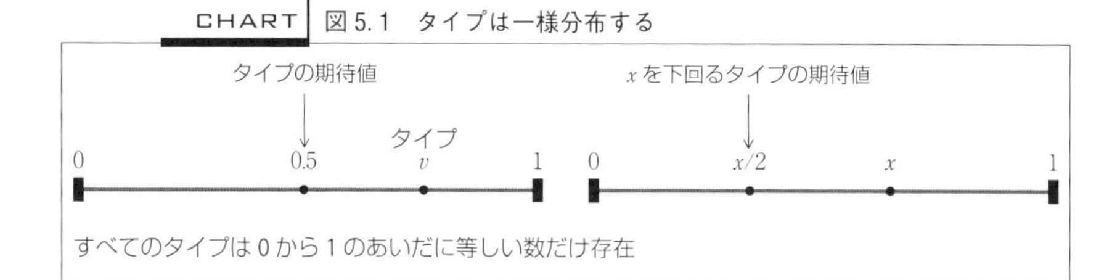

て大きく影響を受ける。

品質が隠された知識ではない場合

品質が双方に観察可能であれば，取引にはなんら支障は生じない。あらゆる v について価格が $v \geq p \geq \beta v$ を満たす限り，両者は取引に応じ，効率的な取引が達成可能だ。このモデルの構造のみからは，価格を定めることはできないが，合意可能な価格が常に存在することは確認できる。

では反対に，売手も買手も品質を正確には観察できず，その分布のみを知っているとしよう。情報は対称的なので，一方のみが知っているという隠された知識の情報の非対称性はない。このとき，取引は中古車の品質の期待値によって決まる。品質 v の事前の期待値は 0.5 なので，$0.5 \geq p \geq 0.5\beta$ を満たす価格 p で取引が可能だ。実際の品質によっては，事後的に価格が高すぎたり（買手が損），低すぎたり（売手が損）ということは起こる。けれども，事前の意味で効率的な取引が可能であり，問題の本質は大きく影響を受けない。

品質が隠された知識である場合

では，売手は品質を知っているが，買手はその分布以外は何も知らないとしよう。つまり，隠された知識がある。このような状況で果たして売手は自身の情報優位を活かし，より有利な条件で取引をすることができるだろうか。

まずは以下の具体例を見てみよう。

数値例　レモン市場での取引

$\beta = 0.8$ としよう。品質 v の期待値は 0.5 なので，このとき，平均的な売手が受け入れる最低の価格は $0.8 \times 0.5 = 0.4$ だ。ここで買手がこの価格 $p = 0.4$ を提示したとしよう。もし売手が v を知らなければ，売手はこの価格を受け入れるはずだ。しかし，売手が v を知っている場合は，これを受け入れるかどうかは私的情報に依存する。

もし品質 v の中古車の売手がこの価格を受け入れれば，得られる利益は 0.4 だが，この価格を拒否して車を保有し続けると $0.8v$ を得る。これより，この価格を受け入れるインセンティブがあるのは，

$$0.4 \geq 0.8v \quad \Leftrightarrow \quad 0.5 \geq v$$

を満たす売手だけということになる。つまり，平均 0.5 より高い品質の中古車を持つ売手には，この価格を受け入れるインセンティブがない。結果として，品質が 0.5 を下回る売手のみが取引に応じる。そのとき，品質の期待値は 0.25 となり，これは買手が提示した価格 $p = 0.4$ を下回る。よって，買手にとってこの価格は最適とはならない。

この議論は以下のように一般化することができる。買手が提示した価格 p を受け入れるのは，品質 v が十分低く，

$$p \geq \beta v \quad \Leftrightarrow \quad \frac{p}{\beta} \geq v$$

を満たす売手だけに限られる。つまり，供給される中古車は品質が比較的低いものに限られ，供給された中古車の期待値はもはや 0.5 ではないということだ。この取引に売手が合意する意思があるという事実は，売手だけが知る**中古車の品質が価格と比較して十分に低い**ということを暗示する。

以上より，価格 p に合意するのは，品質が p/β を下回る中古車の売手のみであり，そのときの品質の期待値は，$p/2\beta$ となる。そして，$\beta > 0.5$ ならばこの値は必ず p よりも小さくなることがわかるだろう。この結果はゼロを上回るすべての p について成り立つので，**売手と買手の双方が合意できる価格が存在せず，中古車の取引が消滅する**という劇的な帰結をもたらすこととなる。品質についての隠された知識はアドバース・セレクションを引き起こし，それは本来は価値のある取引を消滅させかねない。

社会におけるアドバース・セレクション問題

中古車のような複雑な財の取引は困難だ。売手はその中古車の持つ欠陥を知っているが，専門知識を持たない買手がそれを見抜くことは容易ではない。中

古車の質がわかるなら，安い価格で買えればそれに越したことはないが，実際には安い価格で売られている中古車の質は平均的に低いはずだ。こうした疑心暗鬼は，本来なら容易に合意にいたるだろう取引を不成立に導く。ここで，とくに注意すべきなのは，アドバース・セレクションの環境では，情報を持たない主体だけでなく，**情報を持つ主体も取引の機会を逸することで損失を被る**可能性があるということだ。

これは一見すると不思議なことにも思える。ここでは，中古車を所有することによる買手の便益は，売手の便益よりも必ず大きいので，売手から買手に所有権を移転することは，品質 v の値にかかわらず常に効率的だ。まったく取引ができなくなるくらいならば，少しの利益でもよいので，正直に品質を申告して取引をした方が得ではないだろうか。コミュニケーションの方法をもう少し工夫することで，双方が納得して合意できる方法を見つけることができそうな気がする。

残念ながらこの直感は正しくない。アドバース・セレクションによる問題は，経済取引における本質的な制約であり，単純にコミュニケーションの工夫だけで解決することはできない。この問題の核心にあるのは，品質 v がより高いと主張することが，**あらゆる品質の中古車の売手にとって望ましい**という事実だ。高品質車の売手は当然ながら「この車は品質が高いよ！」と主張するだろうが，それは低品質車の売手も同じだ。情報を持たない買手にとって，同じ主張をするこの両者を単純に識別する方法は存在しない（この点については次章でさらに詳細に検討しよう）。「自分だけが知っている」ということは，ライバルを伴う戦略的な環境では必ずしも望ましいことではない。

現実に観察されるアドバース・セレクションの代表例は保険市場だ。保険料や保険サービスを一定とすると，生命保険や医療保険に加入するインセンティブがより強いのは，健康状態に自信のない人だろう。自動車保険であれば，運転に自信のない人や危険な運転をする傾向のある人が，保険に加入するより強いインセンティブを持つはずだ。こうしたタイプの顧客が多く集まると，保険会社は保険料を上げざるをえなくなるが，そうなると相対的に良い属性を持つ顧客にとって保険に加入するメリットは減少し，こうした顧客のさらなる市場からの離脱を招くだろう。最悪の場合は，レモン市場と同様に市場自体が消滅してしまう。これはまさに「悪貨が良貨を駆逐する」アドバース・セレクション（逆淘汰）のプロセスであり，われわれの生活の基盤をなす市場が，いかに情報の問題に対して脆弱であるかということを端的に示している。

アドバース・セレクションは，日常生活の中でも頻繁に起こりうることであり，この問題を解決，または少なくとも緩和できなければ，社会全体の効率性は大きく棄損されてしまう。第6章で説明するシグナリングや，第7章で説明するスクリーニングはアドバース・セレクションを緩和するアイデアだ。これらについてはあとで詳しく説明しよう。その他にも現実経済では，いくつかの手段によってアドバース・セレクション問題に対処している。

(1) 情報の生産：専門家による情報の生産は，アドバース・セレクション問題の直接的な対処策だ。保険市場での医師による健康診断書や，アメリカの中古車市場で普及する専門メカニックによるチェックがこれにあたる。労働市場では学歴や各種の資格が情報源となるし，工業製品や農業製品にはJISやJASといった公的な規格がある。また，一般的な消費者の声を集約することも重要だ。「食べログ」や「ぐるなび」が飲食業界の隠された知識を解消させる役割は大きい。

(2) 信頼の構築：継続的な取引が見込まれる場合は評判が対処策となる。たとえば，親戚や友人から中古車を購入した方が安心できるはずだ。また，日本では中古車取引は仲介業者を介して行うことも多い。継続的にビジネスを行う業者には評判を守るインセンティブがあるからだ。ネット・オークションにおけるプラットフォーム・サイトも，評判に関心がある業者を介することで見ず知らずの個人間での取引を可能とする。

(3) 標準化：レストランを探しているときチェーン店に入ってしまうことがあるだろう。標準化されておりどこも同じなので，自分の経験を利用できるからだ。自動車も新車であればアドバース・セレクションがあまり問題とならないのは，製品が十分に標準化されているため，自分や他人の経験（評価）を適切に利用できるからだ。標準化はアドバース・セレクションに対する供給側の1つの解決策であり，ファミレスやホテル，ショッピング・モールなどのサービス業から，建売住宅のような製造業まで幅広い業種で見られる。この点については次節で詳細に検討してみよう。

隠された知識と標準化

どこの店に入ろうかと悩みながら，ついふらっとチェーン店に入ってしまうことはないだろうか。せっかくだからその土地の店を選びたいと思いながらも，結局はどれが良い店かわからない。そこに日本中や世界中，どこにでもあるカフェ・チェーンやファストフード・チェーンがあれば，安心して足を向けてしまう。メニューも味もすでに知っているからだ。

チェーン店はメニューや味は標準化されており，どこの店も大差はない。カフェやファストフード，ファミレス以外にも，ショッピング・モールやコンビニなどの小売業のチェーン展開もやはり標準化の側面を持つ。実際のところ，チェーン店が提供する財・サービスは決して最高級とはいいがたい。それでも，見知らぬ土地にいるときや時間がないときに，商品の質から店の雰囲気まで予測がつくチェーン店が重宝されることもまた事実だ。財・サービスが標準化されると，自分や他人の経験や評価を利用できるので，隠された知識による非対称情報が解消される。**標準化されているからこそ，アドバース・セレクションの問題が生じないわけだ。**ここにチェーン店の大きなメリットを見つけることができる。ありふれた商品しか提供しないチェーン店が世界各地に拡大する大きな理由に，標準化によって隠された知識の情報の非対称性を克服している点がある。そのことを簡単なモデルを利用して説明しよう。

レストラン探索のモデル

2つの異なる地域 $i=1,2$ を考える（図5.2）。それぞれの地域 i には，その地域の固有のレストラン i が存在する。一方で，大手チェーンが展開するレストランをレストランCとしよう。このレストランCは多店舗展開しており，それぞれの地域に1つずつ存在する。以下では説明の便宜上，地域固有のレストラン $i=1,2$ をローカル店，レストランCをチェーン店と呼ぶ。

2期間のモデルを想定し，消費者は1期目に地域1を，2期目には地域2を訪れ，それぞれでレストランを1軒選ぶ。ローカル店 i の質を q_i とすると，それは質が高いか低いかのいずれかで，高い場合は $q_i=B>0$，低い場合は $q_i=0$

CHART 図 5.2 レストラン探索のモデル

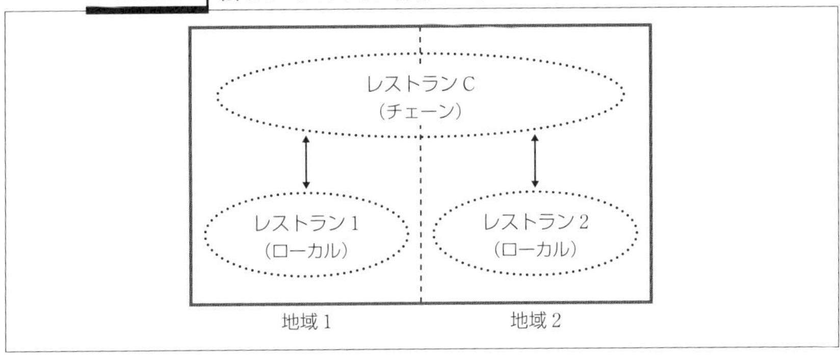

の値となる。また，チェーン店の質を q_C とするとそれもやはり高いか低いかのいずれかで，高い場合は $q_C=b>0$，低い場合は $q_C=0$ の値だ。それぞれの店の質は独立に決まり，質が高い確率はそれぞれ共通で p（$0\leq p\leq 1$）とする。ただし，質はレストランの私的情報で，消費者はそのレストランで消費をしない限りこれを知ることはできない。このように消費をしなければその価値がわからないような財は，一般に**経験財**と呼ばれる。

消費者はレストランから（価格の支払いも含めて）質に等しい満足（効用）を得る。よって，質が高いローカル店からは B，質が高いチェーン店からは b が得られ，質が低いレストランからはゼロの効用を得る。ここで，$B>b$ を想定し，ローカル店の方が平均的な質は高いとする。また，レストランは，質にかかわらず 1 人の消費者が訪れれば 1 の利益を得るとしよう。

消費者もレストランも 2 期間の効用・利益の合計を最大化したい。ここで重要となるのは，1 期目にもしチェーン店の質が高かった場合，2 期目にわざわざ質が不明確なローカル店に行く必要がなくなることだ。1 期目の経験を活かせて，隠された知識の問題を解消できるチェーン店の特性は，消費者のレストラン探索のインセンティブに大きな影響を与えることとなる。

レストランの質が観察可能な場合

最初にベンチマークとして，消費者は訪れる前からレストランの質が完全にわかるケースを考えよう。すると，いずれの地域でも，消費者は単純に満足が一番高いレストランを選ぶ。よって，地域 i での消費者の行動は以下のようにまとめられる。

- $q_i = B$ ならば常にローカル店を選択する
- $q_i = 0$ かつ $q_C = b$ ならばチェーン店を選択する
- $q_i = q_C = 0$ ならば消費者はどちらのレストランも訪れないと想定する。たとえば，レストランを訪れなければ効用はゼロであるのに対し，質が低いレストランを訪れるには（歩く費用など）追加的にわずかな費用がかかるとすればよい

ここで分析したいのはチェーン店の期待利益だ。質の高いチェーン店の利益を V_H，質の低いチェーン店の利益を V_L としよう。チェーン店の質が高い場合ならば，ローカル店の質が低いと消費者が訪れる。よって，2期間の期待利益の合計は $V_H = 2(1-p)$ と求められる。一方で，チェーン店の質が低いと消費者は決して訪れないので，$V_L = 0$ となる。

レストランの質が観察できない場合

次に消費者がレストランの質を観察できない場合を考えよう。ここでは，消費者が2期間にわたりレストランを訪れる状況を想定している。このように時間を通じて各主体が直面するインセンティブを分析するときには，最後の期から考え，後の期で起きることを織り込みながら前の期に戻って最適な行動を考察することで問題を解くことができる。こうした考え方を，ゲーム理論ではバックワード・インダクション（後ろからの推論）と呼んでいる。このモデルにおける「最後の期」は，2期目なのでそこから分析をスタートしよう。

チェーン店は標準化されているので，1期目にチェーン店を選んだ消費者はその情報を2期目のレストラン探しで利用可能だ。だが，消費者が1期目にローカル店を訪れた場合は，その結果は2期目に影響を与えない。よって，2期目の段階で考慮すべきケースは以下の3通りだ。

- 1期目にチェーン店を訪れ，質が高かった
- 1期目にチェーン店を訪れ，質が低かった
- 1期目にローカル店を訪れた

最初のケースでは，消費者はチェーン店の質が高いことをすでに知っている。このとき，2期目にもチェーン店を選ぶ条件は，

$$b \geq pB \quad \Leftrightarrow \quad \frac{b}{B} \geq p \tag{5.1}$$

となる。2番目のケースは明白だ。チェーン店の質が低いと判明したので，消費者は必ずローカル店を選ぶ。最後のケースは，2期目に利用できる有用な追加情報はないため，どちらを選んでも質が高い確率は同じだ。ローカル店の方が平均的な質は高いので（$B>b$），消費者はローカル店を選ぶことになる。

バックワード・インダクションの手法に従い，2期目の予想される結果を踏まえて1期目の問題を考えよう。消費者が1期目にローカル店を選ぶと，2期目もローカル店を選ぶことになるので期待効用の和は単純に $2pB$ だ。一方で，1期目にチェーン店を選ぶと，確率 p で質が高く，この場合は2期目にも同じチェーン店を訪れるかもしれない。けれども，確率 $1-p$ でチェーン店の質は低く，この場合は2期目はローカル店を選択する。質の高いチェーン店には2期目も訪れるとすると，1期目にチェーン店を選ぶ場合の消費者の期待効用の合計は $2pb+(1-p)pB$ となる。したがって，

$$2pb+(1-p)pB \geq 2pB \quad \Leftrightarrow \quad \frac{b}{B} \geq \frac{1+p}{2} \tag{5.2}$$

が成り立つときに，消費者は1期目にチェーン店を選ぶ。

2つの条件（5.1）と（5.2）を比較すると，$(1+p)/2>p$ は常に成り立つので，（5.2）の方がより強い条件であることがわかる。つまり，（5.2）が成り立てば（5.1）は必ず成り立つ。これより，質が高いチェーン店とローカル店を比べたときの，相対的な効用の大きさを測る b/B が $(1+p)/2$ を上回るときに，消費者が1期目に常にチェーン店を訪れることが実現する。

このとき，もしチェーン店の質が高ければ，消費者はいずれの期もチェーン店を選ぶ。すると，質の高いチェーン店の期待利益は $V_H=2$ となる。一方で，質の低いチェーン店は，1期目だけ消費者が訪れるため期待利益は $V_L=1$ だ。いずれの場合も，消費者がレストランを訪れる前に質がわかる場合の期待利益を上回ることが確認できる。

標準化のメリット

非対称情報のもとでの標準化のメリットを見るために，チェーン店の供給するサービスが標準化されていないケースを考えよう。つまり，それぞれの地域のチェーン店のタイプが独立に決まるとする。

すると，ローカル店を訪れた場合の消費者の期待効用は pB となるのに対し，

チェーン店を訪れた場合の期待効用は pb となる。そして，$B>b$ なので消費者は常にローカル店を訪れる。つまり，ここで考察している状況では，標準化を行わない限りは，隠された知識による非対称情報は（事前の評判の低い）チェーン店に対して不利に作用する。一方で標準化すると確実に正の利益が得られるため，標準化の利益が存在することがわかる。

このモデルにおける標準化のメリットは2つ存在する。第1に，標準化は隠された知識の問題を解消でき，2期目の顧客の囲い込みを可能にする。ローカル店の方が平均的に質が高いということはわかっていても，本当に質が高いレストランを見つけることには相応の費用がかかる。少なくとも，訪れたローカル店の質が低いリスクがある。もし，十分に満足できるチェーン店がすでに存在していれば，わざわざ費用をかけて新しい店を探索するインセンティブは格段に弱まるはずだ。何が出てくるかわからない玉石混交のローカル店よりも，そこそこ満足できることがわかっているチェーン店というのはあながち悪い選択ではない。

第2に，1期目の消費者の情報獲得インセンティブも重要だ。標準化されている財・サービスは，他の場面でも活用可能となる。つまり，チェーン店を訪れることには消費者にとって投資の意味合いもある。もし，あなたがスターバックスやマクドナルドで十分に満足できれば，世界中のどこにいてもカフェやハンバーガー店を探すのに苦労することはない。だからこそ，消費者は大規模チェーン店を一度は試してみたくなる。一方で，お気に入りのローカル店を苦労して見つけたとしても，その便益は他の地域では使えない。質に関する隠された知識がある状況において，この違いは非常に重要だ。

定義 5.4　標準化のメリット

チェーン店のように標準化された財・サービスには2つのメリットがある。1つは，顧客は一度訪れると隠された情報が解消され，情報を持つ顧客を囲い込むことができること。もう1つは，顧客はチェーン店の質がわかるとその情報を他の店でも利用できることを知っているので，一度は試してみようと考えることだ。

この議論からもわかるように，その場所をどれくらい頻繁に訪れるのかは，チェーン店かローカル店かの選択に大きな影響を及ぼす。このモデルでは2期間しかないため，それぞれの地域を一度しか訪れないが，これはあまり頻繁に訪れない場所のモデルとしても解釈できる。一方で，もしそれぞれの地域を何度も訪れる，もしくはその地域に居住していれば，ローカル店を試す価値は相対的に増大する。地元でお気に入りの店を探すことはよくあることだ。だが，旅先で同じことをするインセンティブは相対的に弱い。

4 人々はどのように信念を形成するのか？

ベイズ・ルール

アドバース・セレクション問題では，取引に関わる当事者が，取引の特性について正確に知らない状況を考察している。たとえば，レモン市場のモデルでは売手のタイプが正確にはわからないし，レストラン探索のモデルでは正確には質がわからない。

このような状況は，ゲーム理論の枠組みで形式的にいうと，プレーヤーと呼ばれる当事者（の一部）がゲームの利得構造について不完全にしか知らないということを意味する。こうした構造を持つゲームは**不完備情報ゲーム**と呼ばれるクラスに分類される。

こうした環境でプレーヤーたちの最適な行動を求めるためには，利得構造に関してなんらかの予測が必要となる。プレーヤーは予測に基づいて行動を決めるからだ。ゲーム理論ではこの予測のことを**信念**と呼び定式化する。レモン市場のモデルでいうと売手のタイプの分布（とくに期待値），レストラン探索のモデルではレストランの質が高いと考える確率がこれにあたる。不完備情報ゲームでは，タイプや質の事前の分布は外生的に与えられ，これは**事前の信念**と呼ばれる。レモン市場のモデルのようにゲームが1回きりの取引で終われば，この事前の信念をもとにプレーヤーの最適な行動を求めることができる。

一方で，プレーヤーたちが順番に行動する動学的な構造を持つと，状況はもう少し複雑になる。とくに，私的情報を持つプレーヤーが先に行動し，それを観察することできれば，情報を持たないプレーヤーも，その行動からなんらかの類推ができるはずだ。こうして新たに得られた情報によって更新された予測は**事後の信念**と呼ばれる。このときに用いられるのが，事前の信念から事後の信念を導出する確率推論の手法である**ベイズ・ルール**（または**ベイズ定理**）だ。

定義 5.5　ベイズ・ルール

２つの確率事象 A と B を考え，それぞれが起こる事前の確率が P（A），P（B）で与えられるとする。また，B が起きたという条件のもとで A が起こる確率を P（A|B）とし，これも既知であるとしよう。このとき，

$$P(\mathrm{B}|\mathrm{A}) = \frac{P(\mathrm{A}|\mathrm{B})P(\mathrm{B})}{P(\mathrm{A})}$$

が成り立つ。

ここで，$P(\mathrm{A}|\mathrm{B})P(\mathrm{B})$ は A と B が同時に起きる確率なので，A が起きたという条件のもとで B が起こる確率は，A が起きる確率と A と B が同時に起きる確率の比率となる。

抽象的な定義だけでは難しく見えるかもしれないが，実際にはきわめて直感的だ。具体例としてインフルエンザ検査を受けたグループを考えよう。そのグループでインフルエンザに実際に感染している者の割合は 30% とする。これが事前の信念（事前確率）だ。そして，検査の結果は陰性か陽性のいずれかとなる。ただし，検査は完全ではなく，感染している場合には 90% の確率で陽性となるが，感染していない場合にも 20% の確率で陽性になるとしよう。ここで知りたい事後の信念（事後確率）は，検査結果が陽性のときに実際にインフルエンザに感染している確率だ。

事象 A を「陽性」，事象 B を「感染あり」としたうえでの議論をあてはめてみよう。感染していれば確率 90% で，していなければ確率 20% で陽性となるので，全体の陽性となる確率は，

$$\begin{aligned} P(\text{陽性}) &= P(\text{感染あり}) \times 0.9 + P(\text{感染なし}) \times 0.2 \\ &= 0.3 \times 0.9 + 0.7 \times 0.2 = 0.41 \end{aligned}$$

となる。すると，ベイズ・ルールより，

$$\begin{aligned} P(\text{感染あり} \mid \text{陽性}) &= \frac{P(\text{陽性} \mid \text{感染あり})P(\text{感染あり})}{P(\text{陽性})} \\ &= \frac{0.9 \times 0.3}{0.3 \times 0.9 + 0.7 \times 0.2} = \frac{27}{41} \approx 0.66 \end{aligned}$$

図 5.3　インフルエンザ検査の結果

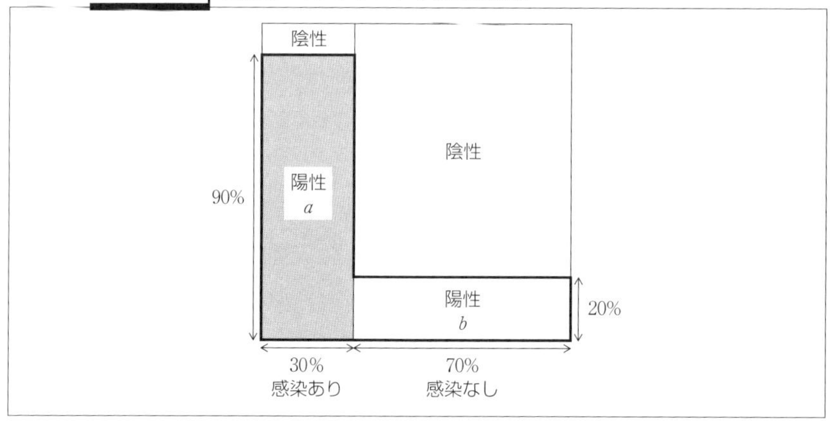

を求めることができる。つまり，検査結果が陽性の人のうちで実際に感染しているのは約 3 分の 2 で，残りの 3 分の 1 は擬陽性と呼ばれる人ということになる。

この関係は図にしてみるとより明確に捉えることができる（図 5.3）。太線で囲んだ領域（$a+b$）が検査で陽性の人たちだ。この中で実際に感染しているのは網かけされた a の部分なので，検査結果が陽性であることを条件としてインフルエンザに感染している確率はその面積比 $a/(a+b)$ として求めることができる。

信念と戦略——完全ベイズ均衡

社会で期待される規範や常識は，社会が人々に対して形成するある種の信念であり，個人の力では変えられない。だから，われわれはこれらが与えられたものとして行動する。しかし，まったく実態を反映しない社会規範が長期的に維持されるとは考えにくい。形成される信念は実際にとられる行動と整合的であることが必要だ。行動が信念に基づいて選ばれるのと同時に，信念は行動を反映して形成される。信念と行動は相互に影響を与えあっており，われわれの最終的な意思決定はこの相互作用の結果として理解できる。

異なる利得構造を持つプレーヤーの最適な行動のプラン（戦略）は当然ながら異なったものとなる。それぞれのタイプのプレーヤーがどのような戦略をとるのか——つまり均衡戦略——がわかれば，ベイズ・ルールを適用することで

Column ❺-1　直感に反する？ ベイズ・ルール

事前確率が明確に定義できれば，ベイズ・ルールは事後的に得られた情報をもとに自分の期待を改善する方法を教えてくれる。しかし，この事後的に得られた「情報」は，ときに隠された形で現れることがあり，直感に反する事後確率を与えることがある。

直感に反するベイズ・ルールの例としてよく知られるのがモンティホール・パラドックスとして知られる問題だ。次のようなゲームを考えよう。あなたの前には閉まった状態のドアが3つある。1つのドアが「当たり」でその後ろには景品があるが，残りの2つは「外れ」だ。あなたが1つのドアを選択した後で当たりを知っている主催者が残りのドアのうち外れの方を開けるとする（どちらも外れの場合はランダムに選ぶ）。ここであなたは最初に選んだドアから，残っている開けられていないドアに変更してもよいといわれる。あなたはドアを変更すべきだろうか。

この問題は高名な数学者さえも悩ませる問題として話題になった。残るドアは2つ。一見すると状況は何も変わっておらず，確率は五分五分に見える。しかし，この場合は実は「ドアを変更する」が正しい。

必要なのは「ドアを変更しないという条件のもとでの当たりの確率」と「ドアを変更したという条件のもとでの当たりの確率」を比較することだ。最初にあなたがドアを選んだ段階ではそれが当たりの確率は3分の1だ。つまり，残りのドアに何があろうとも，ドアを変更しなければこれが当たりの確率になる。ではドアを変更した場合はどうだろうか。もし，あなたが最初に選んだドアがたまたま当たりならば，ドアを変えることに意味はない。しかし，あなたが最初に選んだドアが当たりではなかったとしよう。この場合は，残りの2つのいずれかが当たりだが，外れの方はどれが当たりかを知る（ここが重要だ）主催者によって開けられている。つまり，残ったドアが確実に当たりであることがわかる。あなたが最初に選んだドアが当たりではない確率は3分の2なので，ドアを変更した場合に正解する確率も3分の2だ。つまり，ドアを変更することで正解する確率は3分の1から3分の2に倍増する。

もう1つ，レナード・ムロディナウが紹介した類似の問題を考えてもらいたい。ある家庭に2人の子どもがいるとする。このとき，この2人ともが女の子である可能性はどれだけかというと，任意の子どもが女の子である確率は2分の1でそれぞれ独立なので，答えは4分の1となる。ここまではそれほど難しくないだろう。では，2人のうち少なくとも1人が女の子の場合，2人ともが女の子である確率はどれだけだろうか。もちろん，もう1人が女の子である確率を求めればよいので正解は2分の1といいたくなるところだ。しかし，正解は3分の1だ。なぜそうなるのか考えてもらいたい。ヒントは，少なくとも女の子が1人といっているが，それが上の子か下の子なのかには言及していないという点だ。

（参考文献）Mlodinow, L.（2008）*The Drunkard's Walk: How Randomness Rules Our Lives*, Pantheon Books.

プレーヤーのタイプをある程度は類推することができるはずだ。ゲーム理論では，信念と行動プランの整合性をベイズ・ルールによって説明する。ゲーム理論における信念とは，「こういうタイプの人はこういう行動をとるはずだ」という，ある種の社会の期待や規範を反映していると考えることができる。

動学的な不完備情報ゲームで用いられる**完全ベイズ均衡**という均衡概念はこうした要求を定式化したものだ。詳細な定義についてはゲーム理論の教科書を参照してもらいたいが，この均衡概念は大きく2つの条件により構成される。

(1) 各プレーヤーは，すべての意思決定の局面で，信念（と他のプレーヤー戦略）を所与として，自己の効用を最大にする行動を選択する

(2) 信念は均衡戦略に基づいたベイズ・ルールによって求められる

信念と戦略の相互関係を示す例として，葬儀に参列する場合の服装の選択を考えよう。ここで喪服以外の，たとえばカジュアルな服装で参列すれば非常識な人間だと思われることは避けられない。非常識だと思われて得なことはないので，たいていの人は喪服を選ぶはずだ。結果として，常識をわきまえた人は皆，喪服を着ていくため，「喪服以外は非常識」という信念が現実の行動と整合的な規範として成立することになる。

葬儀の話はシンプルな例だが，ここに存在する信念と戦略の相互作用は，人間社会の構造に対してきわめて深い洞察を与える。そもそも葬儀に参列するときの服装と参列者の人間性や故人への思いとはなんら関係はないはずだ。実際に，葬儀＝喪服は日本のローカル・ルールにすぎないし，カラフルな服を着ていても葬儀の進行を妨げるわけではなく，実はその人なりの敬意の表れかもしれない。喪服とは一種の記号であり，それ自体に本質的な意味はない。それにもかかわらず社会規範はわれわれを拘束し，われわれの行動や選択に大きな影響を与えている。

5 偏見と差別

統計的差別

「X 大学の学生はあまり勉強しない」とか,「Y 国の出身者はサッカーが得意だ」といった,偏見ともいえる評価は少なくない。でも,X 大学にも真面目に勉強する学生は少なくないし,Y 国にもサッカーが苦手な人が数多くいるだろう。それでも,X 大学や Y 国の「平均像」に基づいて,つい個別の学生や国民を評価してしまう。平均像はわかっていても,個人についての情報がないからだ。

偏見や差別を経済学的な問題と考える人はおそらくあまりいないだろう。だが,隠された知識とアドバース・セレクションのアイデアを応用すれば,深刻な問題であると明快に理解できる。**偏見や差別を人種や性別,出身地などの観察可能な属性に基づいて,ある個人を評価することと定義**してみよう。本来は個人の資質に基づいてその人を評価するべきだ。けれども,資質はたいてい隠された知識であり,他の人は観察できない。すると,その個人が属するグループの平均値に基づいて,偏見に基づいて個人を評価してしまう。そして,もしかすると,それが不当に低い評価につながるかもしれない。差別だ。

多くの場合,個人の資質は,努力＝自分への投資によって決まる。しかし,偏見や差別はこの努力に対して深刻な問題を引き起こしかねない。その一例として労働市場を考えよう。労働者の生産性のかなりの部分は本人のそれまでの努力に左右される。だが,雇う側が労働者の生産性を明確に観察できないならば,その労働者が属するグループの統計的な平均値に基づいて評価してしまう。すると,生産性を高める努力をしても正当に評価されるとは限らない。

努力をしてもチャンスは与えられないとあきらめてしまうと,努力のインセンティブが失われてしまう。そして,努力しないと生産性は低いままなので,チャンスを与えないという判断は正しい。偏見や差別が努力しないという行動を引き起こし,その結果,偏見や差別は決して間違っていなかったと結論づけられてしまうわけだ。

このように,期待や信念が行動に反映され,選ばれた行動がそれらを正当化してしまうという補完的な関係は，本来は実体のない偏見や差別が実体を伴ってしまう**統計的差別**と呼ばれる構造を生み出す。以下では，こうした統計的差別がどのように生まれ，どのように維持されるのか見てみよう。

見た目が異なる従業員による投資のモデル

ある企業の経営者と従業員の問題を考える。従業員には（人種や出身地などの）観察可能な属性の違いが存在する。この違いをタイプと呼ぼう。そして，タイプはXかYのどちらかだとする。ここで，次のように時間が経過する状況を考えよう。

(1) 従業員のタイプが実現する
(2) 従業員は自分のタイプを観察したうえで自身の生産性を高めるための投資を行う
(3) 従業員の生産性に関するシグナルが実現する
(4) 経営者はシグナルを観察したうえで従業員を仕事に配属する

各従業員の生産性は外部から観察できない自身への投資（努力）によって決まる。従業員の生産性をaで表し，生産性が高い場合は$a=a_H$，低い場合を$a=a_L$としよう。また，生産性は投資を行うと確率qで高くなるが，投資を行わなければ必ず低いとする。そして，投資の費用はタイプにかかわらず$c>0$で与えられる。ここで，投資を選ぶ前の段階では，タイプの相違は**実質的な意味を持たない外見などの属性のみ**だということに注意しておこう。

経営者は従業員たちを仕事に配属する。企業には単純作業である「容易な仕事」と，よりやりがいのある「困難な仕事」の2つがあるとしよう。容易な仕事は生産性にかかわらず誰でも同じように遂行でき，企業が得られる利益は常に一定となる。その値はゼロと基準化しておこう。一方，困難な仕事は従業員の生産性が高い場合にのみ成功し，逆に生産性が低い従業員を配属すると損失が生まれる。具体的には，生産性の高い従業員を困難な仕事に配属するときの経営者の利益を$G>0$，生産性の低い従業員を配属した場合の利益を$-F<0$としよう。

従業員は常に困難な仕事に配属されることを望んでおり，困難な仕事に配属された場合，生産性にかかわらず$v>0$の効用を得る。それに対し，簡単な仕事に配属されたならば効用はゼロだ。

CHART 表 5.4 利得構造（経営者の利益と従業員の効用）

生産性＼配属	容易な仕事	困難な仕事
高い	$(0, 0)$	(G, v)
低い	$(0, 0)$	$(-F, v)$

CHART 図 5.4 シグナル構造

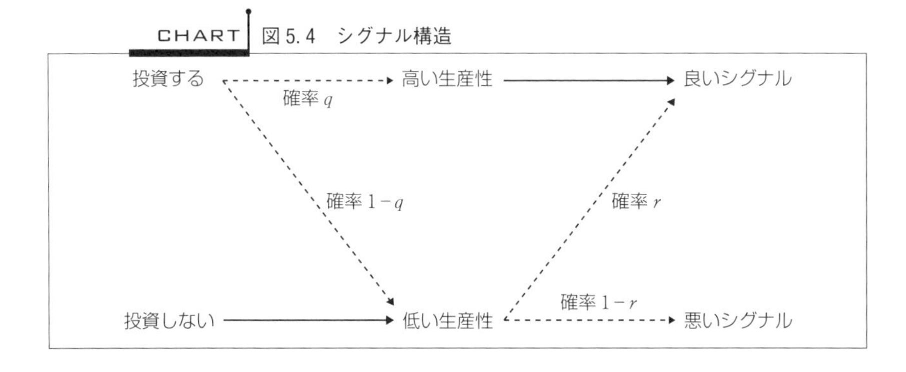

このモデルの利益と効用の構造は表 5.4 のようにまとめられる。

従業員を配属するにあたって，経営者は従業員の生産性についてのシグナル s を観察することができる。ここでのシグナルは，たとえば，入社試験や面接の結果など，その従業員の生産性を不完全ながらも反映する指標だ。シグナルは良い（$s=g$）か悪い（$s=b$）のどちらかで，生産性が a のときにシグナル s が観察される確率を $P(s|a)$ とすると，それは，

$$P(g|a=a_H)=1, \quad P(g|a=a_L)=r$$

となる。つまり生産性が高いときには確実に良いシグナルが観察されるが，生産性が低いときに良いシグナルが観察される確率は r だ。ここで，$0<r<1$ を想定し，r はシグナルの精度を表す。もし r が小さければ，生産性が低いときには良いシグナルはあまり得られず，シグナルはより正確となる（図 5.4）。

このモデルで観察できないのは従業員のタイプではなく行動なので，厳密にはこのモデルは**不完全情報ゲーム**と呼ばれるクラスに分類される。しかし，こうした技術的な問題はさほど重要ではない。従業員の投資を所与とすれば，重要なのは生産性を外部から観察できないという事実だ。さらに，従業員のタイプは利得構造にまったく影響を与えていないことにも注意してほしい。従業員

は実質的な意味がない属性を除いたあらゆる側面について，投資を選ぶ前はまったく同一だ。

仕事の配分

経営者は従業員のタイプとシグナルを観察して従業員の生産性を推測する。いったんタイプについては無視して，シグナル s を観察した経営者は，その従業員の生産性は確率 μ_s で高いと考えるとしよう。この μ_s が経営者の（シグナルを観察した後の）事後の信念に対応する。

経営者はこの事後の信念をもとに従業員の配属を決める。簡単な仕事に配属したときの利益はゼロなので，シグナル s を観察したときに従業員を困難な仕事に配属させるための条件は，

$$\mu_s G-(1-\mu_s)F \geq 0 \quad \Leftrightarrow \quad \mu_s \geq \frac{F}{G+F} \tag{5.3}$$

と書くことができる。これより経営者の信念 μ_s が十分に高いときに，従業員を困難な仕事に配属させることがわかる。

では，経営者の事後の信念はどのように求められるだろうか。まず，悪いシグナル $s=b$ の場合を考えよう。悪いシグナルは従業員の生産性が低い場合にのみ観察されるので，必ず $\mu_b=0$ となる。よって，悪いシグナルの場合はいつも容易な仕事に配属されることとなる。

一方で，良いシグナル $s=g$ は生産性が低い場合でも得られる可能性がある。ここで知りたいのは「シグナルが良い」従業員の「生産性が高い」条件付き確率なので，事象Aが「シグナルが良い（$s=g$）」，事象Bが「生産性が高い（$a=a_H$）」としてベイズ・ルールを適用する。

経営者は，従業員は P（投資する）の確率で投資すると期待しているとしよう。もし投資すれば q の確率で生産性は高くなる。さらに，生産性が高い場合は確実に $s=g$ のシグナルだが，生産性が低くても r の確率で $s=g$ のシグナルとなる。まとめると次のようになる。

- $P(\text{A})=q\times P(\text{投資する})$
- $P(\text{B})=1\times P(\text{A})+r\times[1-P(\text{A})]$
- $P(\text{A}|\text{B})=1$

ここからベイズ・ルールを適用することで，

$$\mu_g = \frac{q \times P(\text{投資する})}{P(\mathrm{B/A}) = q \times P(\text{投資する}) + r \times [(1-q) \times P(\text{投資する})]} \tag{5.4}$$

を求めることができる。

事前の投資

従業員は投資を「する」か「しない」かを決定するが，そのインセンティブは，従業員はどれくらいの確率で投資を行っているかという経営者の期待である P(投資する) に大きく影響される。その事実を確認しよう。

まず，経営者は従業員は決して投資をしないという悲観的な期待を持っているとしよう。つまり $P(\text{投資する})=0$ だ。このとき (5.4) 式より経営者の事後の信念は常にゼロとなる。つまり，たとえ良いシグナルが観察されても，悲観的な期待を持つ経営者は，この結果が間違いによるものだと考えて無視してしまう。すると従業員はたとえ投資して良いシグナルを得る確率を上げでも，それは決して報われないと考えてしまう。そして，投資をしないという選択 $P(\text{投資する})=0$ が最適となる。

反対に，従業員は常に投資をするという楽観的な期待を経営者が持つならばどうだろう。このときは $P(\text{投資する})=1$ なので，(5.4) 式より，

$$\mu_g = \frac{q}{q + r(1-q)}$$

が得られる。つまり，楽観的な期待のもとでは良いシグナルはより好意的に解釈される。(5.3) 式より，

$$\frac{q}{q+r(1-q)} G \geq \left(1 - \frac{q}{q+r(1-q)}\right) F \quad \Leftrightarrow \quad qG \geq r(1-q)F \tag{5.5}$$

のときに従業員は困難な仕事に配属される。この条件が成り立つと想定しよう。

偏見と差別が持続する状況

従業員には2つのタイプXとYがあったことを思い出してほしい。従業員のタイプは観察可能なので，経営者がこのタイプに依存した期待を持つと考えることができる。たとえば，経営者がなんらかの理由によりタイプXの従業員は勤勉で常に投資をするが，タイプYは怠惰で決して投資をしないと考え

ているとしよう。もちろん，タイプは純粋に外見などの属性の違いのみを反映しているだけなので，こうした期待は偏見・差別だ。しかし，隠された知識がある環境では，このような一見合理性を欠く偏見や差別が，実体を伴って持続する可能性を生み出す。

ここでは (5.5) 式が成り立つと想定したので，こうした期待のもとでタイプ X は必ず投資する。反対に，タイプ Y については，投資を行っても無駄だと知っているので決して投資しない。事前の期待にまったく合理性がなかったとしても，結果として正しい期待となってしまう。つまり，偏見や差別が**自己実現的**に成立する完全ベイズ均衡が存在する。

こうした均衡が生じるのは，従業員の投資のインセンティブが経営者の事前の期待に強く依存することによる。投資から得られるリターンは，投資後にどれだけの機会が与えられるかによって決まるが，その確率は経営者が良い期待を持つ方が高くなるため，高い事前の期待は大きな投資のインセンティブを与える。一方で，事前の期待が低いと投資をしても報われることはないため，投資のインセンティブも失わる。つまり，**事前の期待と投資インセンティブのあいだには補完性があり**，これによって本来は合理性のない偏見や差別が自己実現的に持続する可能性が生じる。

定義 5.6　統計的差別

事前の合理性のない偏見や差別が自己実現的に成就することで，統計的差別が持続する。

差別は単純に感情的な好き嫌いの問題として捉えられがちだ。こうした好き嫌いによる差別は，**嗜好による差別**と呼ばれるが，多くの経済学者は，嗜好による差別が社会に長期間にわたって持続することについて懐疑的だ。たとえば，プロスポーツの世界で，ある特定の人種を嗜好によって排除するチームがあったとして，そのようなチームが平均して好成績を収めることができるだろうか。勝つことだけを重視するなら，選手の実力のみを見るべきであり，嗜好による差別を行うチーム（経営者，監督）は，競争的環境では自然と淘汰されるはずだ。同じように，嗜好による差別を行う企業の判断は，必然的に最適なものから逸脱するため，市場での競争が十分に強ければやはり淘汰されるはずだ。嗜

Column ❺-2　統計的差別とアファーマティブ・アクション

アファーマティブ・アクションとは，雇用や就学においてマイノリティに対する割当枠を設けることなどで，人種や性別といった要因による偏りを積極的に是正していこうという措置だ。しかし，こうした措置は，必然的にマジョリティに対する「逆差別」を生み出すので，その是非は常に議論の的となってきた。実際に，人種や性別による差別を是正すること自体には社会的合意があったとしても，その意義は「機会の平等」を達成することにあり，「結果の平等」を強制することにあまり意味があるとは思えない。

統計的差別の議論は，こうした是正措置の採用に対する重要な理論的基盤を提供する。ある集団の機会が偏見や差別によって不当に奪われているなら，その集団の投資のインセンティブに直接に負の影響を与え，偏見や差別を自己実現的に成就させる。このような状況では，まず「結果の平等」を保障することで，偏見を取り除き機会の平等を実現することが可能となるかもしれない。こうした統計的差別の議論は，偏見や差別の問題は単純に「機会の平等」と「結果の平等」の二分化によって位置づけられないということを意味する。

その一方で，アファーマティブ・アクションが，社会に存在する偏見や差別を一掃する十分条件ではない点には注意が必要だ。アファーマティブ・アクションのもとで優遇されるマイノリティは，マジョリティと同じ水準の努力（投資）をする必要がなくなるため，そのインセンティブは逆に低下してしまう。このとき，マイノリティの事後的なパフォーマンスは平均的に低いため，結果として偏見は持続し，アファーマティブ・アクションの長期的な効果が得られない均衡も存在することが理論的には知られている。ハードルは高すぎても低すぎてもインセンティブは高まらない。アファーマティブ・アクションは，社会の偏見や差別を一掃する1つの手段だが，その利用については慎重かつ適切な制度設計が必要だ。

好による差別は利益を最大にするという目的に対して明らかに無駄な制約だ。

一方で，統計的差別については，生産性の格差という実体を伴っているので，排除することは容易ではない。仮に企業がタイプＹの従業員を抜擢したとしよう。ところが，実際のところタイプＹは投資しておらず，生産性は事前の期待どおり低い。よって抜擢は結果として偏見や差別を増強するだけとなる。統計的差別の起こる環境においては，個々の企業や従業員に社会の偏見やステレオタイプから一方的に逸脱するインセンティブはなく，**市場での競争はかえって差別を助長する**可能性さえ示唆する。統計的差別の理論は，人種間の格差や男女間の格差など，さまざまな社会問題に対して重要な洞察を与える。統計的差別が現実に起こっているならば，それは個々の主体の合理的な判断に基づいているだけに，その根はいっそう深い。

SUMMARY ●まとめ

□1 エージェントの特性（タイプ）が観察できない状況で起こる問題をアドバース・セレクション問題と呼ぶ。

□2 隠された知識によって，良質なエージェントの取引インセンティブが削がれ効率的な取引機会が失われる。

□3 アドバース・セレクションの解決策としては情報の生産，信頼の構築，標準化などが存在する。

□4 従業員はその他の面においてまったく同質であるにもかかわらず，外見の違いに基づく偏見によって投資量が異なり，その結果として生産性の格差が生じる均衡が存在する。

□5 偏見が差別を助長する可能性はアファーマティブ・アクションの理論的根拠となる。

EXERCISE ● 練習問題

5-1 身近にあるアドバース・セレクション問題にはどのようなものがあるか具体例をあげなさい。

5-2 次の文章のカッコ内を埋めなさい。

あるプレーヤーだけが知っている情報はそのプレーヤーの［　a　］情報と呼ばれる。また，（一部の）プレーヤーが利得構造を完全に知らないゲームは［　b　］ゲームと呼ばれる。

5-3 中古車市場の例を考える。優良中古車は買手には 100 万円，売手には 85 万円の価値がある。それに対し，欠陥中古車（レモン）は買手には 10 万円，売り手には 5 万円の価値があるとしよう。以下の設問に答えなさい。

(1) 買手も売手も中古車の品質がわかるとしよう。それぞれの品質の中古車が取引される価格を 1 つずつ求めなさい。

(2) 売手は品質を知っているが，買手は品質の区別はできず，ただ 4/5 の割合の中古車が優良車，1/5 の割合の中古車が欠陥車ということは知っている。このとき，生じるアドバース・セレクションについて説明しなさい。

5-4 第 3 節のレストラン探索のモデルで，2 期目に確率 q で地域 1 を，確率 $1-q$ で地域 2 を訪れるとしよう。このときに消費者が 1 期目にチェーン店を訪れるための条件を導出し，標準化の利益がどのように変化するか説明しなさい。

5-5 第 4 節のベイズ・ルールの数値例で実際の感染者の割合が 5% の場合の擬陽性の比率を求めなさい。実際の感染者の割合と擬陽性の確率にはどのような関係があるか説明しなさい。

5-6 あるカフェ・チェーンが市場調査を行った。すると，全人口のうち 40% の人がこのカフェに行ったことがあり，とくに女性に限ればその割合は 60% にのぼった。さて，いま街でこのカフェに行ったことがある人に出会ったとして，その人が女性である確率は何% か。ここで，全人口の女性の割合は 50% だとする。

5-7 第 5 節のモデルでは，従業員が投資をする均衡は r が小さいときにより存在しやすくなる。その理由を説明しなさい。

CHAPTER

第6章

シグナリング

隠された知識はどのように伝達するべきか？

STORY

●どうすれば信頼してもらえるだろう？

まだ小規模だがオープンしたカフェは好意的に受け入れられた。いろいろな顧客たちが思い思いに過ごし，自然な笑顔の店員たちが活気と居心地の良さを与えてくれる。思い描いていた光景そのものだ。そろそろ大規模なチェーン展開に向けた準備を開始できそうだ。

もちろん，無計画に出店を進めるわけにはいかない。出店計画は慎重に行わなければならないし，その戦略的なインパクトについても十分に考慮する必要がある。とくに重大な意味を持つのは出店のペースだ。少しずつ地道に店舗数を拡大していくのも1つの考え方だろう。ともにカフェ・ビジネスを立ち上げたパートナーたちは，リスクを避けて1店舗ずつ着実に拡大していくべきだという意見に傾いている。

しかし，あなたの考えは少し違う。最初の大規模投資は，ビジネスが市場で認知されるための絶好の機会だ。1店舗ずつ地道に拡大していては，市場の注目を集めることはできない。そもそも自分のビジネスが絶対に成功するというゆるぎない確信を持っている。店舗数を拡大することなどたいしたリスクだとは思っていない。ここは，早いうちから店舗数を大幅に増やして，チェーン店としての地位を一気に確立すべきだ。

チェーン店の出店計画に限らず，事業における初期投資の規模は経営者自身の意思を反映する。だからこそ，その後の事業の展開に大きな影響を与えることになる。一気に店舗数を拡大すれば，多額の出費が必要となる。だがそれは，他ならぬあなたが決断する出店計画だ。だからこそ，あなたが思い描くビジョンやビジネスへの自信を知らしめることができる。周囲の投資家や取引相手は，あなたの経営者としての情熱や才覚は知らない。だが，あなたが選ぶ出店計画からこうした情報を読み解くことができるはずだ。つまり出店計画は，あなたの中にある，周りからは見えない情報を伝達する道具となりうるわけだ。

このように出店計画のような観察可能な行動が，個人や企業の隠された特性を反映するとき，こうした行動はシグナリングと呼ばれる。シグナリングは，隠された知識による情報の非対称性がある環境で，情報を持つ側が主体的にその情報を伝達する手段となる。そして，その応用範囲はきわめて広い。本章ではシグナリングについて概観しよう。

第6章で考える問題

- 隠された知識はどのような手段によって伝達可能か。
- 企業はなぜ学歴を評価するのか。
- 無駄な出費を許容することの社会的な意義とは何か。
- 口頭でのコミュニケーションが機能するのはどのような状況か。

1 シグナリングとは

シグナリングによる情報伝達

新製品のゲームソフトをどれか購入しようとする際に「よくCMで見かけるからこれにしよう！」と選んでしまうことはないだろうか。採用人事で「合格が難しい大学の出身だからこの人にしよう」と考えてしまうことはないだろうか。

ゲームの作り手はその内容や面白さについて自覚があるだろう。採用の候補者たちも自分の資質についてある程度は客観的に判断できているだろう。だが，ゲームの購買者や人事担当者にはわからない隠された知識だ。けれども，もしCM や学歴に基づいた判断が正しいならば，それらは隠された知識の問題を解消してくれることになる。CM や学歴を通じて，ゲームや人材の質を知ることができるわけだ。

第5章の中古車市場の例では，「この車は品質が高いよ！」といった口頭でのコミュニケーションが機能しないことを説明した。高品質のタイプがどのような主張をしようとも，低品質のタイプもまったく同じ主張ができてしまうからだ。

こうした事実から，情報伝達について重要な教訓が得られる。それは信用されるように情報を伝達するには，**他のタイプが容易にまねができないことを実行する必要がある**ということだ。ここでカギとなるのは「実行の費用」だ。ゲームの面白さに自信があれば，費用をかけて大規模な広告キャンペーンを行っても回収できると判断する。合格が難しい大学に入学するには勉強の時間や塾代などの費用をかける必要があるが，自信があればその費用は負担する価値があると判断する。逆に考えると，そうした自信がなければ，広告キャンペーンは実行しないし，受験勉強も疎かになるはずだ。

広告キャンペーンも学歴も観察可能な**シグナル**だが，その背後には費用がある。そして，こうした費用を伴うシグナルを通じた情報伝達の試みは**シグナリング**と呼ばれる。以下では，2001 年にノーベル経済学賞を受賞したマイケル・スペンスに倣い，学歴と就職市場（とくに新卒採用市場）の例を用いてシグナリングについて説明しよう。

定義 6.1　シグナリング

観察可能な行動――シグナル――を実行する費用がタイプ間で異なるとき，費用格差を利用した情報（隠された知識）の伝達が可能だ。

就職市場のモデル

就職市場，とくに新卒市場では学歴は最も重要な情報の1つだ。人気企業に応募する際には，いわゆる偏差値ランキングが上位の大学出身ならば有利となるだろう。学歴偏重を否定する風潮はいつの時代にもあるし，学歴に偏りすぎた採用が好ましいとも思えない。だが，このような慣行が長期にわたって定着していることは否定しがたい事実だ。日本だけではない。アメリカ，アジア諸国，EU 諸国，どこにいってもキャリアを形成するうえで学歴は最重要の要素の1つだ。それはすなわち，採用する側にも学歴に着目し続ける理由があることを意味する。その1つがシグナリングだ。

シグナリングとしての学歴のアイデアを概観しよう。企業は労働者の採用を考えている。労働者の生産性（タイプ）は高いか（タイプH）か低いか（タイプL）のどちらかだとしよう。労働者のタイプが隠された知識ではなく企業もわかるならば，どちらの労働者もタイプを正しく評価される。だが，ここでは**労働者は自分のタイプを知っているが，企業は労働者のタイプを観察できない**としよう。つまり隠された知識だ。すると，採用する側は平均的に評価せざるをえなくなるが，その評価はタイプHにとっては不当に低い。そして，報酬も生産性の平均に基づいてしまうとタイプHにとってはやはり低すぎる。ならば，タイプHの労働者はたとえば起業に向かうかもしれない。すると，残るのはタイプLだけとなる。アドバース・セレクションだ。

学歴が観察できるならば？

ここで，学歴を考えてみよう。企業は労働者の生産性は観察できないが学歴はわかる（学歴詐称は考えないでおこう）。そして，（一定水準の）学歴を得るための費用は生産性に依存し，タイプHならばd_H，タイプLならばd_Lだとしよう。ここで，$d_H<d_L$を想定し，つまり，企業での生産性が高い労働者は教育を受ける費用も低い。また，学歴を得ない場合の費用はゼロとする。

企業は学歴を観察することで労働者のタイプを推測できる。そして，正しいかどうかはともかく，学歴がある労働者はタイプH，学歴がない労働者はタイプLだと評価するとしよう。そして，この評価に基づき，学歴があればw_Hの報酬，学歴がなければw_Lの報酬が決まるとする。もちろん，$w_H>w_L$だと考えるのが自然だ。ここでもし，企業の報酬を予想した労働者たちが，もしタイプHのときに学歴を取得し，タイプLのときに学歴を得ないならば，企業の予想は正しいものとなる。つまり，労働者の学歴取得の行動と企業の信念は整合的となり，学歴は企業に労働者のタイプを正確に伝えるシグナルとなる。

労働者がリスク中立的で「効用＝報酬－教育費用」だとしよう。労働者の問題は学歴を得ることで高い報酬を目指すか，学歴を得ないで低い報酬を許容す

るかだ。そして，タイプＨの労働者が学歴を得るインセンティブを持つのは，

$$w_H - d_H \geq w_L$$

が成立するときだ。また，タイプＬの労働者が学歴を得るインセンティブを持たないための条件は，

$$w_L \geq w_H - d_L$$

となる。まとめると，$d_L \geq w_H - w_L \geq d_H$ という関係が成立すれば，タイプＨには学歴があり，タイプＬには学歴がないという状態が実現し，**学歴を通じた労働者の評価は正しいものとなる**。

カギとなるのは学歴を得るための費用だ。報酬には $w_H - w_L$ の差額があるので，あらゆるタイプの労働者は学歴が欲しい。けれども，学歴を得る費用がこの差額を上回ってしまえばあきらめる。報酬の差額 $w_H - w_L$ がタイプＨにとっては学歴の費用よりも大きく，タイプＬにとっては学歴の費用 d_L よりも小さいとき，学歴は労働者のタイプという隠された知識を伝えるシグナルとなる。企業は学歴を利用して労働者のタイプを正しく推論できるわけだ。

企業の信念と労働者の選択の整合性にも注意しよう。企業は学歴がある労働者をタイプＨだと評価するからこそ，タイプＨの労働者は費用をかけて学歴を得る。その結果，企業の信念は正しい評価となる。

ただ，いくつかの疑問がある。一口に学歴といってもさまざまだ。高等学校という学歴，大学という学歴，大学での成績の詳細，ビジネス・スクールなどの専門大学院の学位など，どの水準の学歴がシグナルとして機能するのだろうか。また，学歴はいつもシグナルとして機能するのだろうか。こういった疑問に答えるために，より詳細なモデルを考えてみよう。

シグナルとしての学歴

これまでと同じく，労働者には生産性が高いタイプＨと生産性が低いタイプＬがいる。そして労働者のタイプは私的情報であり，隠された知識の問題がある。また，生産性が高いタイプＨの労働者の割合（つまり労働者がタイプＨである確率）を p としよう（$0<p<1$）。つまり，何も情報がない事前の状況では，企業は労働者を確率 p でタイプＨ，確率 $1-p$ でタイプＬだと想定し，この事

実は労働者もわかっている。

生産性の水準については，タイプHについては a_H，タイプLについては a_L だとしよう。ここで，$a_H > a_L$ を想定する。生産性の期待値 $\bar{a}$ は，

$$\bar{a} = pa_H + (1-p)a_L$$

であり，これが隠された知識のもとでの労働者の評価だ。もちろん，$a_H > \bar{a} > a_L$ となるので，平均的な評価はタイプHにとっては不当に低い。ここにアドバース・セレクション問題が生じる原因がある。

先ほどの例では，労働者が選べるのは学歴を得るか得ないかの二者択一だったが，ここでは労働者は労働市場に参入する前に学歴・教育の水準 e を選ぶとしよう。水準 e はゼロ以上であればどのような値でもよい。そして，学歴を得る費用は労働者の生産性に依存し，$d_i = e/a_i (i = H, L)$ だとしよう。よって，学歴の水準 e が等しく $e > 0$ ならば $e/a_H < e/a_L$ が成立し，生産性が高いタイプHの方が学歴を得る費用も低い。

企業は学歴を観察してから労働者を採用する。また，労働者が実現する収益は生産性に等しいとしよう。よって，生産性が a_i の労働者を採用し，報酬として w を支払うと企業の利益は，

$$\text{企業の利益} = a_i - w$$

となる。そして，労働市場は競争的であり，もし $a_i > w$ で企業の利益がプラスならば，労働者により高い報酬がオファーされるような状況を想定しよう。すると，企業は単純に労働者の生産性（の期待値）に等しい報酬を提示することになる。生産性が a_i だと確信していれば $w = a_i$ となり，事前の信念のみに基づけば $w = \bar{a}$ となる。

労働者の効用は報酬から学歴の費用を引いた大きさとなる。

$$\text{労働者の効用} = w - \frac{e}{a_i}$$

企業と労働者はともにリスク中立的だということに注意しよう。

時間は次のように流れていく。

第0期：労働者のタイプが実現する。

第1期：労働者は自分のタイプを観察したうえで学歴の水準を決定する。

第2期：企業は学歴を観察したうえで報酬を決定する。

いま考えている状況で特徴的なことは次の2点だ。

(1) **学歴を得るための限界費用は生産性が高いほど小さい**。同じ学歴ならば生産性が高い労働者の方が学歴取得の費用が低いことを説明したが，いえることはそれだけではない。学歴を1単位だけ増やす費用（限界費用）は $1/a_i$ となり，タイプHの方が，常にタイプLよりも低い。つまり学歴の水準をわずかに上げるときに，タイプHの方がより小さい費用でその目標を達成できる。

(2) **学歴は生産性に影響を与えない**。労働者がもたらす収益は生産性のみに依存し，学歴（教育水準）は生産性の観点からは無価値だと想定している。学歴や資格が生産性をさらに上昇させると考えること自体は自然だ。だが，シグナリングのアイデアは学歴の生産性への直接の効果がなくても成立する。アイデアを明確にするために直接の効果を捨象しよう。

企業は労働者のタイプを直接には観察できないが学歴を観察できるので，その情報を利用して事後の信念を形成することができる。では，どのような状況が実現するのだろう。その考察のために，第5章で説明した完全ベイズ均衡のアイデアを応用しよう。つまり，

(i) 企業が形成する事後の信念を予想して，労働者は学歴の水準を選ぶ（第1期）

(ii) 労働者が選んだ学歴の水準を観察して，企業は（ベイズ・ルールに従って）事後の信念を形成する（第2期）

(iii) 企業が実際に形成した事後の信念と労働者の予想とが一致する（全体の整合性）

という3つの条件が満たされる状況を考える。

条件(ii)で，企業が e の学歴水準を観察したときに形成する事後の信念を $\hat{p}(e)$ と表そう。つまり，

$$\hat{p}(e) = \text{学歴}\ e\ \text{を観察した企業が評価する，タイプHの確率}$$

と定義する。そして，労働者が得る報酬は生産性の期待値と等しいので，学歴水準が e ならば，

$$w(e)=\hat{p}(e)a_H+[1-\hat{p}(e)]a_L$$

となる。

いま考えているような企業と労働者の関係は動学的な不完備情報ゲームと呼ばれ，たいていは多くの均衡が存在する。そして就職市場のモデルにも無数の均衡が存在するが，とくに重要なのは，異なるタイプの労働者が異なる学歴水準を選ぶ均衡が存在する一方で，異なるタイプが同一水準の学歴を選ぶ均衡も存在するという事実だ。よって，「学歴によって労働者の生産性を知ることができるのか？」という問いに対する答えはイエスにもノーにもなりうる。これから，この2つの状況を区別して考え，それぞれの可能性について議論しよう。

分離均衡

もし異なるタイプの労働者が異なる学歴水準を選べば，それは自分のタイプに関する情報を伝達していることと同じだ。このように異なるタイプが異なるシグナルを選択し，シグナルを通じて情報が伝わるような均衡を**分離均衡**と呼ぶ。

定義6.2　分離均衡

シグナリングにおいて，異なるタイプが異なる水準のシグナル（学歴など）を選び，隠された知識が伝達される均衡は分離均衡と呼ばれる。

ここでは，とくにタイプHが$e=e_H>0$を，タイプLは$e=0$を第1期に選ぶような分離均衡を考えてみよう。そして，バックワード・インダクションの手法を利用して第2期からさかのぼって解いていこう。企業は第2期に学歴を観察し事後の信念を形成する。第1期での労働者の学歴の選択を想定すると，企業の事後の信念として次のものが考えられる。分離均衡では，学歴を観察した企業は労働者のタイプを確定させることに注意しておこう。

分離均衡での事後の信念

$$\hat{p}(e)=\begin{cases}1 & \text{if } e\geq e_H \\ 0 & \text{if } e_H>e\geq 0\end{cases} \tag{6.1}$$

均衡で実際に選ばれる学歴水準は $e=e_H$ と $e=0$ の2つのみであり，これらはベイズ・ルールが適用できる。分離均衡では，単純にタイプHのみが $e=e_H$ を選び，タイプLだけが $e=0$ を選ぶので，$\hat{p}(e_H)=1$ と $\hat{p}(0)=0$ が成立する。

一方，この2点以外の学歴が観察されたとしても，どちらのタイプも選ぶとは想定されていないので，事後の信念についてはベイズ・ルールを適用できない。このような均衡で選ばれることのない選択は**均衡経路外**と呼ばれ，そこでは信念に制限をかけることはできず，どんな値でもよくなってしまう。もちろん均衡経路外の信念が常識的で「もっともらしい信念」であればその方がよい。だが，非常識な信念であっても，完全ベイズ均衡の定義だけではこれを排除することはできない（これは完全ベイズ均衡の弱点だ）。この「もっともらしい信念」については後述しよう。ここではとりあえず「e が e_H 以上であればタイプH，それを下回ればタイプL」という（おそらく常識的な）信念を想定しよう。

労働者の報酬は生産性（の期待値）に等しいので，第2期で企業が選ぶ報酬は次のようになる。

$$\hat{w}(e)=\begin{cases} a_H & \text{if } e \geq e_H \\ a_L & \text{if } e_H > e \geq 0 \end{cases} \tag{6.2}$$

では第1期の労働者の問題を考えよう。労働者は e_H 以上の学歴を選べば $w(e)=a_H$ の報酬を，それを下回る学歴を選べば $w(e)=0$ の報酬を得ると想定する。そして，実際に，タイプHが $e=e_H$ を，タイプLが $e=0$ を選ぶなら，分離均衡が完成する。そのための条件を見てみよう。

まず，第2期の報酬 $w(e)$ を考えると，タイプHが e_H ではない学歴を選ぶとすれば，ありうる選択は $e=0$ だということがわかる。もし，e_H を上回る学歴でもタイプHだと信じてもらえ，やはり a_H の報酬を得るが，学歴に費用を余分に費やしたにもかかわらず報酬は増えない。タイプHだと伝えるためには $e=e_H$ で十分だ。また，e_H を下回る学歴だとタイプLと判断されて報酬も a_L となるが，結局はタイプLと評価されるならば学歴を得ることは意味がない。よって，e_H 以外で最も望ましい選択は $e=0$ となる。したがって，タイプHの労働者にとって，$e=0$ ではなく $e=e_H$ を選ぶことがインセンティブの意味で合理的である条件は，

$$a_H - \frac{e_H}{a_H} \geq a_L$$

となる。

同様に考えてみよう。タイプＬの労働者にとって，$e=0$ を選んで a_L の報酬を得ること以外で最も望ましい選択はタイプＨと評価される最低の学歴である e_H を選び，報酬 a_H を受け取ることだ。よって，タイプＬが $e=e_H$ ではなく $e=0$ を選ぶことがインセンティブの意味で合理的である条件は，

$$a_L \geq a_H - \frac{e_H}{a_L}$$

となる。

まとめると，タイプＨが $e=e_H$，タイプＬが $e=0$ を選び分離均衡が成立するための条件は次のようになる。

分離均衡が成立する学歴水準の条件

$$\frac{e_H}{a_H} \leq a_H - a_L \leq \frac{e_H}{a_L}$$

書き換えると，

$$a_L(a_H - a_L) \leq e_H \leq a_H(a_H - a_L) \tag{6.3}$$

この条件からわかることは e_H が低すぎず，また高すぎずということだ。タイプＬは $e=e_H$ を選びタイプＨのふりをすることができるが，この条件のもとでは，**そうすることの費用が割に合わない程度に高い**ため $e=0$ を選ぶ。よって，$e=e_H$ が生産性の高いことのシグナルとして機能する。また，e_H は高すぎてもいけない。タイプＨが選んでもよいと思う程度には低い必要がある。つまり，シグナルとして機能する学歴は，タイプＬがあきらめる程度には高く，タイプＨが選んでもよいと考える程度には低い。

分離均衡の条件である（6.3）式は不等式なので，この条件を満たす e_H の水準は無数に存在する。実際，$e_{\max} = a_H(a_H - a_L)$，そして $e_{\min} = a_L(a_H - a_L)$ とすると，$e_{\min} \leq e_H \leq e_{\max}$ を満たすすべての e_H は分離均衡となりうる。この状況を図 6.1 で示そう。

CHART 図6.1 分離均衡

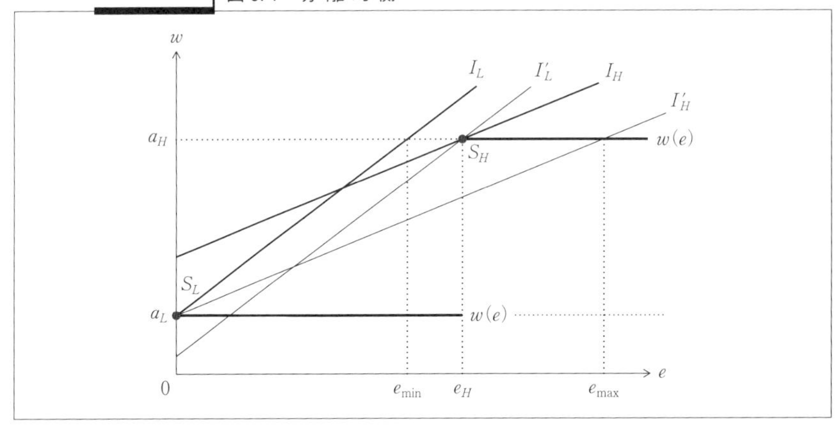

この図でI_Hの線はタイプHの無差別曲線だ。タイプHの効用を一定の水準$\bar{u}$に保つ学歴水準eと報酬wの組み合わせは$w-e/a_H=\bar{u}$なので，書き換えると$w=\bar{u}+e/a_H$となる。それを描いたものだ。同様にI_Lの線はタイプLについての無差別曲線で，$w=\bar{u}+e/a_L$を描いている（ここのモデルでは「曲線」ではなく「直線」になっているが気にしないでほしい）。

ここで，I_Hの傾き$1/a_H$はI_Lの傾き$1/a_L$よりも緩やかだということに注意しよう。追加的に学歴を1単位増やすと，それぞれ$1/a_H$と$1/a_L$の費用が余分にかかる（限界費用）。このとき，報酬も増加しないと労働者は無差別ではないが，**報酬の必要な増分＝無差別曲線の傾きは，より費用がかかるタイプLの方が大きくなる。**

そして，図6.1で左上に移動すると学歴水準が減少し報酬が増加するので，より左上の無差別曲線ほどより大きい効用に対応し，逆に右下ほど効用は小さい。また，太く書かれた線は（6.2）式で与えられる学歴水準eに対応した報酬$w(e)$だ。

図の中の点S_Lは$(e, w)=(0, a_L)$を表し，つまり分離均衡でタイプLが選ぶ点だ。また，点S_Hは$(e, w)=(e_H, a_H)$でタイプHが選ぶ点を表す。タイプLについては，S_Lを通る無差別曲線I_LはS_Hを通る無差別曲線I_L'の左上にある。つまりタイプLはS_Lの方が好ましい。また，タイプHについては，S_Hを通る無差別曲線I_HはS_Lを通る無差別曲線I_H'の左上にあり，タイプHはS_Hを好む。よって分離均衡が成立している。

CHART　図 6.2　最小費用分離均衡

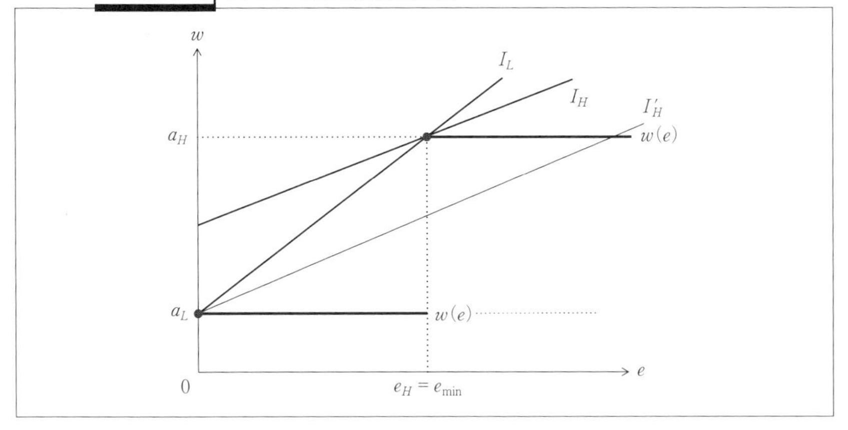

このような関係は図の $e_{\min}$ と $e_{\max}$ の間のあらゆる e_H について妥当する。たとえば，図 6.2 では $e_H = e_{\min} = a_L(a_H - a_L)$ が成り立っており，情報伝達に必要な学歴の水準が，タイプ L について学歴を獲得しないことと無差別な水準に設定されている。この均衡ではシグナルに必要な費用が最小化されていることから，とくに**最小費用分離均衡**と呼ぶ。これを下回るような学歴水準ならば，タイプ L も学歴を得ようとしてしまう。

分離均衡が存在するためには，**学歴（シグナル）を得る限界費用がタイプによって異なる**ことが決定的に重要だ。すでに**タイプ H の無差別曲線がタイプ L よりも緩やかになる**ことを説明した。すると，タイプ L とタイプ H の無差別曲線をそれぞれ 1 つずつ選ぶと，必ずどこか 1 点で交わる。この性質は，**単一交差性条件**と呼ばれ，シグナリングによる情報伝達のための重要な条件だ。

また，分離均衡として成立しうる学歴水準が無数にあることも重要だ。分離均衡は信念を伴うが，高タイプだと判断する企業の信念がどこになるかはわからない。だからこそ，能力のシグナルに必要な学歴は国や時代が異なればまた異なる。この点についてはあとで議論してみよう。

数値例　分離均衡

生産性が $a_H = 3$，$a_L = 1$，タイプ H の割合が $p = 0.5$ であるとしよう。信念が (6.1) で与えられるとき，タイプ H が $e = e_H$ を選び，タイプ L が $e = 0$ を選ぶ分離均衡が存在するための条件は，

$$\frac{e_H}{1} \geq 3-1 \geq \frac{e_H}{3} \quad \Leftrightarrow \quad 6 \geq e_H \geq 2$$

となる。これより，e_H が中間的な領域にあるときに分離均衡が存在することがわかる。また，最小費用分離均衡は $e_H=2$ だ。

一括均衡

分離均衡では異なるタイプが異なる学歴を選ぶので学歴は情報を伝達するシグナルとして機能する。だが，両方のタイプが同じ学歴水準を選ぶなら，企業は労働者の生産性に関する有益な情報を得られない。このようにタイプにかかわらず同一水準の学歴が選ばれる均衡は**一括均衡**と呼ばれる。

定義6.3 一括均衡

シグナリングにおいて，異なるタイプが同一水準のシグナルを選び，隠された知識が伝達されない均衡は一括均衡と呼ばれる。

労働者が自分のタイプにかかわらず，第1期に $e=e_P$ という学歴水準を選択するとしよう。そして，この場合の第2期に企業が形成する事後の信念が以下によって与えられるとする。

一括均衡での事後の信念

$$\hat{p}(e) = \begin{cases} p & \text{if } e \geq e_P \\ 0 & \text{if } e_P > e \geq 0 \end{cases} \tag{6.4}$$

一括均衡では実際に選ばれる学歴水準は $e=e_P$ のみで，ベイズ・ルールはこの1点でのみ適用される。どちらのタイプの労働者も同じ学歴を選ぶので信念は更新されず，事前と同じく，p の確率でタイプHだと評価される。また，均衡経路外の信念については，e_P を上回る学歴についてはタイプHの確率が p，e_P を下回れば確実にタイプLだと判断するとしよう。よって，労働者は $e \geq e_P$ を選べば生産性の事前の期待値に等しい $w(e)=\bar{a}$ の報酬を，$e_P>e$ を選べば $w(e)=a_L$ の報酬を受け取る。このとき，一括均衡は $(e, w)=(e_P, \bar{a})$ で特徴づけられる。

一括均衡の存在を示すには，それぞれのタイプに $e=e_P$ 以外の学歴を選ぶインセンティブがないことを示せばよい。そして，もし $e=e_P$ 以外の学歴を労働者が選ぶとすれば，それは $e=0$ だ。まず，$e>e_P$ を選んでも報酬はそのままで費用が増えるだけなので選ぶ理由がない。また，$e<e_P$ を選ぶと報酬は a_L となるが費用も下がる。その中で最も学歴の費用が低いのは $e=0$ だからだ。

つまり，労働者にとっては $e=e_P$ を選んで $w(e_P)=\bar{a}$ の報酬を得るか，$e=0$ を選んで $w(0)=a_L$ の報酬を得るかが問題だ。よって，それぞれのタイプ i について，

$$\bar{a}-\frac{e_P}{a_i}\geq a_L$$

が成り立つと，どちらのタイプも $e=e_P$ を選び一括均衡が成立する。費用を比較すると $e_P/a_L>e_P/a_H$ なので，タイプLの方が $e=0$ を選ぶインセンティブが強い。したがって，$e=e_P$ が一括均衡となるための条件は次のようになる。

一括均衡が成立する学歴水準の条件

$$\bar{a}-a_L\geq\frac{e_P}{a_L}$$

書き換えると，

$$a_L(\bar{a}-a_L)\geq e_P \tag{6.5}$$

分離均衡と同様に一括均衡も無数に存在する。図6.3に一括均衡の一例を示そう。この図では一括均衡の $(e, w)=(e_P, \bar{a})$ を通る無差別曲線 I_L と I_H と比べると，$(e, w)=(0, a_L)$ を通る I'_L や I'_H はそれぞれ右下にあり効用水準は低い。よってどちらのタイプも $e=e_P$ を選ぶことがわかる。

一括均衡が成立すると，費用がかかるにもかかわらず，学歴は情報を伝達する機能を持たない。学歴は生産性には影響しないので，社会的にはロスしか発生しないことになる。

CHART 図 6.3 一括均衡

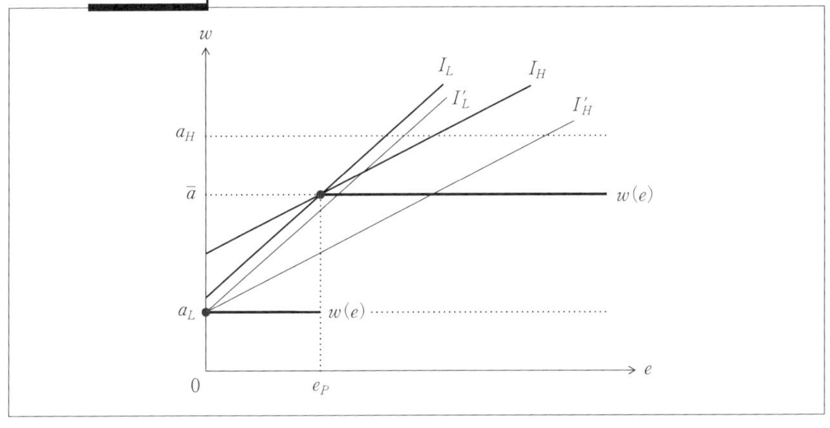

数値例　一括均衡

分離均衡の数値例と同じケースを考える。一括均衡で得られる報酬は $\bar{a}=0.5\times3+0.5\times1=2$ だ。信念が（6.4）式で与えられるとき，一括均衡が存在するための条件は，

$$2-1=1\geq e_P$$

となり，e_P が十分に小さいときに一括均衡が存在することがわかる。

均衡の精緻化——直感的基準

いま考察した就職市場のモデルには無数の均衡が存在する。その原因は，完全ベイズ均衡の定義からは，均衡経路外の選択（均衡では選ばれないはずの行動）について事後の信念を特定できず，高い自由度で均衡を構築することができるからだ。たとえば，図 6.3 で示した一括均衡では，$e=e_P$ を上回る**どれだけ高い学歴を選択しても得られる報酬に変化がない**ことが，均衡を構築するうえで重要な役割を果たす。けれども，費用がよりかかるタイプ L には均衡を逸脱してでも高い学歴を選ぶ合理的な理由はないため，よく考えてみるとこうした信念は少し不自然だ。

事後の信念に対して（ベイズ・ルール以外の）制約を加えることで不自然な信念を排除できれば，均衡を減らすことができるかもしれない。一般にこうした試みは**均衡の精緻化**と呼ばれる。均衡の精緻化にはさまざまなアプローチがあるが，なかでもシグナリングの枠組みでよく知られる**直感的基準**について概観

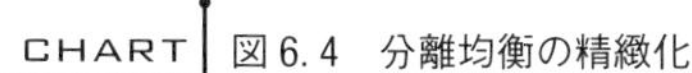

図 6.4　分離均衡の精緻化

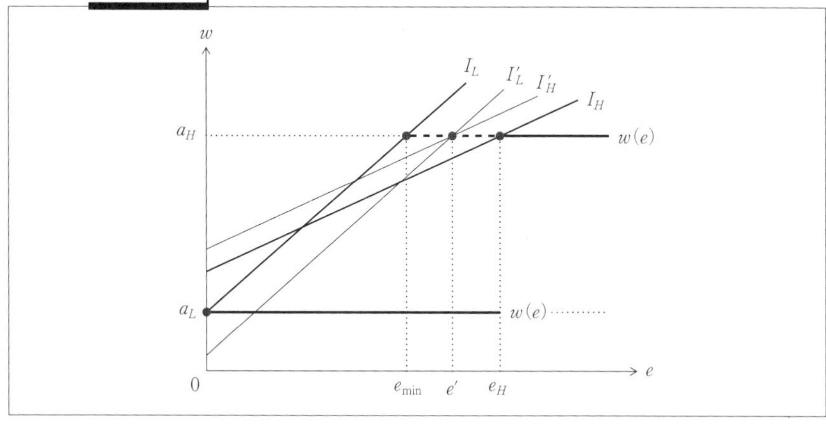

しよう。

最初に図 6.1 の分離均衡を再検討しよう。この均衡でなぜタイプ H が $e=e_H$ を選ぶかといえば，それは学歴の水準が少しでも e_H を下回ると，とたんにタイプ L だと評価されるからだ。だが，こうした信念は妥当だろうか。ここで重要なのは，果たしてタイプ L がわざわざ費用をかけて e_H に近い水準を選ぶインセンティブがあるかという点だ。

図 6.4 の $e_{\min}$ はすでに説明した最小費用分離均衡に相当する学歴水準だ。また，e_H という水準で分離均衡が成立しているとしよう。I_L の無差別曲線に描かれるように，タイプ L にとっては（均衡戦略どおりに行動して）$(e, w)=(0, a_L)$ を選ぶことと，$(e, w)=(e_{\min}, a_H)$ が無差別だ。そして，このモデルで考えられる最高の報酬は a_H なので，どのような信念が与えられても，タイプ L が $e_{\min}$ を超えた学歴 e' を選ぶことで，均衡で得られる効用を上回ることはない。実際，I_L' は I_L の右下に位置している。このような状況で，$e'>e_{\min}$ という選択は，タイプ L にとって**均衡支配**されるという。

この理屈を前提とすると，仮に，均衡では選ばれないはずの $e'>e_{\min}$ が観察されても，選んだのは均衡支配されるタイプ L ではありえないと推測できる。つまり，$e'>e_{\min}$ という学歴水準については $\hat{p}(e')=1$ と考えるのが妥当だ。しかし，もし $e'>e_{\min}$ について $\hat{p}(e')=1$ ならば，タイプ H は $e_{\min}<e'<e_H$ の範囲の学歴 e' を選ぶことで，現在の均衡での効用を改善できる。実際，図 6.4 の I_H' は I_H の左上に位置することに注意しよう。均衡支配による信念への制約

CHART 図 6.5 一括均衡の精緻化

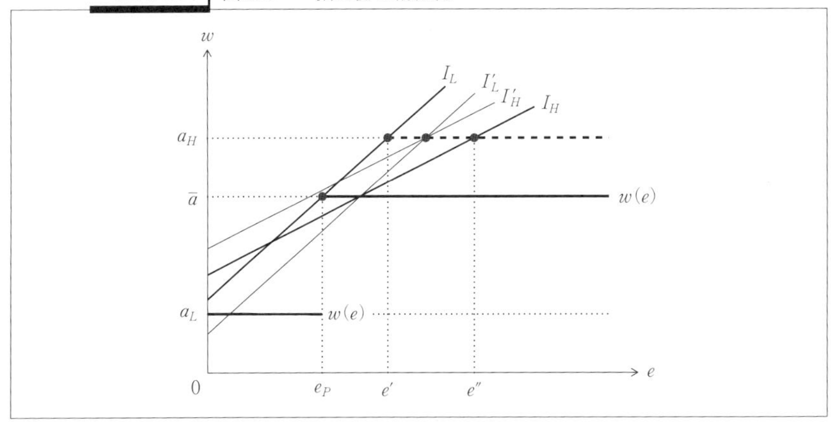

をおくことで均衡とは異なる学歴水準を選ぶインセンティブを持つタイプが存在するなら，このような均衡は直感的基準を満たさないという。図 6.4 から明らかなように，直感的基準を適用することで，$e_H > e_{\min} = a_L(a_H - a_L)$ であるような分離均衡をすべて排除でき，残るのは最小費用分離均衡のみとなる。

図 6.3 に示される一括均衡についても同様の議論ができる。タイプ H がなぜ e_P を超えて学歴を得ないのかというと，そうすることの追加的な見返りがないからだ。しかし，上での議論と同様に，タイプ L が選ぶ理由がない程度に高い水準の学歴を選べば，企業はそれを選んだのはタイプ L ではないと考えるのが自然だろう。図 6.5 の $(e, w) = (e', a_H)$ という点を見てほしい。タイプ L にとっては（均衡戦略どおりに行動して）$(e, w) = (e_P, \bar{a})$ を選ぶことと，図の I_L にあるように $(e, w) = (e', a_H)$ が無差別だ。やはり a_H はここで得られる最高の報酬なので，この e' を超えた学歴水準を選んでも，均衡での効用を改善することはできない。つまり，$e > e'$ という選択はタイプ L にとって均衡支配されている。図で e' を通る無差別曲線 I_L' が I_L の右下にあることを確認しよう。

すると，企業は仮に予想に反して $e > e'$ という学歴を観察しても，選んだのはタイプ L ではないと判断するのが妥当だ。つまり $e > e'$ について $\hat{p}(e) = 1$ が適切だ。しかし，$e > e'$ を選択することで生産性が高いことを証明できるなら，タイプ H は $e' < e < e''$ のどこかの e を選ぶインセンティブを持つだろう。たとえば，図の I_H' が通る水準の e を選べば，一括均衡での効用水準 I_H の左上にあ

る。よってこの一括均衡は直感的基準を満たさないことがわかる。

この議論は任意の一括均衡に適用できる。つまり，どのような一括均衡についても，このようなタイプHだけが選ぶだろう $e'<e<e''$ を見つけることができ，結果として，直感的基準を適用することで，すべての一括均衡を排除できる。どちらのタイプも同じ学歴を得るような一括均衡は，タイプHの労働者によるタイプLにはできないような大きな逸脱によって崩されてしまうわけだ。

直感的基準はタイプの数が増えると必ずしも機能するわけではないが，ここで見たようなタイプが2つしかない就職市場のモデルでは，最小費用分離均衡が直感的基準を満たす唯一の均衡となることを示すことができる。

さまざまなシグナリング

資源の浪費による情報伝達

就職市場モデルで学歴は生産性に何も影響を与えないので単なる資源の浪費だ。しかし，隠された知識による情報の非対称性が存在する戦略的な環境では，資源の浪費が効果的な，そしてときにはシグナルとして唯一の情報伝達手段となる。

資源の浪費によるシグナルを利用した情報の伝達は，社会におけるさまざまな局面で観察される（表6.1)。たとえば，プロポーズでは男性は女性に婚約指輪を贈るが，（語弊があることを承知でいえば）これは資源の浪費による情報伝達の一例だ。指輪自体の価値をどう捉えるかは個人差があるだろうが，多くの人にとって，その値段は指輪の機能的価値をはるかに上回る（そうでなければわれわれはもっと日常的に指輪を購入するはずだ)。指輪を購入することは，お金を捨てるほどに無駄なことではないかもしれないが，多くの人にとってはそれでも資源の浪費の面がある。

仮に指輪を買うことが資源の浪費だとすると，こうした習慣の意義はどこにあるのだろうか。それは，高価な指輪を贈るという事実が，結婚生活や相手に対するコミットメント（愛情）の強さのシグナルとなるからだ。結婚生活にあまり意義を見出していない，もしくは真剣に相手を思っていないならば，大きな費用をかけてまで結婚をしようとは思わないはずだ。そうであれば，結婚に

CHART 表 6.1 シグナリングの例

状況	シグナル	伝達される情報
就職市場	学　歴	学習能力，生産性，忍耐力
消費者販売	保　証	品　質
企業間取引	出店規模	ビジネスモデルに対する自信
スタートアップ企業	オフィスの立地	ビジネスモデルに対する自信
レストラン	店構え	味に対する自信
富裕層	服装や車	自分が富裕であること
婚　約	婚約指輪	愛　情
人間関係	年賀状や贈り物	感謝の気持ち
宗　教	修　行	信仰心

対して真摯（しんし）に考えている男性諸氏は，高価な指輪を贈ることでコミットメントの程度を証明できる。もちろん，この証明は必ずしも指輪の購入である必要はない。結婚式や披露宴を面倒だと思う人も多いが，それであれば，逆に盛大な式をあげることは結婚相手への有効なシグナルとして機能する。一方で，新婚旅行にお金をかけたとしても，旅行好きならばシグナルとしての機能は逆に弱まる。コミットメントの強さという隠された知識を伝達するためには，資源の浪費に近いほど効果的だ。

ビジネスにおいて取引相手の信頼を勝ち取りたければ，一等地に立派なオフィスを構えればよい。自分の製品に自信がなかったり，ましてや取引相手をだまして逃げようと考えている悪質な業者であれば，そのような費用をかけることはできないはずだ。また，高価な貴金属を露天商から買う人は少ない。品質の評価について専門的な知識が必要な場合は，一等地に店を構えるブランド店で買う方が安全なことをわれわれは経験的に知っている。一等地の豪華なオフィスや店舗は見栄や虚栄心のためだけに存在するわけではない。それ自体が継続的にビジネスを行う意思または能力のシグナルであり，結果として取引相手としての信頼を生み出すのだ。

日常生活においても，費用をかけていることを目に見えるシグナルとして示すことが情報伝達の方法として有効だ。就職活動では手書きでの履歴書を推奨されることが多いが，これは企業に対する熱意のシグナルとなるからだ。適切な場面で適切なふるまいをするには，それなりの費用がかかる。お洒落やマナ

Column ❻-1 動物界のシグナリング

費用をかけることで情報を伝達するシグナリングはわれわれの身近にもよくあるが，この原理によって説明される現象は人間社会以外でも広く観察される。

アフリカの草原地帯に生息するガゼルは，天敵が近くにいると察知するとその場で高く飛び跳ねる，ストッティングと呼ばれる習性を持つことで知られる。なぜ，ガゼルはこのような不可解な行動をとるのだろうか。古くは，仲間に対して危険を知らせる利他的な行動であると解釈されていた。けれども，ただ高く飛び跳ねるというのは仲間への情報伝達の手段としてはあまりに非効率的だ。自らの生命をリスクにさらす価値があるのか大いに疑問だ。

一方で，利己的なシグナリングの動機に基づくと考えればどうだろう。つまり，高く飛び跳ねることは自分の健康状態や身体能力のシグナルであり，ストッティングによって，天敵に対して自分を追いかけても徒労に終わる可能性が高いことを示しているという解釈だ。こうなると話はまったく逆転する。ストッティングは仲間に対してではなく天敵に対する情報伝達というわけだ。

同様の原理はクジャクの羽にもある。繁殖期のオスにのみ生えるクジャクの羽は，見た目は立派で華やかだが，実際の機能を持たない無用の長物だ。そればかりか，大きく立派な羽は捕食者に発見されるリスクを増大させ，また動きを制限するという余計な費用をもたらす。では，なぜクジャクが無駄にも見える羽を持つのかというと，これもシグナリングの観点から理解できる。大きな羽の存在は一種のハンディキャップであり，それを背負いながらも生存しているということが，健康状態や個体としての優秀さのシグナルとなっているわけだ。クジャクの羽は機能的な観点からはまったくの無駄だが，その無駄を許容できるだけの余裕が重要ということだ。これは人間社会にも通ずる原則といえよう。

ーといった慣習も自分の嗜好や社会的地位のシグナルとして機能する。大切な恋人や友人への贈り物は，質が低くなったとしても既製品より手作りの方が望ましい。時間や手間暇という費用がかかるからだ。

これらは，表面的な結果だけを見ると，無駄な労力に見えるかもしれない。だが，情報の非対称性が支配する世界では，こうした無駄が隠された知識の伝達手段として機能する。年賀状という習慣もシグナリングの一種と考えられるが，徐々に見られなくなっている。印刷ソフトやプリンタの普及により年賀状作成の費用が格段に低下したこととまったく無縁ではないだろう。

信念と社会規範

シグナリングを理解するうえで重要なのは信念の役割だ。第5章でも述べたように，信念とは「こういうタイプの人や企業はこういう行動を選ぶ可能性が高いはずだ」という社会で共有される規範の数学的な表現方法と解釈できる。だが規範の候補はたくさんある。資源の浪費が重要ならば，オフィスの立地や指輪でなくても原理的にはよいはずだ（少なくとも日本で婚約指輪の習慣が定着したのは昭和30～40年代のことだ）。しかし，浪費ならば何でもよいとしても，現実にそれがシグナルとして機能するかはまた別の話だ。規範として正当化されるためには，現実の社会でその規範と整合的な行動が実際に選ばれる必要がある。

就職市場のモデルでは信念の与え方に相当な自由度があったことを思い出してほしい。学歴が情報を伝えるシグナルとして機能する分離均衡の背景には，「生産性の高い人は高学歴の可能性が高いはずだ」という規範が存在する。だが，何をもって高学歴とするかは曖昧だ。だからこそ，分離均衡となりうる学歴水準は無数にあり，それらは信念とともにシグナルとして機能したりしなかったりする。実際，シグナルとして機能する学歴は国によっても時代によっても異なる。たとえば，日本では多くの場合は偏差値の高い大学に入学したという事実（＝受験競争での成功）を高学歴と考えるが，アメリカでは大学での成績も重視する。

また，学歴が重要なのは，社会の構成員の多くが学歴は重要だと信じており，それと整合する行動を実際に選ぶからだ。企業が学歴を評価するからこそ受験生は費用をかけて努力するし，だからこそ企業はそれを評価する。一方で，もし誰も学歴に価値を見出さなければ，学歴と生産性の実質的な関係は失われ，学歴が追加的な情報を何も伝達しない社会が実現する。一括均衡はこうした状況を表現している。ただし，単に「平均的である」ことだけを示すために，あらゆる人が費用をかけてでも守るべきルールはある。葬儀での喪服は一括均衡の一例だろう。

このことは，シグナルの効果は，最終的には社会で共有される規範によって決まることを意味する。潜在的に利用可能なシグナルはこの世の中に無数に存在するが，実際に情報を伝達できるシグナルはごく一握りだ。プロポーズでサプライズを狙って奇抜な方法で資源を浪費しても，それがどのようなメッセージを相手に送ることになるのかは定かではない。均衡経路外の行動にどのように信念を与えるかは，単純にベイズ・ルールが適用できないという分析上の問題ではない。現実に規範から逸脱した行動を選ぶと何が起こるのかが予測できないのだ。もちろん，現実の社会でもときに常識はずれな行動をとる者が新しい規範を生み出すこともある。だが，常にうまくいくわけではない。確かにさまざまな形で愛情を示そうとトライしたくなるが，結婚へのコミットメントを示すのであれば素直に指輪を贈るのが無難だ。

定義 6.4　規範としてのシグナリング

情報伝達のシグナルの候補はたくさんある。どれが社会で共有される規範となるかは，社会の信念によって決まる。

3 チープトーク

シグナリングは情報伝達の手段として費用を伴う行動に焦点を当てる。けれども日常のコミュニケーションでは，むしろ費用を伴わない口頭での情報伝達の方が多いだろう。友人同士での会話，家庭内での会話などを想像してみてほしい。その中には，意中の異性や将来の進路など，隠された知識についてのコミュニケーションも少なくないはずだ。では，そこに信憑性（しんぴょうせい）はあるのだろうか。家を留守にしていた親が子どもに「今日勉強した？」と尋ねたときに，子どもが「ずっと机に向かっていたよ」と答えたとしよう。このやりとりの中にどれだけの真実があるのだろうか。

企業の中にも同じ問題がある。経営者が新しい店舗を開く際に，店長と店舗の規模について話し合うような状況を考えよう。店長はその地域の事情に詳しく，どれくらいの需要が見込めるかだいたいわかっているが，それを裏付けるような証拠は持っておらず，純粋に口頭でのコミュニケーションで情報を伝達しなければならない。

シグナリングが情報を正しく伝達する背後には費用があった。だが，口頭のコミュニケーションには費用がかからない。こうした，費用がかからない手段による情報伝達は**チープトーク**と呼ばれる。では，チープトークにより隠された知識に関する情報はうまく伝わるのだろうか。

もし経営者と店長の利害が完全に一致していれば，たいした問題は起こらない。たとえば，店長も経営者も単純に店舗の利益最大化だけを考えているならば，店長は利益を最大にする規模を正直に申告すればよいし，経営者もその信憑性を疑う理由はない。口頭でのコミュニケーションで正確に情報が伝達できるはずだ。

けれども，経営者と店長の間で望ましいと考える店の規模が異なる場合は様相が異なってくる。たとえば，経営者は利益最大化だけに関心があるが，店長はより大きな店を運営することで，自分の能力を経営者にアピールしたいと考えているとしよう。つまり，情報を持つ店長が，経営者にとっての最適な規模よりも少しだけ店を大きくしたい思っているような状況だ。こうした環境で，店長はどのように自分の持つ情報を開示すべきだろうか。そして，経営者はその情報をどのように解釈すべきだろうか。

定義 6.5　チープトーク

口頭でのコミュニケーションなど，費用を伴わない情報伝達のことをチープトークと呼ぶ。情報の信憑性は，情報をやりとりする主体間の利害の一致がカギとなる。

店長は利益を最大化する規模よりも大きな店舗規模を進言するインセンティブがあるはずだ。しかし，経営者は最適な店舗規模こそは知らないものの，店長がより大きな店舗に誘導したいと考えていることは知っている。すると，店長がどのような規模を進言したとしても，おそらくその進言は少しだけ割り引いて聞くはずだ。だが，そうだとすると，店長は自分にとって最適な規模を達成するために，さらに誇張する必要がある。果たしてこのような状況で情報は伝わるのだろうか。以下ではこの問題を考えよう。

最適な店舗規模の決定

最適な店舗の規模について私的情報を持つ店長と，その情報をもとに店舗の規模を決定する経営者とのあいだの情報伝達を考える。利益を最大化する店舗

CHART 図 6.6　経営者と店長の効用

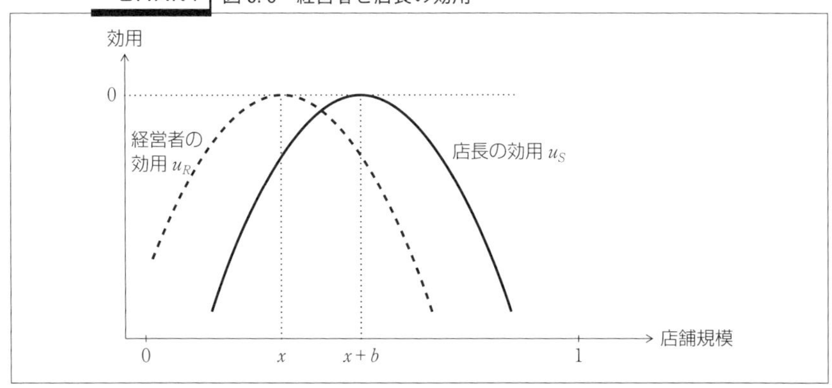

規模を x で表し，これが0と1のあいだを一様に分布しているとしよう。店長は観察した x によって特徴づけることができるので，この x を単純に店長のタイプと呼ぶ。タイプは店長の私的情報であり，隠された知識の非対称情報が存在する。

店長は x の実現値を観察したのちに，店舗の適切な規模についての情報（メッセージ）$m=m(x)$ を経営者に送る。経営者はメッセージ m を受け取ったのちに店舗の規模（行動）$a=a(m)$ を決定する。このメッセージは，シグナリングとは異なり，何をいっても店長には費用がかからない。つまりチープトークだ。

情報の送り手（センダー）である店長の効用を u_S，受け手（レシーバー）である経営者の効用を u_R とし，それらについて次の関係を想定しよう。

$$u_S=-(a-(x+b))^2,\quad u_R=-(a-x)^2$$

図 6.6 を見てほしい。x が決まると，経営者にとって最適な規模は x だが，店長にとっての最適な規模は $x+b$ となる。最適な規模での効用がちょうどゼロだ。そして，実際の規模 a がこれらの最適規模から離れると効用はマイナスとなり，離れれば離れるほど，経営者も店長もより大きな損失を被る。ここで b は店長が大きめの店舗を好むバイアスを反映しており，両者の利害のずれを表している。

この設定では，経営者と店長の好みが「少しだけずれている」ことが重要な意味を持つ。たとえば，シグナリングとしての学歴の分析では，企業は労働者の生産性を知りたいが，生産性が低い労働者はいつもそれを明らかにはしたくなかった。利害は完全に対立している。一方，チープトークの設定では，xが大きいならば，どちらも店舗をより大きくしたいと考えている。その意味で，両者の利害は完全ではないものの一致しており，チープトークでの有益な情報の伝達が可能となる。

バブリング均衡

チープトークについて最初に確認すべき重要な性質は，**情報がまったく伝わらない均衡が常に存在する**という事実だ。これはもしかすると意外に思うかもしれないが，背後の理屈はきわめて単純だ。情報の受け手である経営者が，送り手である店長からのメッセージはいつも無意味だと考えているとしよう。メッセージは無意味だと考えているので，行動を選択する際に，経営者はメッセージを完全に無視する。すると店長は，何をいっても結局は聞いてもらえないので，どんなメッセージ送っても結局は同じだ。よって，店長はタイプxに依存しないメッセージを送り，経営者は店長からのメッセージを常に無視するというの組み合わせは完全ベイズ均衡を構成する。

こうした均衡はシグナリングでの一括均衡に相当する。店長はxの実現値とは無関係にメッセージを伝えるので，そこから有益な情報を引き出すことはできない。チープトークのモデルでは，こうした情報がいっさい伝達されない均衡をとくに**バブリング均衡**と呼ぶ（無駄口均衡と訳されることもある）。

完全分離均衡

異なるタイプの店長が常に異なるメッセージを送るなら，メッセージから店長のタイプを完全に知ることができる。たとえば，店長が常にある定数zだけ誇張したメッセージを送るならば，$m(x)=x+z$なので，タイプが異なればメッセージも異なる。

バブリング均衡が常に存在することは簡単に示すことができるが，すべてのタイプが異なるメッセージを送る均衡が存在しないことも同様に自明だ。たとえば，$m(x)=x+b$というメッセージを考えよう。つまり，店長が自分の希望をそのまま伝えるメッセージだ。

果たしてこれはメッセージの賢い送り方だろうか。このようなメッセージを想定すると，経営者は当然ながら店長のメッセージを割り引いて解釈する。このメッセージを送られた経営者は $a(m)=m-b$ の店舗規模を選ぶことになる。ところが，この店舗規模は店長にとっては小さすぎる。よって，経営者がメッセージを b だけ割り引くなら，店長はさらに高いメッセージ $m(x)=x+2b$ を送ろうとするだろう。したがって，$m(x)=x+b$ は均衡とはなりえない。もし異なるタイプの店長が異なるメッセージを送るなら，同様の議論が成立してしまう。

すべての情報が失われることなく伝達される状態を**完全分離均衡**と呼ぶが，チープトークでは（バイアス b が厳密に正である限り）完全分離均衡は存在しない。

分割均衡

では，どうすればチープトークで情報が伝達できるだろう。ここで，経営者と店長が不完全ながらも利害を共有することを思い返してほしい。たとえば，バイアスが $b=0.1$ でタイプが $x=0.8$ だとしよう。このとき，経営者にとって望ましい店舗規模は0.8で，店長にとって望ましい規模は0.9だ。すると，そのあいだで適当に折り合いがつけられれば，それは経営者が情報も持たずに事前の信念のみで規模を選ぶ（たとえば $a=0.5$）より，双方にとって望ましいはずだ。

店長は x を完全に伝達することはできないが，それでも x が「比較的大きい」ことは伝達したいと思っている。一方で，経営者は何も情報がない状況よりも，せめて x が「大きめ」か「小さめ」かくらいは知りたい。すると，店長が情報の正確性をぼかすことができれば，双方にとって有益なコミュニケーションが可能かもしれない。

ここで，次のようなメッセージの送り方を考えてみよう。まず境界の値（閾値と呼ばれる）t を考える。そして，店長は実現した x が t より大きい（$1 \geq x \geq t$，x が大きめ）か小さい（$t > x \geq 0$，x が小さめ）かだけをメッセージとして伝える。そしてその情報を信じるならば，x が大きめというメッセージの場合は，本当の x は t と1のあいだを一様に分布するので，期待値はちょうど中間の $(1+t)/2$ となり，経営者は $(1+t)/2$ の規模を選ぶ。一方で，x が小さめというメッセージの場合は，本当の x は0と t のあいだを一様に分布するので，経営者はその中間の値の $t/2$ を選ぶ。つまり，店長が「t より大きい」と伝えれば経営者は$a_L \equiv (1+t)/2$を選ぶ（添え字のLはlargeを意味する。）また，「tより小さい」と伝えれば$a_S \equiv t/2$を選ぶ（Sはsmallを意味する)。

店長のこのようなメッセージが均衡となるためには，この閾値tで，店長にとって2つのメッセージが無差別となる必要がある。店長の効用は，経営者が選んだ店舗規模と店長にとって最適な規模の差にのみ依存するので，この差が等しいことが閾値tが満たす条件となる。もし，本当のタイプがtならば，店長にとって最適な規模は$t+b$なので，閾値tは次の条件を満たす。

メッセージの境界を決める条件

$$\underbrace{t+b-\frac{t}{2}}_{\text{店長にとって最適な規模と}a_S\text{の差}} = \underbrace{\frac{1+t}{2}-(t+b)}_{\text{店長にとって最適な規模と}a_L\text{の差}}$$

これは言い換えると，タイプがtの店長にとって最適な規模$t+b$がa_Sとa_Lのちょうど中間に位置することだ。つまり，

$$\underbrace{\frac{1}{2}\left(\frac{t}{2}+\frac{1+t}{2}\right)}_{a_S\text{と}a_L\text{の中間点}} = \underbrace{t+b}_{\text{店長にとって最適な規模}}$$

と書くこともできる。これをtについて解くと，

$$t=\frac{1-4b}{2} \tag{6.6}$$

が得られ，これより店長のバイアスbがそれほど大きくなく，1/4より小さければ正の閾値が存在する。閾値tがこの値で与えられるとき，$x<t$ならば「tより小さい」とメッセージを送るインセンティブを持ち，$x \geq t$ならば「tより大きい」とメッセージを送るインセンティブを持つ。これはある種の分離均衡であるが，とくに**分割均衡**と呼ぼう。いま考察しているチープトークのモデルでは，分割均衡以外の均衡は存在しないことが知られている。

数値例　分割均衡

ここでは$b=1/8$として分割均衡を求めてみよう。(6.6) 式より，均衡での閾値tは，

$$t=\frac{1-4\times(1/8)}{2}=\frac{1}{4}$$

と求めることができる。それではちょうど閾値にいる$x=1/4$のタイプのインセンティブを確認しよう。このタイプにとっての最適な規模は$1/4+1/8=3/8$だ。もし,「1/4より小さい」と主張すれば,経営者は0と1/4のちょうど中間の$a=1/8$を選択し,店長の効用は,

$$-\left(\frac{1}{8}-\frac{3}{8}\right)^2=-\frac{1}{16}$$

となる。

一方で,「1/4より大きい」と主張すれば,経営者は1/4と1のちょうど中間の$a=5/8$を選択し,店長の効用は,

$$-\left(\frac{5}{8}-\frac{3}{8}\right)^2=-\frac{1}{16}$$

となる。これより,この$x=1/4$のタイプにとってはどちらのメッセージも無差別となることが確認できる。

この状況を下の図で確認しよう。真のタイプがたまたま$x=1/4$だとすると,経営者にとって最適な規模は1/4だが,店長にとって最適な規模は$1/4+1/8=3/8$となる。このとき,店長が「大きめ」といえば$a_L=5/8$が,「小さめ」といえば$a_S=1/8$が選ばれるが,店長にとって最適な規模3/8はちょうど2つの点の中間に位置しており,どちらのメッセージも無差別となっている。

図　分割均衡

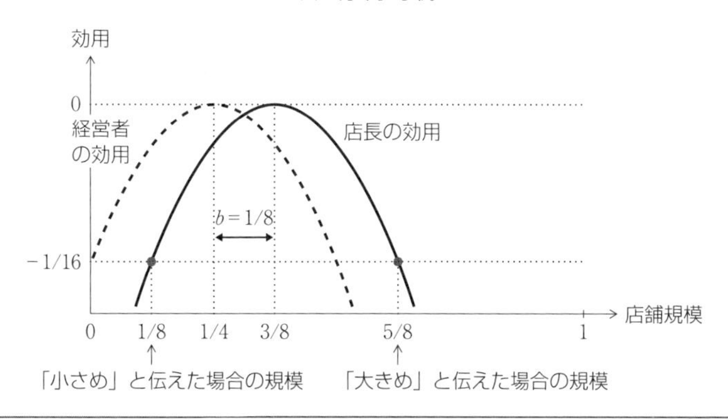

伝達できる情報の量

もう少し一般的な分析をしてみよう。これまでの分析では,「大きめ」か

「小さめ」かという二択の状況を考えた。より一般的には，$t_0=0$，$t_N=1$として，$(t_0, t_1, t_2, ..., t_N)$といった複数の閾値による$N$区間の分割均衡を考えることができる。たとえば$N=2$ならば，これまでと同じく$0=t_0 \leq x < t_1$（小さめ）と$t_1 \leq x \leq t_2=1$（大きめ）と2つに分割して伝える。また，$N=3$ならば，$0=t_0 \leq x < t_1$（小さめ），$t_1 \leq x < t_2$（中くらい），$t_2 \leq x \leq t_3=1$（大きめ）と3つに分割して伝える。ここで，$N$が大きいほど分割は細かくなり，より正確に情報が伝わることに注意しよう。

それぞれの閾値t_nで1つ上のメッセージと1つ下のメッセージを送ることが無差別であれば，N分割の情報伝達は完全ベイズ均衡として成立する。つまり，すべての$n=1, 2, ..., N-1$について，

$$\frac{1}{2}\left(\frac{t_{n-1}+t_n}{2}+\frac{t_n+t_{n+1}}{2}\right)=t_n+b$$

という条件が満たされれば，$(t_0, t_1, t_2, ..., t_N)$は分割均衡となる。一般に店長のバイアス$b$が小さくなり，経営者と店長の利害が一致すればするほど，より多くの区間による分割均衡の実現が可能となる。

分割均衡における区間の数が多ければ多いほどより正確な情報が伝わるので，区間数Nはチープトークにより伝達できる情報の量を表す。極端な例として，$b=0$ならば利害は完全に一致し，区間数をいくらでも増やすことができる。反対に，$N=1$は分割がないバブリング均衡に相当し，$b \geq 1/4$ならばこれが唯一の均衡だ。伝達できる最大の情報量が利害対立の程度によって決まることは，直感的に理解できるだろう。

チープトーク・モデルの性質としてもう1つ重要なのは，N区間の分割均衡が存在するときには，**N以下のすべての数の区間の分割均衡が必ず存在する**という事実だ。これらの中でどれが選ばれるべきか，という点について明確な基準は存在しないが，チープトークのモデルでは，情報の送り手と受け手の双方の期待効用はともに分割の数Nについて増加するので，現実への応用の観点からは，分割数の最も多い均衡に焦点を当てるのが一般的だ。

信頼の欠如とコミュニケーションの情報ロス

仮にタイプxがわかっていて，経営者と店長が話し合いで店舗規模aを決めるような状況を考えてみよう。この話し合いで選ばれる規模は必ずxと$x+b$

のあいだに位置するはずだ。なぜなら，もし $a<x$ ならば a を拡大，$a>x+b$ ならば a を縮小することで双方の効用が上がるからだ。よって，話し合いが合意にいたれば，x から $x+b$ までの範囲の外側の店舗規模は決して選ばれない。けれども，チープトークの均衡で実際に選ばれる規模は，x から $x+b$ までの範囲の外側になる可能性が高い。

なぜ双方にとって明らかに望ましい選択があるにもかかわらず，それを達成できないのだろう。こうした情報のロスが生じる背景には，経営者が事前になんらかの行動ルールにコミットできないという想定が重要な役割を果たす。たとえば，経営者がメッセージ m を受け取ったときに必ず $a=m+b$ を選ぶことを約束できるとしよう。この場合，店長は正直に x を申告することで希望の規模を達成できるため，正しい情報を引き出すことが可能となる。そして，店舗の規模は x から $x+b$ までの範囲の外側にはならない。

こうした約束を実行できるだけの信頼関係が経営者と店長にあれば，コミュニケーションによる情報ロスは最小限に抑えることができる。たとえば，長期的な関係はそうした信頼関係を生み出す1つの方法といえるだろう。しかし，この約束に事後的な拘束力がない場合は，正しい情報を引き出した経営者は，この情報を自分の利益のために使う機会主義的なインセンティブにかられることになる。本当の情報がわかった後では，事前のルールはもはや最適ではなく，経営者がそれを事後的に順守する理由はない（店長が正直に $m=x$ を申告するなら，経営者にとっては $a=m$ を選ぶのが事後的には最適だ）。しかし，店長がこうした機会主義的な行動を予測すると，正直に情報を伝達するインセンティブは失われ，事前の約束は意味を持たなくなる。社会においては信頼関係がきわめて重要な役割を果たすが，これもその一例といえよう。こうした，事前の約束が守られない問題は第8章で詳しく検討しよう。

SUMMARY ●まとめ

□ 1 シグナルを送る費用が異なる場合に隠された情報を伝達することが可能となる。

□ 2 情報が伝達される分離均衡と伝達されない一括均衡が存在する。

□ **3** 就職市場のモデルでは最小費用分離均衡が直感的基準を満たす唯一の均衡となる。

□ **4** シグナルの費用がかからない口頭でのコミュニケーションでも部分的な情報の伝達が可能だ。伝達される情報の精度は利害が一致する度合いに依存する。

EXERCISE ● 練習問題

6-1 以下の文章のカッコ内を埋めなさい。

シグナリング・モデルで，異なるタイプの送り手が異なる行動を選ぶ均衡は［ a ］均衡と呼ばれる。反対に，すべてのタイプが同じ行動を選ぶ均衡は［ b ］均衡と呼ばれる。この両者を比較すると［ c ］均衡の方が多くの情報が伝達される。

6-2 以下の文章のカッコ内を埋めなさい。

シグナリングでは情報の送り手が行動を選ぶための［ a ］の違いにより情報が正しく伝わる。それに対し，チープトークでは情報の送り手と受け手の［ b ］が一致すればするほど情報はより正確に伝わる。

6-3 新製品を発売する場合，大規模な広告キャンペーンはシグナリングの役割があると考えられる。その理由を説明しなさい。

6-4 あなたの身の回りにあるシグナリングを本文で紹介したもの以外に考えなさい。

6-5 第1節のモデルで学歴が生産性を高める場合を考察しよう。具体的には，労働者の生産性が $a+be$ で与えられるとする（本文中の例では $b=0$）。このときの分離均衡を求めなさい。

6-6 本文中で説明した店長と経営者の店舗規模についてのチープトークを考える。ただし，「小さめ」，「中くらい」，「大きめ」と3つの分割に分ける分割均衡を考えてみよう。このような分割均衡が成立するための b の上限を求めなさい。

6-7 第3節の数値例で $x<1/4$ の場合は「1/4より小さい」と主張することで，$x>1/4$ の場合は「1/4より大きい」と主張することで厳密に効用を改善できることを確認しなさい。

CHAPTER

第7章

スクリーニング

顧客の好みをどうすれば知ることができるか？

STORY

●新たなカフェ・チェーンを立ち上げよう！

スタイリッシュな空間におしゃれなテーブルや座り心地のよい椅子が用意されている。居心地の良さは計算し尽くされ，顧客たちは手頃な価格のコーヒーを片手に好きな時間を過ごしている。笑顔で接客する店員からは高いモチベーションがうかがわれ，店内は禁煙が徹底している。ちょっとした衝撃だった。アメリカで人気のシアトル発のカフェ・チェーンはコーヒーになじみがなかった人々も惹きつけ，アメリカではちょっとしたアイコン（憧れの的）にもなっている。

やるなぁ，という感覚もあるが，新たなビジネス・チャンスだということもよくわかっていた。まだアメリカ国内にとどまっているが，このカフェ・チェーンは世界中に店舗を広げるだけの潜在力があることは認めよう。日本に上陸してくることも十分に考えられる。だが，あなたのカフェ・チェーンが決定的に勝ることがある。コーヒーの質だ。この強みを維持できれば十分に対抗できる。世界中に広がるのはあなたのカフェ・チェーンの方だ。

気づかされたことは，より安価で手頃なカフェへのニーズだ。あなたのカフェ・チェーンは確かにカフェの日常化に貢献できた。だが，まだ十分ではないようだ。カフェの扉を開く習慣からは縁遠い人にも届くかもしれないこと，カフェがアイコンになりうることをアメリカのカフェ・チェーンが教えてくれた。

より広くカフェへのニーズをつかみたい。新たな顧客に届くことも大切だし，いまの顧客たちも手頃なカフェで済ませたい日もあるだろう。これまでとは異なるコンセプトのカフェ・チェーンを新たに立ち上げよう。もちろん，これまで築き上げたカフェ・チェーンも大切だ。日常の喧噪の中で上質なコーヒーを贅沢(ぜいたく)に楽しみたい顧客も多いからだ。

問題は2つのカフェ・チェーンをどのように差別化するかだ。顧客はさまざまだし，同じ顧客でも日によって気分は変わる。だからこそ，異なるカフェ・チェーンを顧客たちに届けたい。顧客たちがニーズにあったカフェを選んでくれれば，より適切なメニューとサービスを提供できる。そしてまた，適切なメニューとサービスを用意し選んでもらうことで，個別の顧客の細かいニーズがわかるようになる。

そうはいっても簡単ではない。顧客を奪い合うことがないようにする必要がある。新しいカフェ・チェーンにすべての顧客をとられてしまっては意味がない。顧客たちの嗜好はわからない。あなたにできることは，さまざまな顧客のために2つのカフェ・チェーンをバランスを考えながら用意することだ。

顧客たちは自分の好みに合わせて気に入ったカフェに足を運び，いろいろなメニューの中から好きなドリンクを選ぶ。本章では2つのカフェ・チェーンをどのようにデザインすればよいのかを考えてみよう。

第7章で考える問題

- 企業は顧客のさまざまな好みをどのようにすれば知ることができるのか。
- 企業が複数の財・サービスを供給するとき，品質と価格をどのように設定すればよいか。
- 隠された知識を克服するための仕組みであるスクリーニングとはどのようなものか。どのような実例があるのか。
- 最も優れたスクリーニングの仕組みはどのようにすれば見つかるのか。
- オークションを利用することのメリットは何か。

1 顧客のスクリーニング

さまざまな顧客，豊富なメニュー

カフェを訪れるとメニュー・リストからドリンクとそのサイズが選べる。特別な日に訪れたフレンチ・レストランでは，5000円，8000円，10000円と異なるコース・メニューが用意され，またアラカルトを選ぶこともできる。顧客はさまざまで好みも多様だ。だからこそ，カフェやレストランは豊富なメニューを用意する。そして顧客たちはその中から自分にとって一番の選択をする。

当たり前の光景だが，見方を変えるために不思議なレストランを想像してみよう。メニュー・リストはなく，顧客は注文もしない。店はオーダーを尋ねることなく，素材のコストと顧客の好みとを天秤にかけて料理をテーブルに並べる。そして顧客が納得してくれる代金を要求し，顧客は満足して代金を支払う。なぜこのようなことが可能かというと，不思議なレストランは顧客の好みも支払意思額もすべてわかっているからだ。

だが，現実にはすべての顧客情報の完全な把握は不可能だ。その店をはじめて訪れる客もいるし，常連であってもその日の気分で好みは変わる。だからこそ店は豊富なメニューを用意し，その中から選んでもらうことで，いま何を飲みたいのか，食べたいのかについての情報を得る。ニーズを知りたいからこそ，豊富なメニューを用意する。

では店はどのようにメニューをデザインすればよいのだろうか。この問いは，実のところ隠された知識の問題の克服をターゲットとしている。顧客の好みについての隠された知識を，豊富なメニューで引き出しつつ，利益を大きくしたいという問題だ。

情報を持たない側がうまく顧客の私的情報を引き出す1つの方法は各タイプの顧客が自分をターゲットにしたメニューを自発的に選ぶように仕向け**自己選択**させることだ。顧客の自己選択を通じて好みを**スクリーニング**しようというわけだ。レストランで豊富なメニューが用意され，訪れた客はそれぞれ自分が欲しいものを選んでいる。そして，それぞれの選択を通じて，顧客のタイプが開示されていく。

CHART 表7.1 スクリーニングとシグナリングの対比

	誰が工夫するか	どのような工夫か
シグナリング	情報を持つ主体（エージェント）	シグナルにより情報を伝える
スクリーニング	情報を持たない主体（プリンシパル）	自己選択させて情報を得る

第6章ではアドバース・セレクションの問題を克服する方法の1つとして，情報を持つ主体が費用をかけて目に見える行動（シグナル）を選ぶことで情報を伝えるシグナリングを議論した。スクリーニングは逆の発想だ。情報を持たない主体が選択のメニューを用意し，私的情報を持つ主体にそれぞれのタイプごとに異なる選択をさせることで識別する（シグナリングとスクリーニングの違いは表7.1にまとめてある）。では，レストランはどのようにメニューをデザインすればよいのだろうか。この問題を考察してみよう。

定義 7.1 スクリーニング
情報を持たない側が情報を持つ主体に私的情報を開示させるような自己選択をさせることで，隠された知識の問題を克服するアイデアをスクリーニングという。

すべての顧客の好みが同一の場合

ある企業や店が用意する財・サービスの数量・品質をxとしよう（たとえばレストランの場合はボリュームだと考えてもよいし，味や素材の質と考えてもよい。以下では品質と呼ぼう）。顧客は品質xを購入し，その対価としてtを支払う。そして，すべての顧客について効用は$u=ax-t$だとしよう。ここで，第1項のaxはその財・サービスから顧客が得る満足を示しており，経済学では**支払意思額**と呼ばれる。つまり，品質xの財・サービスに対して対価をいくらまで支払えるかという金額だ。また，品質xの財・サービスを提供するのに必要な企業の費用は$c=x^2/2$だとしよう。すると，企業の利益は$\pi=t-x^2/2$となる。

品質と支払額の組み合わせ

$$M=(x, t)$$

を（販売）メニューと呼ぶことにする。また，話を単純化するために，企業はメニューを他店との競争を考慮することなく自由に選べるとしよう。つまり独占企業だ。もちろん現実的とはいえない。冒頭の物語にも競争はある。だが，たとえばレストランやカフェは他店との差別化が比較的容易で一定の顧客を確保でき，確保した顧客に対しては独占的な力を持ちうる。また，少数間の競争である寡占競争の場合もここでの議論を一定程度は適用できる。

では，企業はどのようなメニューを選ぶべきだろうか。もちろん利益を大きくしたい。けれども，顧客に購入してもらわないと意味がない。そのためには次の条件を満たす必要がある（購入しない場合の顧客の効用はゼロとしよう）。

参加制約

$$ax - t \geq 0$$

そして，企業の問題は参加制約のもとで利益を最大化することだ。

企業の問題

$$\max \quad t - c(x)$$
$$\text{subject to} \quad ax - t \geq 0$$

企業としてはできるだけ t を大きくしたいので，参加制約は等号で成立し $ax = t$ となる。つまり，企業は顧客が支払ってもよい最大額を支払額として設定する。すると，企業は結局のところ $ax - x^2/2$ を最大化することになり，顧客が得る満足から企業が負担する費用を差し引いた大きさ，言い換えると「取引から生まれた価値＝余剰」を最大化するように x を決める。

図 7.1 はこの問題を図示したものだ。企業が選ぶ品質は，顧客の満足 ax の傾き a と費用曲線の傾き x（限界費用）とが等しくなる $x=a$ で決まる。つまり，品質を高めることで生まれる顧客満足の追加的な増加分と，そのための追加的な費用の増加分が等しくなるところで定まり，次の関係が成立する。

$$\underbrace{a}_{\text{顧客満足の追加的な増加分}} = \underbrace{x}_{\text{費用の追加的な増加分}}$$

そして，顧客は $t = a \times x = a^2$ を支払い，企業は取引で生まれた価値のすべてを利益として獲得する。取引の価値は最大化されているので，この販売メニュー

CHART 図7.1 効率的な販売メニュー

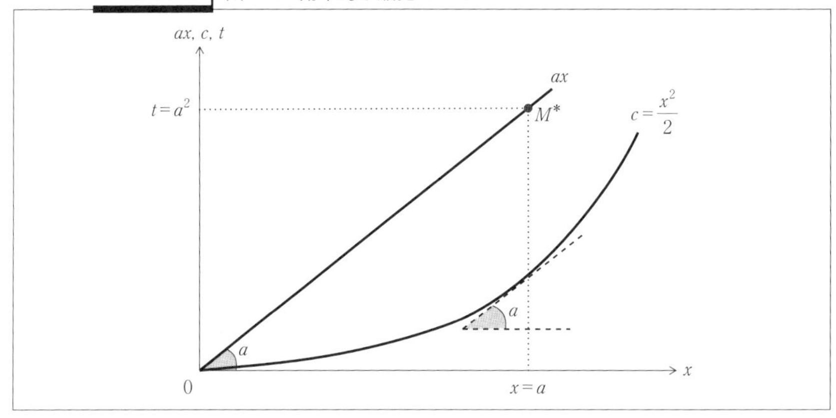

はファースト・ベストだ。このように，顧客の評価がすべて同じでそれがわかっているならば，すべての顧客に $M^* = (a, a^2)$ というメニューを提示し，それを購入してもらえばよい。

顧客によって好みが異なる場合

では次に，顧客にはその財・サービスへの評価が高いタイプHと，評価が高くないタイプLがいるとしよう。たとえば，レストランならば美食家と食に関心がない人，カフェならば贅沢な空間とドリンクを好む人と，リーズナブルなドリンクを座って飲めればよいという人だ。他にも，車ならば高級車に乗りたい人と移動手段と考える人に区別できる。そして，顧客のタイプの違いを a の大きさで表現しよう。具体的には，タイプHの顧客については $a = a_H$，タイプLの顧客については $a = a_L$ とし，$a_H > a_L$ を想定する。

これから，タイプHをターゲットにしたメニューと，タイプLをターゲットにしたメニューを，それぞれ

$$M_H = (x_H, t_H), \quad M_L = (x_L, t_L)$$

と表記しよう。ここで，図7.2を見てほしい。図にある

$$M_H^* = (a_H, a_H^2), \quad M_L^* = (a_L, a_L^2)$$

は先ほど導いた効率的なメニューをそれぞれのタイプの顧客について表したも

図 7.2　異なるタイプの顧客への効率的なメニュー

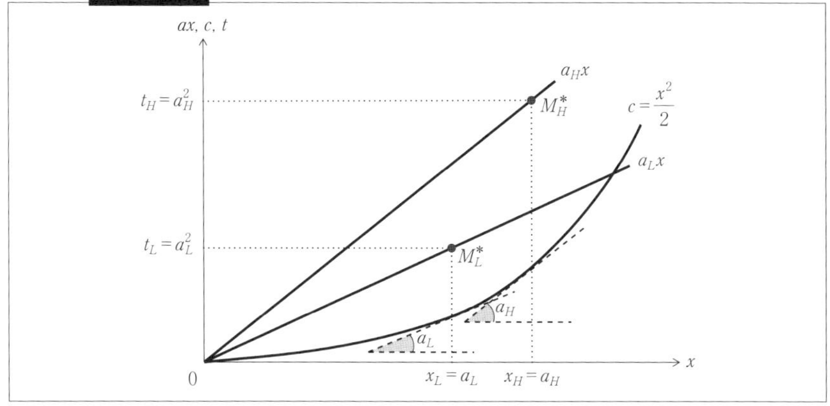

のだ。これらのメニューのもとでは企業の利益は最大化されロスはない（もちろん各顧客に「あなたはメニュー M_H^*，あなたはメニュー M_L^*」と選択を強制することは困難かもしれない。けれども独占的な企業を想定している。ここまでできるのだ）。

だが，不思議なレストランならばともかく，現実には顧客のタイプを見分けることは難しい。年齢，性別，服装などでは好みを完全に見分けられない。もちろん，顧客自身は自分のタイプを知っている。けれども企業にはわからない。つまり顧客の私的情報だ。ここに隠された知識による情報の非対称性が存在する。

顧客のタイプがわからないならば，M_H^* と M_L^* の 2 つのメニューを同時に提供し，各顧客の自由な選択に任せることもできる。この試みはうまくいくだろうか。ここでもう一度，図 7.2 を見てほしい。タイプ H の顧客にとって M_H^* と M_L^* のどちらが「お得」だろうか。ここで，購入するという選択で「顧客が得るお得感＝追加的な効用」，つまり，選択によって得られる上乗せのプラス分を**レント**と呼ぼう。もし，$M_H^* = (a_H, a_H^2)$ を選んだならば，満足（支払意思額）に等しい額の支払いを要求され，結果としてレントはゼロだ。

では $M_L^* = (a_L, a_L^2)$ を選べばどうだろう。タイプ H はメニュー M_L^* から $a_H \times a_L$ の満足が得られ，それは支払額 a_L^2 を上回る。そして，$a_L(a_H - a_L) > 0$ だけプラスのレントを得る。確かにタイプ H にはメニュー M_L^* は物足りないかもしれない。だが支払額が割安なので，M_H^* という組み合わせよりも魅力的となる。タイプ H はタイプ L よりも品質をいつも高く評価するからだ。

では，タイプLの顧客がメニューM_H^*を選ぶことはあるだろうか。メニューM_H^*を選ぶとタイプLは$a_L \times a_H$の満足を得るが，求められる支払額a_H^2には見合わない。よってタイプLがメニューM_H^*を選ぶことはない。

ここに隠された知識から生じる非効率性を見つけることができる。顧客のタイプがわかるときには，M_H^*やM_L^*という販売メニューをそれぞれのタイプの顧客に購入させることで価値（余剰）を最大化するファースト・ベストの取引が可能だ。そして，企業は最大の利益を獲得できる。けれども，顧客のタイプがわからないならばそれは実行できない。

企業がM_H^*かM_L^*というメニューにこだわるならば，できることは次の2つだ。1つはタイプLの顧客は相手にせずメニューM_H^*だけを提供すること。この場合は，タイプHについては効率的（ファースト・ベスト）な取引を実現できるが，タイプLとは取引を行わない。つまり，本来は余剰が生まれるはずの取引が消滅する。もう1つは，すべての顧客を相手に販売メニューM_L^*を提供することだ。この場合は，タイプHとの取引の効率性が損なわれやはり余剰が減る。いずれにしても，それぞれのタイプの顧客に効率的なメニューを提供できた場合と比較すると，企業の利益は減ってしまう。

単純なスクリーニング

では，どうすればよいだろうか。1つの方法は各タイプの顧客が自分をターゲットにしたメニューを自発的に選ぶように仕向け，自己選択させるスクリーニングだ。このとき，顧客のタイプは選択により開示されていく。

では，タイプHの顧客とタイプLの顧客とをスクリーニングするにはどのようにすればよいだろう。まず，メニューM_H^*とメニューM_L^*を同時に提供したならば，すべての顧客がM_L^*を選んでしまい，スクリーニングに失敗することは確認済みだ。

ここで，図7.3を見てほしい。新しいメニュー$\hat{M}_H$はM_H^*と品質は変えないが支払額を$a_L(a_H-a_L)$だけ減らしてある。つまり，

$$\hat{M}_H = (a_H, a_H^2 - a_L(a_H - a_L))$$

だ。すると2つのメニュー$\hat{M}_H$とM_L^*からタイプHの顧客は同じレント$a_L(a_H-a_L)$が得られるので，メニュー$\hat{M}_H$を選んでもよい。スクリーニングに成功

CHART 図 7.3 スクリーニングの方法

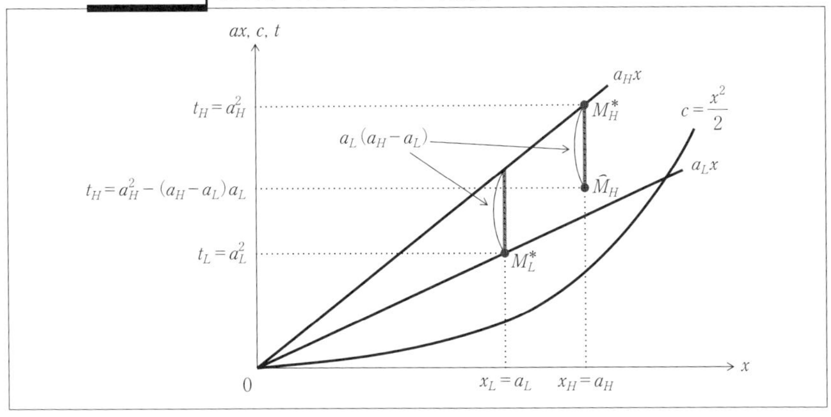

するわけだ。また，メニュー $\hat{M}_H$ の支払額 $a_H^2 - a_L(a_H - a_L)$ はメニュー M_L^* の支払額 a_L^2 よりも大きいので，すべてのタイプの顧客がメニュー M_L^* を選ぶ状況と比べて企業の収入は増える。タイプ H からの利益についても，メニュー M_L^* のもとでは $a_L^2 - a_L^2/2 = a_L^2/2$ であるのに対し，メニュー $\hat{M}_H$ からは $a_H^2 - a_L(a_H - a_L) - a_H^2/2 = a_H^2/2 + a_L^2 - a_H a_L$ が得られる。すぐに確認できるように，メニュー $\hat{M}_H$ によってタイプ H から利益は $(a_H - a_L)^2/2 > 0$ だけ増える。いま考えたスクリーニングのもとではタイプ L からの利益は変化しないので，企業の利益は確実に増えることになる。

このように優良顧客を優遇するようなスクリーニングはよくある。品質ではないが，たくさん買うとお得になるようなボリューム・ディスカウントも 1 つの例だろう。カフェのドリンク・メニューでも，サイズが大きいほど単価がお得になるように価格づけされている。

数値例　顧客の単純なスクリーニング

タイプ L の顧客については $a_L = 4$ であるのに対し，タイプ H の顧客については $a_H = 6$ だとしよう。また，タイプ L の割合は 2/3，タイプ H の割合は 1/3 だとしておこう。もし顧客のタイプがわかるなら，すでに確認したようにタイプ H には $(x_H, t_H) = (6, 36)$ というメニュー M_H^* を提供する。また，タイプ L には $(x_L, t_L) = (4, 16)$ というメニュー M_L^* を提供する。このとき，タイプ H の顧客がメニュー M_H^* を選んでもレントはゼロだが，メニュー M_L^* を選べば $6 \times 4 - 16 = 8$ のレントを得ることに注意しよう。

よって，メニュー M_H^* と M_L^* が並んでいるとすべての顧客が M_L^* を選んでしまう。人口の合計を1と基準化しておくと，企業の利益は8だ。また，仮にメニュー M_H^* のみを提供しタイプLには販売しないならば，利益は $1/3 \times 18 = 6$ で減少してしまう。

ここで，タイプHの顧客には8だけの値下げを行い，$(x_H, t_H) = (6, 28)$ というメニュー $\hat{M}_H$ を提供すると，タイプLはメニュー M_L^*，タイプHはメニュー $\hat{M}_H$ を選ぶというスクリーニングができる。それぞれからの利益は8と10になるので利益は $2/3 \times 8 + 1/3 \times 10 = 26/3 > 8$ と増える。

利益を最大化するには

メニュー M_L^* とメニュー $\hat{M}_H$ によるスクリーニングは確かに成功し，スクリーニングを行わない場合よりも利益は増加した。だがこれが本当にベストなのだろうか。タイプHは優良顧客なのでたくさん支払ってもらいたい。にもかかわらず，かなり支払額を割り引いてしまった。実は，これはセカンド・ベストではない。

タイプHの顧客であっても，品質が低く支払額も少ないメニュー M_L^* を選んでしまう。品質も低いが支払額がかなり割安だからだ。だから，その割安感と同じだけの割引で「お得感」を与えないと，ターゲットのメニューを選んでくれない。そのような，タイプが隠された知識であるような情報の非対称性がある場合に，あるタイプが別のタイプのふりをしないために与えられるレントを**情報レント**と呼ぶ。

定義 7.2　情報レント

顧客のタイプが隠された知識ならば，優良顧客はそうではない顧客のふりをするインセンティブを持つ。優良顧客が自分をターゲットにしたメニューを自発的に選ぶように与えられるレントを情報レントと呼ぶ。

だが，企業は情報レントをなるべく小さくし，優良顧客のタイプHにはもっと多く支払ってもらいたい。図7.4にはそのための工夫が示されている。まず，タイプLをターゲットにしたメニューを M_L^* から M_L^{**} に変更する。すると情報レントが縮小することがわかる。よって，割引額を減らすことができ，タイプHには M_H^{**} というメニューを提示できるようになる。

図 7.4　最適なスクリーニング

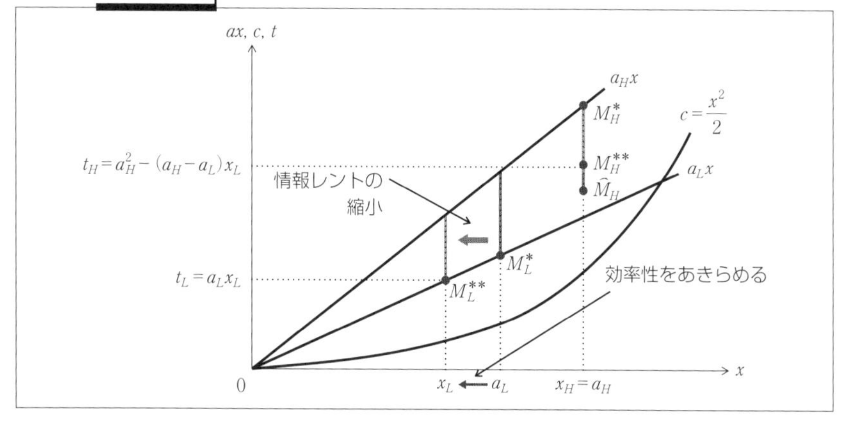

タイプＬの顧客への品質の効率性をあきらめたのでタイプＬの支払額は減る。けれども，タイプＨについては支払額を増加させることができた。ここに，セカンド・ベストの販売メニューの興味深い工夫を見つけることができる。**優良顧客をターゲットにしたメニューの魅力を際立たせるために，優良ではない顧客をターゲットにしたメニューの品質をあえて落とす**わけだ。実際，この方法はうまくいく。ここで問題となるのは，タイプＬの顧客との取引の効率性と，タイプＨの顧客が得る情報レントとのあいだのトレードオフだ。

定義 7.3　顧客のスクリーニング

優良顧客をターゲットにしたメニューの魅力を際立たせるために優良ではない顧客をターゲットにしたメニューの魅力をあえて落とすことが最適なスクリーニングの特徴だ。

優良ではない顧客との取引の効率性を犠牲にすることで優良顧客の情報レントを減らすことができるからだ。

もし，より手頃なカフェ・チェーンを立ち上げるならば，これまでのカフェ・チェーンの魅力を際立たせるために，新しいチェーンの居心地やメニューの質を少し落とした方がよいかもしれない。そうしないと，すべての顧客を新しいチェーンに奪われる恐れがあるからだ。他にも，飛行機のビジネス・クラスを際立たせるためには，（誰でも覚えがあるように）エコノミー・クラスの居心地を悪くする必要がある。チャーシューメンの魅力を際立たるためには，普通のラーメンのチャーシューは1枚にするべきだ。

以上の議論を，厳密に分析してみよう。顧客数の合計は1と基準化し，そのうち q の割合がタイプLの顧客，$1-q$ の割合がタイプHとする。そして，企業は顧客のタイプを観察できないが，割合が q と $1-q$ であることは知っている。用意するメニューは $M_L=(x_L, t_L)$ と $M_H=(x_H, t_H)$ の2種類だ。

各タイプに自分をターゲットにしたメニューを自発的に選んでもらうためには次の制約を満たす必要がある。

自己選択のためのインセンティブ制約

$$a_L x_L - t_L \geq a_L x_H - t_H$$
$$a_H x_H - t_H \geq a_H x_L - t_L$$

そして，企業の問題は次のようになる。

スクリーニングの問題

$$\max \quad q\left[t_L - \frac{x_L^2}{2}\right] + (1-q)\left[t_H - \frac{x_H^2}{2}\right]$$

subject to

$$a_L x_L - t_L \geq 0$$
$$a_H x_H - t_H \geq 0$$
$$a_L x_L - t_L \geq a_L x_H - t_H$$
$$a_H x_H - t_H \geq a_H x_L - t_L$$

制約のうち，最初の2つは各タイプの顧客がメニューを購入するための制約で参加制約だ。そして残りの2つは各タイプの顧客が自分をターゲットにしたメニューを自己選択するためのインセンティブ制約だ。

4つの制約式がある問題の正確な分析はweb補論で行うことにして，ここではアプローチの仕方を直感的に説明しよう。カギとなるのは，どの制約式が本質的に効くのかということだ。まず参加制約から検討しよう。これまでの分析からわかるように，タイプHの顧客はタイプLをターゲットにするメニューを選ぶとプラスのレントを得る。それが割安だからだ。それを防ぐためには情報レントを与える必要があるが，やはりプラスのレントを得る。したがって，タイプＨは必ずプラスのレントを得るので，参加制約を考慮しなくても購入する。だから無視してもかまわない。購入するかしないかを企業が意識しなければならないのはタイプＬについてだ。タイプＬの参加制約は考慮する必要がある。

次にインセンティブ制約を考えてみよう。これまでの分析で，タイプＬの顧客は必ず自分をターゲットにしたメニューを選び，タイプＨをターゲットにしたメニューは割高なので選ばなかった。そもそも魅力的ではないわけだ。だから，タイプＬのインセンティブ制約は無視してもかまわない。一方，タイプＨはタイプＬをターゲットにしたメニューを選びたがる。そちらの方が割安だからだ。だから，タイプＨのインセンティブ制約は考慮する必要がある。

つまり，この問題で効いているのは次の２つの制約だ。

⑴　自らをターゲットにしたメニューをいつも自発的に選ぶタイプＬの顧客にとっての参加制約

⑵　タイプＬのメニューを選びたいと考えるタイプＨの顧客にとってのインセンティブ制約

そして，企業はこれらの制約が成立するぎりぎりまで t_L と t_H を増やすので，２つの制約は等号で成立する。

よって問題は次のように書き換えることができる。

$$\max \quad q\left[t_L - \frac{x_L^2}{2}\right] + (1-q)\left[t_H - \frac{x_H^2}{2}\right]$$

subject to

$$a_L x_L - t_L = 0$$

$$a_H x_H - t_H = a_H x_L - t_L$$

そして，等号の制約を $t_L = a_L x_L$ と $t_H = a_H x_H - (a_H - a_L) x_L$ と書き換えて代入すると，企業は次の目的関数を x_L と x_H について最大化することになる。

$$q\left[a_L x_L - \underbrace{\frac{x_L^2}{2}}_{x_L \text{の費用}} - \underbrace{\frac{1-q}{q}(a_H - a_L)x_L}_{x_L \text{の増加による情報レント増加の費用}}\right] + (1-q)\left[a_H x_H - \frac{x_H^2}{2}\right]$$

タイプＨの顧客の支払額は $t_H = a_H x_H - (a_H - a_L)x_L$ だということに注意しよう。割引の $(a_H - a_L)x_L$ が情報レントに相当する。そして，企業が x_L を増やすと，タイプＨにより多くの情報レントを与えなければならない。それは企業にとっては追加的な費用だ。

そして，目的関数を x_L と x_H のそれぞれについて微分すると，最大化のための条件は，

$$\underbrace{a_L}_{\text{タイプLの満足の追加的な増加分}} = \underbrace{x_L}_{\text{品質向上の費用の追加的な増加分}} + \underbrace{\frac{1-q}{q}(a_H - a_L)}_{\text{情報レントの追加的な増加分}}$$

$$\underbrace{a_H}_{\text{タイプHの満足の追加的な増加分}} = \underbrace{x_H}_{\text{品質向上の費用の追加的な増加分}}$$

となる。

タイプＨの顧客については効率的な品質が実現する。けれども，タイプＬの顧客についての品質は $x_L = a_L - (1-q)(a_H - a_L)/q$ となり効率的な水準を下回る。情報レントを削減するために品質を犠牲にしたというわけだ。そして，タイプＨはプラスのレントを得る。

また，q が十分に小さい場合や，タイプＨの顧客とタイプＬの顧客の品質に対する評価の差 $a_H - a_L$ が十分に大きい場合には $x_L > 0$ が満たされなくなる。そのような場合には $x_L = 0$ が最適だ。つまり，タイプＬがそれほど重要でないならば顧客としては相手にしないことがある。そうすることで，タイプＨに情報レントを与える必要はなくなり，タイプＨとの取引で生じるすべての価値（余剰）を利益として獲得できるからだ。実際，ファッションのハイブランドやドイツの高級車など，優良顧客のみをターゲットにするビジネスは少なくない。

数値例　セカンド・ベストなスクリーニング

先ほどと同じく，$a_L = 4$，$a_H = 6$ という例を用いてセカンド・ベストなスクリーニングを実現するメニューを求めてみよう。$q = 2/3$ であることに注意して計算す

ると，タイプLについては $(x_L, t_L)=(3, 12)$ が成立する。また，タイプHについては $(x_H, t_H)=(6, 30)$ が得られる。このときの企業の利益は $2/3\times15/2+1/3\times12=9$ となり，いままで考えた中で一番大きい。

それでは，$q=1/3$ ならばどうなるだろうか。計算してみると，この場合には $x_L=0$ となってしまうことがわかる。もし $q\leq1/3$ でタイプLの顧客がそれほど多くないならば，そちらは無視してタイプHのみに販売した方がよくなってしまう。タイプLをターゲットにしたメニューがないので情報レントを与える必要がなく，その分，タイプHの支払額を増やせるからだ。

 スクリーニングとしての価格差別

なぜ価格差別を利用するのか？

いま分析したことは，**価格差別**と呼ばれる販売戦略の1つだ。標準的なミクロ経済学の教科書の独占企業の理論では，財・サービスの1単位当たりの価格（単価）が一律だと想定する。そして独占企業は販売量を抑えることで単価をつり上げようとするが，そのとき，本来はプラスの取引価値（余剰）が生まれるはずの取引が消滅するというロス（死荷重）が発生する。だが，機会の逸失は企業にとっても好ましいものではない。ここで価格差別が登場する。異なる顧客（グループ）に異なった価格づけを行うような自由度があれば，取引が拡大し利益も増える。

価格差別には3つの類型がある。1つは顧客のタイプに応じて個別に取引を行うことだ（不思議なレストランの話を思い出してほしい）。取引から生じる価値・余剰を最大化し，そのすべてを取引価格を通じて企業は手に入れる。前節で示したタイプHとタイプLとを区別できる場合のメニューがそれに相当する。たとえば，自動車やマンションの取引では，売る側は顧客の情報を引き出しつつ，どの程度まで支払うかを見極めながら価格を提示する。取引価格も一定ではない。とはいえ，現実には完璧な実行は困難だ。各顧客のタイプは隠された知識だからだ。

そこで考えられるのが，年齢，性別，居住地などの属性を利用する価格差別（グループ別の価格差別）だ。例としては，交通運賃や映画料金の学生割引・シ

ニア割引や，レストランの女性優待などがある。また，タクシーの深夜割増料金などタイミングによるものもある。それぞれの顧客のタイプはわからないとしても，属性に応じて平均的に評価することはできる。たとえば映画を考えてみると，大人よりも学生の方が映画鑑賞に対して支払える金額は平均的には少ないだろう。終電を逃してしまうと，帰宅するなら値段が高くても深夜タクシーに乗らざるをえない。とはいえ平均的な情報は粗く，同じグループ内での嗜好の違いをつかむことはできない。

顧客の選択に任せる価格差別

そこで考えられるのがスクリーニングだ。顧客に複数のメニューを与え，選択を通じて間接的に情報を反映させるスクリーニング型の価格差別はとてもポピュラーだ。たくさん購入すれば割り引かれるボリューム・ディスカウントはその代表例だろう。また車，家電，スマホなど，メーカーは品質が異なる多くの製品を提供し，適したものを顧客に選ばせる。飛行機のエコノミー・クラスとビジネス・クラス，新幹線の普通車とグリーン車も同様だ。購入のタイミングもスクリーニングの糸口となる。単行本として売られた書籍は時間が過ぎると文庫本として安く販売される。映画館で上映された映画は時間が過ぎれば安くレンタルされ，さらにはテレビの地上波で放送される。都心のデパートと郊外のアウトレットはロケーションを糸口としている。どうしても安く購入したい顧客はわざわざアウトレットへ出向くが，そうではない顧客は都心のデパートで購入するというわけだ。

他にも，クーポンによる割引，スマホの料金メニュー，保険のメニューなど，スクリーニング型の価格差別の事例は数限りない。価格差別によるスクリーニングはたいてい取引の拡大をもたらし，企業の余剰獲得手段であると同時に，経済厚生を増加させる傾向もある。

価格差別によるスクリーニングでは，**優良顧客をターゲットにしたメニューの魅力を際立たせるために優良ではない顧客をターゲットにしたメニューの魅力をあえて落とす**という点が重要だ。ただし，必ず成功するとは限らない。マーケティングの世界ではカニバリゼーション（共食い）という現象が知られている。ファッション・ブランドがセカンド・ラインをはじめるなど，顧客層の拡大を目指して廉価版の販売を開始することは珍しくない。けれども，品質と

Column ❼-1　カフェでは何を注文するべき？

ブライアン・マクマナスはヴァージニア大学周辺の高級豆を利用したドリップ・コーヒーやカプチーノなどのエスプレッソ・ベースのドリンクを提供するカフェ（たとえばスターバックスだ）について，ドリンク・メニューのスクリーニング型の価格差別について分析した。理論が正しいならば，最も品質が高いドリンクについて効率的な品質が実現するはずだ。そして，マクマナスの研究によれば確かに最高品質のドリンク（シロップとホイップクリームが加えられたエスプレッソ・ベースのドリンクでサイズが最大のもの）について効率性のロスが最小となる。これは理論の予測と完全に一致している。ただし同時に，最低品質のドリンク（サイズが最小のドリップ・コーヒー）についても効率性のロスが小さいこともわかった。この事実についてはいくつかの解釈が可能だが，1つの有力なアイデアは，ドリップ・コーヒーはさまざまなドリンクとの競争があり，品質が効率的にならざるをえないというものだ。

（参考文献）McManus, B.（2007）“Nonlinear Pricing in an Oligopoly Market: The Case of Specialty Coffee,” *RAND Journal of Economics*, 38（2）, 512-532.

価格のバランスを適切に考えないと，既存の製品の顧客たちもそちらに流れてしまうようなことがある。つまり，廉価版が既存品の顧客を食べてしまい，うまくスクリーニングできないというわけだ。

3 スクリーニングのためのメカニズム

スクリーニングの具体例

第5章で説明したように隠された知識によるアドバース・セレクションは経済に大きなダメージをもたらしかねない。だが，スクリーニングは問題を解消する工夫としてとても有効だ。そして，現実の経済でもスクリーニングの仕組みを利用して情報をうまくすくい取るアイデアが，価格差別以外にもたくさんあふれている。

企業による採用活動を考えてみると，企業は総合職，エリア総合職，一般職といった，さまざまな職種のメニューを用意することが多い。就職活動を行う学生たちはそれらのメニューから自分に合った職種を選んで応募する。そして，企業は学生たちのキャリア・プランを読み取ることができる。また，企業が業績連動型の報酬を導入したり，海外に赴任できる機会を増やしたりすることで，自分に自信がある人材や海外志向が強い人材を集めることができる。自己選択を通じて企業が好む人材を集めようとするスクリーニングだ。日本の企業に見られる終身雇用制度も，長く企業で働きたいという希望を持つ従業員をスクリーニングする役割がある。

スクリーニングの重要な応用の1つは規制の問題だ。電力，ガス，通信といった巨額の設備投資が必要な産業では独占や寡占といった市場構造が生まれやすい（自然独占）。だが，競争の欠如は非効率性につながりやすいので規制が正当化される。

規制当局は企業の潜在的な生産性を知ることができないが，生産性を高めるような投資は行ってほしい。ここに罠がある。本来は生産性が高い企業が投資を行わず，結果としてよい業績を実現しない。けれども，それはもともとの生産性が低く仕方がないことだと居直ることができてしまうのだ。現実にも公的な企業が非効率的な経営を行い，赤字に陥ることはよくあることだ。

このような問題にはスクリーニングが有効だ。具体的には生産性が高い企業には投資のインセンティブを強く与え，それを自発的に選ぶようにする。効率性と情報レントのトレードオフを思い出すと，生産性が低い企業にはあまりインセンティブを与えず報酬を低く抑えることも重要だ。規制は一律であるべきではない。生産性に応じて求められる投資も異なるのだ。

隠された知識（アドバース・セレクション）とスクリーニングの問題では，情報を持たない主体（プリンシパル）がスクリーニングの仕組みをデザインすることで私的情報を持つ主体（エージェント）から情報を引き出そうとする。そして，情報を引き出す仕組みのことを**メカニズム**と呼ぶことにしよう。スクリーニングの問題は情報を引き出すメカニズム・デザインの問題と一般化することができる。スクリーニング問題でのプリンシパルとエージェントの関係の具体例は表7.2にまとめてある。

顕示原理

価格差別によるスクリーニング問題は，「各タイプの顧客に自分をターゲッ

CHART 表7.2 スクリーニングの関係

プリンシパル	エージェント	スクリーニングしたい情報
企　業	顧　客	財・サービスの評価
保険会社	保険加入者	健康状態や運転のスキル
企　業	就活中の学生	キャリア・プラン
経営者	従業員	職務への適性
メーカー	部品会社	生産技術
規制当局	企　業	生産技術
政　府	納税者	担税能力
銀　行	貸付先企業	返済能力

トにしたメニューを自発的に選択させるという条件のもとで企業の利益を最大化する」というものだった。だが，この問題を解くことで得られたメニューの組み合わせは本当に企業の（期待）利益を最大化しているのだろうか。他の可能性を探る必要はないのだろうか。実際のところ，その必要はないと断言できる。それぞれのタイプの自発的な選択を促すインセンティブ制約（と参加制約）が満たされれば十分だ。そして，それを保証するのが**顕示原理**だ。

スクリーニング型の価格差別を考えてみよう。顧客には2種類のタイプがある。そして，財やサービスの量・質と支払額の組み合わせであるメニューを2つ用意し，それを選ばせることで顧客のタイプの情報を得ることがスクリーニングのアイデアだった。結局のところ顧客はメニューを選ぶことで企業にタイプを伝える。メニューの選択が私的情報を伝えるメッセージの役割を果たしたわけだ。

ここでもう少し踏み込んで，企業が顧客のタイプを推測するための材料として，より多様なメッセージを送ってもらうことを考えてみよう。候補としては，仕事，所得水準，趣味，好物，好きな芸能人，などが考えられるだろう。そして，送られたメッセージをもとにして顧客のタイプを推測し，財やサービスの量・質と支払額を定める。そのような仕組みをメカニズムと呼ぶことにすると，プリンシパルにとってのベストなメカニズムをどのように見つければよいだろうか。これは難問だ。メッセージの候補は数限りない。何をメッセージとして選べばよいのか，途方に暮れてしまうだろう。だが顕示原理を使えばこの難問

Column ❼-2 人の心を知るためのスクリーニング

遠藤周作の『沈黙』では何度も「踏み絵」を足にかけること（絵踏み）を迫られるキリシタンたちの姿が描かれている。なかでも印象的なのはポルトガル人司祭を匿（かくま）うトモギ村の信徒，モキチが絵踏みを命じられる場面だ。すでに覚悟を決めていたモキチは躊躇しながらも聖母子像に足にかける。ところがすかさず，役人は，聖母子像に唾を吐き，そして聖母を侮辱する言葉を口にするように命じる。拒んだモキチは悲惨な殉教を遂げる。

絵踏みは信教をあぶり出すスクリーニングだ。「踏む」もしくは「踏まない」という選択肢に直面したとき，信者でなければ踏むことに何の躊躇もないが，キリシタンにとってはそうではない。役人の狡知（こうち）は，生きるために踏むことを決意していたキリシタンに，次のスクリーニングを用意していたことにある。そこまでの準備はモキチにはできていなかった。

生死に関わる壮絶さはないものの，現代でもスクリーニングで人の心のうちを探ろうとすることは多い。たとえば，採用の内定者に他社の選考の辞退を強要することも現代版の絵踏みといえる。東京の難関私立中学校は入試日を 2 月 1 日にそろえている。どこを受験するかという選択肢はたくさんあるが，選べるのは 1 校だけだ。受験する小学生にとっては優しくないが，どの中学校に本当に入学したいのかを知るためには有効だ。

日本企業の特徴としてよく指摘されるのが年功序列だ。年功序列のもとでは，若いころの給与は低く抑えられ，年を重ねていくほどに上昇し，定年を迎えると退職金が得られる。年功序列はその企業を早く去りたいと考える人にとっては割が合わない。つまり，長く働きたい人だけをスクリーニングすることが可能となる。Column ❸-2 で紹介した『意外と会社は合理的』にも述べられているが，アメリカのザッカス社は，1 週間の研修に参加した新入社員に，いま退職すれば 1 週間分の給与に加えて 2000 ドルのボーナスを支払うというオファーを出すそうだ。退職しない社員に支払うべきだと思うかもしれない。だがそこで働き続けたいという意志を知ることができるわけだ。

スクリーニングは日常生活でもありふれている。親しい間柄で相手の心を試すような，絵踏みを迫るようなスクリーニングに心当たりがある読者も多いだろう。

CHART 図7.5 顕示原理

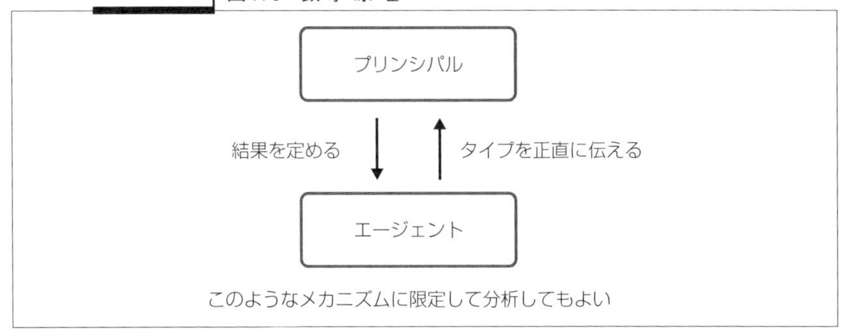

を単純な問題に変換してくれる。

プリンシパルがスクリーニングのためにデザインするメカニズムを抽象的に考えてみると，それは，

(1) エージェントからプリンシパルに送る「メッセージ」

(2) エージェントが選択する行動，およびプリンシパルやエージェントの利益や効用を定める「結果」

の2つによって特徴づけられる。「結果」についてはそれほど難しくない。レストランの例だと顧客が食べる料理の質と支払額の組み合わせだし，保険の例だと保険料と保障内容の組み合わせだ。

だがメッセージには制限がないので，プリンシパルがデザインできるメカニズムは無数にあり，その中から最も良いものを探すことは不可能に見える。けれども，顕示原理によれば，プリンシパルはメッセージとしてエージェントのタイプを直接に伝えてもらい，そしてエージェントが**自分のタイプを正直に表明する**ようなメカニズムに絞ってベストなものを探せばよい（図7.5）。そうすることによってセカンド・ベストを見つけることができる。レストランの例だと顧客が美食家かそうではないかを正直に伝えるようなメカニズム，就活の例だと学生たちが自分のキャリア・プランを正直に伝えるようなメカニズムに絞って考えればよい。なぜならば，任意のメカニズムによって実行可能な配分は，エージェントが自分のタイプを正直に表明するようなメカニズムによっても必ず実行できるからであり，それが顕示原理の主張だ（⇒web補論）。

定義 7.4 顕示原理

隠された知識のもとで任意のメカニズムによって実行可能な配分は，エージェントが自分のタイプを正直に表明するようなメカニズムによっても必ず実行できる。したがって，プリンシパルはエージェントが自分のタイプを正直に表明するようなメカニズムに絞ってベストなメカニズムを探ればよい。

プリンシパルは結局のところ，送られたメッセージからエージェントのタイプを推測する。そして，その推測方法はエージェントも予測できるので，自分にとって都合がよいメッセージの送り方を考える。したがって，自分のタイプを正直に表明することを求められるメカニズムで情報を操作しようとするインセンティブと，任意のメカニズムでの情報操作のインセンティブは結局のところ同じだ。だからこそ，エージェントのタイプを直接に尋ね，正直に表明してもらえれば十分ということだ。

現実にはレストランが自分のタイプを正直にメッセージとして顧客が伝えるようなメカニズムを意識的にデザインすることはないだろう。けれども，各タイプの顧客をターゲットにしたメニューを用意し，自己選択を通じてタイプのスクリーニングが行われる。これは間接的ではあるが顧客のタイプを正直に表明させており，自己選択のインセンティブ制約を満たす範囲で探せば，ベストのメニューの組み合わせを見つけることができる。直接にメッセージとしてタイプを表明させることと同じ結果は，現実的なスクリーニングの仕組みで実現できるわけだ。メカニズム・デザインを考える際には，まず顕示原理を利用してエージェントがタイプを正直に表明する中でベストなメカニズムを探すことでセカンド・ベストを見つけよう。そして，それを実現する現実的な仕組みを考えるという方法が適切だ。レストランならば，それぞれのタイプの顧客をターゲットにしたメニューを用意し，それが実際に選ばれるように工夫する中でベストなメニューを考えようということだ。

4 オークション

▶ 買手たちをスクリーニングする仕組み

オークションは汎用性が高い

何かを売りたい売手の関心事は何だろうか。それは買手たちの中で財を最も高く評価する者を探すこと，そしてその評価額を知ることだ。けれども，それらは買手たちの私的情報だ。つまり，売手は買手をスクリーニングしたい。最大の評価額に近い金額で取引できれば売手にとって成功といえる。そして，**オークション**はスクリーニングのツールとしてうまく機能する。

オークションといえば紳士淑女が集うなか，木槌を持ったオークショニアの掛け声のもとで美術品や骨董品をめぐって競う光景を思い浮かべる人が多いだろう。ロンドンのオークション・ハウスであるサザビーズやクリスティーズが主催するようなオークションは敷居が高い。けれども，最近はインターネット上でのオークションが身近なものとなっている。洋服や家電などをネット・オークションで購入したり売却したことがある人もいるだろう。

オークションはモノや権利（財と呼ぼう）を取引する仕組みだが，利用される状況は実はかなり多い。よく知られているものとしては魚介類のセリや公共事業・工事への入札制度があるだろう。他にもオリンピックの放映権，石油採掘権，国債，温暖化ガスの排出権などもオークションで取引される。また，オークションの歴史を紐解いてみると，古代バビロニアの人身売買からローマ帝国の皇帝位まで，さまざまなものがオークションにかけられている（反面，東アジアではオークションの伝統は希薄らしい）。オークションは古くて新しい仕組みであり人類の歴史とともにある。

ではオークションが優れている点は何だろうか。オークションは美術品のように供給が限られる財や，または各キーワードや周波数（206頁のColumn ❼-3参照）のように高度に差別化された財の取引に利用されることが多い。これらの財は取引量が限られている（1点ものであることも多い）ので標準的な取引価格は存在しない。そして，買手がどの程度の額を支払うつもりがあるのか見積もることも難しい。だがオークションを利用すると，落札者が決まると同時に，買手の支払意思額に基づいた取引価格も定まる。

たとえば，美術品をめぐって3人の買手がオークションに参加しているとしよう。オークションのルールはオークショニアが入札額を上げていく**競り上げ式オークション**だ。いま買手Aの評価額（支払意思額）は40万円，買手Bの評価額は70万円，買手Cの評価額は90万円だとする。ただし，売手は買手の評価額を知らず，また買手同士もわからない。入札額はゼロからスタートし，10万円，20万円と上昇していく。40万円を超えると買手Aは脱落し，そして70万円を超えると買手Bが脱落する。入札額の上昇幅の設定によるが，たとえば2万円単位ならば，買手Cが72万円の落札額で落札することになる。競り上げ式オークションの場合，入札者は入札額が自分の評価額に到達するまで参加し，それを超えると降りることが最適な入札戦略だ。評価額に到達する前に降りると落札できる機会を逃すことになりかねないし，評価額を超えた落札額で落札しても損をするだけだ。したがって，評価が一番高い買手が見つかり，落札額は2番目に高い評価額（を少し上回る金額）となる。

収入同値定理

オークションは競り上げ式オークションだけではない。やはりよく利用される方法は，買手が入札額を封筒に入れて提出し，入札額が一番高い買手が落札に成功，その入札額が落札価格となるようなオークションだ。この方式は**1位価格オークション**と呼ばれ，公共工事や放映権の取引で使われることが多い。

では競り上げ式オークションと1位価格オークションとではどちらの方が売手の期待収入は大きいのだろうか。ここで，買手たちの評価額が個人ごとに独立，つまりある買手の評価額が大きい場合には別の買手の評価額も大きいというようなことがないとしよう。このような状況のオークションは**私的価値オークション**と呼ばれる。そして，私的価値オークションの場合には，競り上げ式オークションでも1位価格オークションでも売手の期待収入は等しくなり，どちらのルールを選んだ方がよいということはない。そのことを確認してみよう。

2人の買手が参加するオークションを考えてみよう。取引される財に対する買手iの評価をv_iとする。それぞれの買手は自身の評価は知っているが，ライバルの買手の評価はわからない。また，売手については2人の買手の評価を知らない。つまり評価は各買手の私的情報だ。ただし，v_iは$0 \leq v_i \leq 1$を満たし，

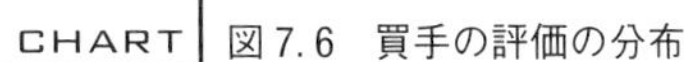
CHART 図 7.6 買手の評価の分布

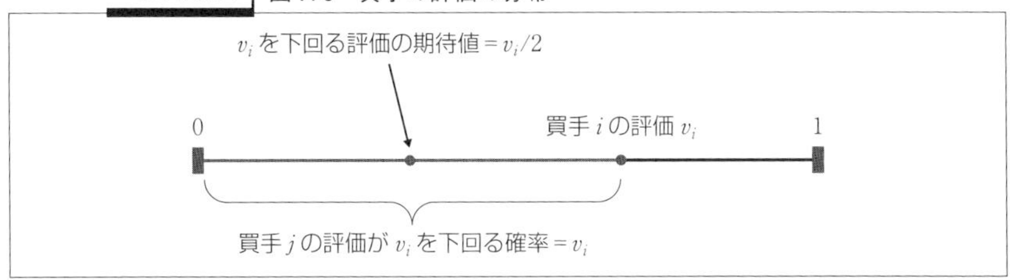

0から1のあいだの各値を均等に実現する一様分布に従うことは知っている。すると，実現値があるxを下回る確率はxとなる。よって，買手 i の評価が v_i のとき，ライバルの買手 j の評価 v_j がそれを下回る確率は v_i となることに注意しよう（図7.6）。また，買手たちはリスク中立的で，［評価額］−［支払額］の期待値を最大化する。

《競り上げ式オークションの場合》 まず，競り上げ式オークションを考えてみよう。そして，評価が v_i であるような買手 i をピックアップしてみよう。もちろん，自分の評価は知っている。先ほども確認したように，この買手は自身の評価 v_i に到達するまでは入札を続け，それを超えると降りる。この場合，買手は互いに入札行動が見えるので，競り上げ式オークションは**公開入札オークション**の特徴を持っている。すると評価が v_i の買手 i が落札に成功するのはライバルの評価が v_i を下回るときであり，その確率は v_i となる。また，そのときの落札価格の期待値は v_i を下回るライバルたちの評価の期待値であり，それは $v_i/2$ となる。

まとめると，評価が v_i であるような買手 i からの売手の期待収入は，

$$\underbrace{v_i}_{\text{評価が } v_i \text{ の買手 } i \text{ の落札確率}} \times \underbrace{\frac{v_i}{2}}_{\text{落札に成功するときの落札価格の期待値}} = \frac{v_i^2}{2}$$

となる。これは買手 i の評価が v_i に定まった場合の値だ。だが，実際には v_i は不確実で，0と1のあいだを一様分布する。すると，買手 i からの売手の期待収入は1/3であることが計算できる。

《1位価格オークションの場合》 次に1位価格オークションを検討しよう。1位

価格オークションの場合は買手は互いに入札額を知ることはできない。このような性質のオークションは**封印入札オークション**と呼ばれる。いま評価が v_i の買手 i は b_i の額を入札するとしよう。このとき，ライバルの買手 j が（理由はさておき）$b_j=av_j$ という入札を行うと想定しよう。つまり，もし評価が v_j ならば，それを a 倍した額を入札する。このとき，買手 i が b_i を入札したとき，勝利するのは $av_j<b_i$，つまり $v_j<b_i/a$ が実現する場合だ。そして，一様分布を想定しているのでその確率は b_i/a となる。

すると，評価が v_i の買手 i が b_i を入札した場合の期待利得は，

$$\frac{b_i}{a}(v_i-b_i)$$

となる。そして，これを最大にするような入札額は $b_i=v_i/2$ だ。つまり，買手 j が $b_j=av_j$ という入札行動をとっているとき，買手 i にとっての最適な入札は $b_i=v_i/2$ となる。これは評価額の半分の額だ。また，立場を入れ替えると，買手 i が $b_i=av_i$ に従って入札するときの買手 j の最適な入札行動は $b_j=v_j/2$ となり，お互いに $a=1/2$ と想定すれば整合的となる。

そして，評価が v_i の買手 i が落札に成功するのは買手 j の評価が v_i を下回るときであり，その確率は v_i だ。すると，評価が v_i の買手 i からの売手の期待収入は次のようになる。

$$\underbrace{v_i}_{\text{評価が } v_i \text{ の買手 } i \text{ の落札確率}} \times \underbrace{\frac{v_i}{2}}_{\text{勝利するときの落札価格}} = \frac{v_i^2}{2}$$

すぐにわかるように，これは競り上げ式オークションの場合と一致する。つまり，売手の期待収入は同じだ。

競り上げ式オークションでは売手の期待収入は2番目に高い評価額の期待値となる。一方，1位価格オークションの場合は一番高い入札額が落札価格となるので，一見するとそちらの方が売手の期待収入は高いように思うかもしれない。けれども，1位価格オークションの場合は買手は入札額を評価額よりも抑えがちとなる。たとえば，90万円の評価額の買手が80万円を入札して落札に成功したとしてもうまみはない。純便益は10万円にすぎず，もっと安い入札額でも勝てたのではないかという後悔におそわれる。では，ライバルの買手を甘く見て30万円を入札すればどうなるか。もし別の買手が35万円を入札し落

札に成功したら，やはり後悔におそわれる。もう少し高めに入札していれば勝てたわけだ。1位価格オークションでは，2つの後悔が買手にとってのトレードオフになっており，そのトレードオフが解消されるところまで入札額を評価額から下げる。いまの想定では評価額の半分だ。

競り上げ式オークションと1位価格オークションとで売手の期待収入が等しくなるという結論はもっと一般化できる。紹介した2つ以外にもオークションのルールはさまざまあるが，買手たちの評価が個人ごとに独立ならば，評価額が一番高い買手が均衡で落札者となるあらゆるオークションは同じ期待収入を売手に与える。この驚くべき結論は**収入同値定理**と呼ばれる。実際，オークションの参加者たちはオークションのルールではなく結果に関心がある。そして，収入同値定理によれば売手の期待収入はルールには依存しなくなる。

定義 7.5　収入同値定理

リスク中立的な買手による私的価値オークションを考える。すると，売手の期待収入は，評価が一番高い買手が（均衡で）財を落札できるようなオークションではすべて同一だ。よって，標準的に利用されているオークションからの期待収入はすべて等しい。

収入同値定理が成立するならば，具体的なオークションのルールをデザインすることには意味がないと思われるかもしれない。だがそんなことはない。収入同値定理を導いたロジャー・マイヤーソンは顕示原理を利用して買手たちをスクリーニングする最適オークションを求めた。そして，適切な最低落札価格を導入することで最適なオークションをデザインすることができることを明らかにした。最低落札価格を導入したとき，すべての買手の入札額がそれに到達しない場合は取引は成立しない。本来は価値を生み出す取引が実現しないという非効率性が生じる。けれども落札者が支払う金額を底上げすることができ，売手はより大きなレントを得る。そして効率性とレント獲得とのあいだのトレードオフを解消する適切な最低入札価格が見つかるというわけだ。

また，収入同値定理はいくつかの仮定に依存している。それらの仮定が成立しない状況，たとえば，買手たちがリスク回避的な場合や，石油採掘権のようにすべての買手にとって財の価値が共通の状況など評価の独立性が満たされない場合，また買手たちに資金の制約がある場合などでは，収入同値定理は成立せずオークション・ルールのデザインに大きな意味が出てくる。他にも落札者が決まるまでの時間の早さ，ルールや最適な入札戦略の単純さ，談合が生じにくいようにする，参加者を増やしたいか，など，具体的な状況に応じて適切なオークションをデザインすることはやはり重要だ。

オークションなどのルールを具体的に考え，適切な取引の実現を目指す研究は**マーケット・デザイン**と呼ばれる。マーケット・デザインは具体的で現実的な問題に取り組むことを目的としており，経済学の中で急速に発展している分野だ。経済学を抽象的で現実性を欠いた学問だと誤解する人は少なくない。もちろん，そんなことはないのだが，マーケット・デザインは経済学が現実問題を解決する強力なツールであることをすべての人に実感させてくれるだろう。

Column ❼-3 オークションの実践

いま，この世界で最も数多くオークションで取引されるモノや権利は何だろうか。それは間違いなく，検索連動型のキーワード広告だろう。検索エンジンを利用すると検索結果と同時に入力したキーワードに関連する広告が並ぶ。実はその並び順がオークションによって決まるのだ（入札はクリック当たりの料金をめぐって行われる)。採用されているのは，（入札額だけで順位が決まるわけではないが）2位価格オークションという方式だ。

競り上げ式オークションでは落札価格が2位の評価額となることを思い出そう。2位価格オークションはその競り上げ式オークションの特徴を封印入札オークションで再現する。買手たちは互いに入札額はわからない。一番高い額を入札した買手が落札するが，その際の取引価格は**2位の入札額と等しい額**となる。競り上げ式オークションの場合は自分の評価額に達するまで入札を続けるのが最適な入札行動だったが，2位価格オークションでは**自分の評価額に等しい額を入札すること**がいつも最適となり，それは他の買手の評価や入札行動には依存しない（証明はそれほど難しくはない。本文の2人の買手の例で確認してみてほしい)。つまり，支払額は自分の入札額とは関係なくなる。

このことのメリットは大きい。もし1位価格オークションならば，広告のようにいつも入札が可能な場合，広告の順位を観察しながら入札額の変更を繰り返し，それが料金の変動をもたらしてしまう。また，ライバルの入札行動を予想しながら自分の入札行動を調整する必要も生じる。2位価格オークションではそんなことは起こらない。支払額は入札額とは関係ないし，ライバルの動向を気にせずともいつも自分の評価を入札すればよいからだ。入札行動は簡単で，支払額も安定する。2 位価格オークションを考案したのは 1996 年にノーベル経済学賞を受賞したウィリアム・ヴィックリーだ。ヴィックリーのアイデアが検索連動型のキーワード広告の隆盛をもたらしたわけだ。ヴィックリーの偉大さについては法学者のエリック・ポズナーと気鋭の経済学者グレン・ワイルが著した『ラディカル・マーケット――脱・私有財産の世紀』（安田洋祐監訳，遠藤真美訳，東洋経済新報社，2020 年）に詳しい。同書はヴィックリーに端を発するさまざまな経済・社会制度改革のアイデアを大胆に提案している。

では，「史上最大のオークション」は何だろうか。本文で紹介した古代ローマの事例はともかく，当時，その称号を冠したのはアメリカの連邦通信委員会（FCC）が 1994 年に実施した周波数オークションだ。モバイル・ビジネスの肝となるのは周波数の利用権だ。それがなければそもそもビジネスを営めない。本来，周波数は国民の共有財産ともいえるが，その排他的な利用権をビジネス利用のための企業にどのように与えるか，という問題に対する 1 つの答えがオークションの利用だ。

歴史的には周波数の割り当ては（美人コンテストのように）比較審査方式によって行われていた。ところが，審査能力の乏しさ，客観性の欠如，時間がかかるといった問題により抽選方式に変更された。だが，抽選の場合は適切な割り当てのためには転売が必要だ。すると，転売目的の応募者が殺到し，また転売自体も円滑には行われなかった。そこで，採用されたのが，第一線で活躍する経済学者たちがデザインした複数ライセンスの**同時競り上げ式オークション**だった。

広いアメリカの周波数を細かく分け，それらを同時にオークションにかける。同時なので，入札者は複数のライセンスをまとめてパッケージとして入札することができる。また，競り上げ式なので，ライバルの入札行動を観察することができる。ここにはいくつかのメリットがある。まず，補完的なライセンスと代替的なライセンスがオークションを通じて区別されていき，適切な価値が定まることがある。また，他の入札者の行動が見えるので，各入札者たちは自分だけが不当に高すぎる入札額を提出し，落札できても結果として損を被ってしまうこと，オークションで**勝者の呪い**と呼ばれる事態を回避でき，安心して入札できることもある。実際，この周波数オークションは大成功し，420 億ドルの収入を政府にもたらした。

その後もアメリカでは周波数オークションが引き続き行われ，これまでに 10 兆円近い収入を実現した。アメリカ以外の各国でも次々と行われ，たとえば，イギリスやドイツではアメリカの史上最大のオークションを超える額も生まれた。そして，いまでは，北米，中南米，ヨーロッパ，アジア，オセアニアでは広く普及し，アフリカ大陸でも採用している国がある。では，日本はどうだろうか。2020 年 7 月現在，まだ一度も行われたことはない。これは OECD 35 カ国のうち唯一であり，アジアを見渡しても，インド，インドネシア，シンガポール，台湾などすでに多くの国や地域で実績があるにもかかわらずだ。

日本では現在も比較審査方式が採用されている。2010 年代初頭にオークション方式が導入される機運もあったが，結局は強い反対で頓挫してしまった。反対の根拠は諸々あり，たとえば，オークションにより事業者が巨額の支払いが必要になり，ユーザーの料金が高くなったり設備投資が遅れたりするというものがある。けれども，オークションで支払う額は固定費用なのでそれは料金の決定とは本来は無関係なはずだし，そもそも日本のモバイル利用料金は決して安くはない。また，オークションに参加する事業者は，そこから生まれる価値を設備投資も含めて十分に検討するはずだ。つまり，入札行動に内部化されるだろう。さらに，すでに各国で十分な実績があり，失敗の事例なども含めて，運営する側も参加する側も多くを学べるはずだ。オークションが最も技術力があり，高い価値を実現する事業者を発見する可能性は高い。いまさらという感があることは否めず，すでにこじらせてしまってはいるが，それでも導入を検討するべきだろう。

SUMMARY ●まとめ

□ 1 さまざまな嗜好の顧客がいる場合，それぞれのタイプの顧客をターゲットにしたメニューを用意し，自発的に選ばせることで嗜好を知ることができる。

□ 2 優良顧客をターゲットにした販売メニューの魅力を高めるためには，優良ではない顧客をターゲットにしたメニューの魅力をあえて減らすべきだ。

□ 3 スクリーニングとは情報を開示させるような自己選択をさせることで，隠された情報を克服するというアイデアだ。価格差別や絵踏みはその事例だ。

□ 4 顕示原理によりエージェントがタイプを正直に表明する範囲でベストのメカニズムを探せばよい。そして，それをどのような仕組みで実現するかを考えよう。

□ 5 オークションは財や権利を最も高く評価する買手と，その評価額を見つけるためのスクリーニングの仕組みだ。

EXERCISE ● 練習問題

7-1 アミューズメント・パークの行列必至の人気アトラクションを考えよう。次の 3 つの整理方法のうち，スクリーニングとしての機能が最も弱い方法を選びなさい。

1. 先着順　　2. 有料エクスプレスパス　　3. 抽選

7-2 飛行機のビジネス・クラスと比較すると，エコノミー・クラスの座席はずいぶんと狭く快適からはほど遠い。その理由をスクリーニングの観点から説明しなさい。

7-3 企業（プリンシパル）と従業員（エージェント）の関係を考えよう。従業員には生産性が高いタイプ H とそうではないタイプ L がいる。従業員は x の時間を作業に費やし，その報酬として w を得る。タイプ H は x の作業から $8\sqrt{x}$ の業績を生み出すのに対し，タイプ L は $4\sqrt{x}$ の業績を生み出す。また，企業の利益は業績から報酬を引いたものであり，従業員の効用は $u = w - x$ であるとしよう。以下の設問に答えなさい。

(1) 企業は従業員のタイプがわかるとしよう。このとき，企業が各タイプの従業員に対して要求する作業量と支払う報酬の組み合わせ（契約）を求めなさい。ただし，契約を作成する権限は企業側にある。

(2) 企業は従業員のタイプはわからないが，タイプ H の割合が 1/3，タイプ L の割合が 2/3 であることは知っている。企業が期待利潤を最大化するとき，従業員たちをスクリーニングする契約のメニューを求めなさい。

7-4 競り上げ式のオークションに 5 人が参加したとしよう。それぞれの評価額は 100 万，92 万，85 万，75 万，70 万だ。落札価格はいくらになるだろうか。ただし，入札は 1 万円単位で行えるとする。

7-5 2 位価格オークションを考えよう。本文と同じく，買手は 2 人で，それぞれの評価は 0 から 1 のあいだを一様に分布する。このとき，自分の評価と等しい額を入札することが，他の買手の入札行動が何であろうといつも最適な入札行動であることを示しなさい。

第 3 部

PART 3

コミットメントの問題と解決策

CHAPTER

第8章

コミットメント

退路を断つことのメリットとは何か？

STORY

●備えあれば憂いなし？

あなたのビジネスは右肩上がりに業績を伸ばし，いまでは国内では知らぬ者のないほどのカフェ・チェーンへと成長した。次のターゲットは海外へ進出し，世界的チェーンとしての地位を確立することだ。世界にはカフェ文化が根付いていない国々がまだまだある。世界中に幸せを届けたい。そんな気持ちだった。

もちろん，法制度や商慣行がまったく異なり，また人的ネットワークもほとんど持たない異国の地でビジネスを行うことに不安がないわけでもない。1つの懸念は海外での店舗網を確立するために必要な費用が正確に読めないことだ。もし事業が想定どおりに進まなければそれだけ費用はかさみ，最悪の場合はプロジェクト半ばで資金ショートという事態にも陥りかねない。十分なノウハウを蓄積してきた国内事業とは異なり，海外進出で直面する不確実性はこれまでとは比較にならない。

幸いにして国内事業は好調だ。海外進出をもう少し自重すれば不測の事態にも対応できる十分な資金力を蓄えることもできるだろう。「備えあれば憂いなし」ともいうではないか。

しかし，あなたは勝負をかけるときはいまだと直感している。期せずして，海外でも世界展開を目指すカフェ・チェーンが台頭しはじめている。世界市場を制するうえで先に動くことの利益は無視できない。海外進出はライバルに先立って迅速に進めなければならない。そもそも失敗を恐れるなら，大きな挑戦は不可能だ。

あなたは持てる資金をすべてつぎ込んで海外進出にかけることにした。もし失敗したら存亡に関わる苦境に陥ることは目に見えている。まさに背水の陣だ。だが，退路を断つことで，周囲の人たちを動かし事態が好転することも知っている。退くことができなければ前に進むしかないからだ。あなたは，憂いがあることを知りつつも，あえて備えないという選択をした。

退路を断ってしまえば，本当に退かざるをえないときに困難に陥る。それでもなお成功のカギを握ることがある。その理由を本章では解き明かしてみよう。

第8章で考える問題

- コミットメントはなぜ重要なのか。
- 退路を断つことの戦略的な利益とは何か。
- 情報をあえて得ないことの利益とは何か。

1 コミットメント問題

われわれは日常生活において頻繁に「約束」をする。たとえば「明日の午後6時に○○のレストランで集合」という具合にだ。いったん約束をした以上は，より望ましい選択肢（デートの誘い？）が現れてもそちらに乗り換えてはいけない責任が生じる。つまり，約束にはそれなりの費用が伴う。とはいえ，約束がなければ，お互いの行動を協調させることができず，いつどこで会うのかという調整ができなくなってしまう。そこで，費用を勘案しながら必要に応じて約束をすることになる。

他の例をあげよう。少し物騒な話だが，戦いにのぞむ指揮官が兵士たちに，「どんなに劣勢でも30分後に援軍が到着するまで絶対に退いてはいけない」と命令したとしよう。指揮官の言葉は絶対だ。それは兵士たちに共有される約束事となる。実際，戦場では全体の意志を協調させないと勝利は難しい。だからこそ，たとえ身に危険が迫っていても指揮官の言葉には忠実でなければならない。ただし大きな費用を伴うことがある。劣勢でも退かなければ，全滅の憂き目に遭うかもしれない。似たようなことはビジネスでも起こりうる。

約束とはすなわち，事前に自分の将来の行動を制約するということに他ならない。経済学では，こうした約束を一般に**コミットメント**と呼ぶ（ある行動に**コミットする**といったりもする）。レストランや戦場の約束の例からもわかるように，コミットメントがわれわれの社会で大きな役割を果たすことに疑問の余地はないだろう。これまで考えてきた契約もまた，事前に取引のルールを定めるコミットメントと考えることができる。財やサービス，または実現した業績や成果に対して，定められた対価や報酬を支払う約束があってこそ取引はスムーズに進む。

ただし，コミットメントはどのような状況でも簡単にできるわけではない。ある状況では，行動を**信頼に足る形で制約する**ことが難しくなる。実際，敵に攻め込まれて命の危険を感じたら，逃げ出してしまう兵士も少なくないはずだ。けれども，兵士の行動を制約できないならば援軍が来るまで持ちこたえるという作戦も成立しなくなってしまうし，追い込めば逃げ出すことを予想する敵軍は，援軍が到着する前に片をつけようと一気呵成（かせい）に攻め込んでくるだろう。つまり，行動を信頼できる形で制約できないことで，望ましい結果を達成できなくなる事態が生じうる。このような問題を総称してコミットメント問題と呼ぶ。

定義 8.1　コミットメント問題

将来の行動を信頼に足る形で制約することができないときに生じる問題。

「信頼に足る」という条件は説明が必要だ。レストランで集合するという約束は，それを実行する段階で意図的に破る理由はない。信頼に足るコミットメントといえる。急なデートの誘いはそうあることではない。約束の時点と実行の時点とでインセンティブが変化しないからこそ信頼できる。けれども，援軍が来るまで劣勢でも絶対に退かないという約束は，まだ戦況がわからない時点では望ましかったとしても，実際に戦況が悪くなると逃げ出したくなる。つまり，約束の時点と実行の時点でインセンティブに乖離が生じている。そのような場合の約束は信頼に足るとはいえない。だからこそ，敵も一気に攻めてくる。

一般的には，すべての関係者が同時に行動するような環境では，約束をするタイミングとそれを実行するタイミングのあいだで戦略的な環境に変化が起こらないので，信頼に足るコミットメントがしやすい。一方で，関係者が順番に行動していくような状況では，時間を追ってそれぞれのインセンティブが最初の状態から変化していくので，信頼に足るコミットメントをしづらい状況が生じやすくなる。

そのような例として，核兵器を開発する独裁者と周辺諸国の交渉を考えてみよう。周辺諸国は，独裁者を好ましくは思っていないが，何よりも望むのは核兵器を廃棄させることだ。一方で，独裁者にとって核兵器は交渉の道具にすぎず，現状の体制を保障してもらえるならば核兵器を廃棄することは問題ない。つまり，独裁者が核兵器を廃棄する代わりに，周辺諸国は体制の保障をするとことが適当な落としどころとなる。

一見すると単純なギブ・アンド・テイクの取引に見えるが，これを実行するのはきわめて困難だ。この取引で障害となるのは，核兵器の廃棄という選択が，一度それをしてしまえばもう後戻りはできないという不可逆性を持つことにある。つまり，先に動く独裁者が核兵器を廃棄してしまえば，周辺諸国の目的はその時点で達成されてしまう。目標が達成された後も周辺諸国が独裁者を守り続けるインセンティブがあるかというと，これははなはだ疑問だろう。独裁者も当然このことを予測するので，最初の段階で交渉カードである核兵器を廃棄してしまうことには慎重にならざるをえない。この問題が生じる理由は，それぞれが動くタイミングが違うことにある。独裁者が核兵器を廃棄する前と後で周辺諸国が直面する状況がまったく異なるのは明らかだ。

こうした状況の変化は，関係者間でのインセンティブを変化させ，望ましい結果が実現できなくなる。ではどうすればよいだろうか。信頼に足らない約束を信頼できる約束に変化させるトリック，コミットメントを可能とし行動を制約するためのトリックが必要だ。「背水の陣」はそうしたトリックの１つだ。あえて退路を断つことで，どんなに劣勢でも逃げ出すことはなくなる。逃げ出すという選択肢を消してしまっているからだ。現実の経済でもコミットメント問題はいろいろな局面で生じ，さまざまなトリックにより対処されている。いくつかの例を通じて概観しよう。

ソフトな予算制約問題

不確実性下でのプロジェクト実行

プリンシパルとして企業や政府を考えよう。エージェントとしては外部の専門業者を想定し，プリンシパルがエージェントにプロジェクトを委託するような状況を考えよう。企業が新製品の生産に必要な設備の開発や社内のIT環境の再構築を専門業者に依頼するような状況や，または政府が公共施設の建設や公共サービスの供給を民間の業者に要請するような状況を考えよう。

プロジェクトは「容易」か「困難」かのいずれかで，この難易度によってプロジェクトの完成までに要する期間が決まる。具体的には，容易なプロジェクトは1期間で完成させることができるのに対し，困難なプロジェクトは完成までに2期間を要するとしよう。また，プロジェクトの難易度はエージェントの私的情報であり，依頼するプリンシパルはこれを直接観察することはできない。ただし，プロジェクトが容易である確率がpであることは知っているとしよう。

そして，プリンシパルとエージェントとのあいだの取引は次のように進んでいく。

(1) エージェントがプロジェクトの難易度を観察したのちに，プロジェクトの実行を提案するかどうかを決定する。エージェントが提案しなければプロジェクトは実行されない。

(2) プロジェクトが提案された場合は，プリンシパルはこれを実行するかどうか決定する。

(3) プロジェクトを実行した場合，1期目の終了時に容易なプロジェクトは完成するが，困難なプロジェクトは未完成のままである。プロジェクトが未完成の場合，プリンシパルはプロジェクトを継続するかどうか決定する。

(4) プロジェクトが継続された場合は，2期目の終了時点で困難なプロジェクトも完成する。

プロジェクトを1期間実行するためには，プリンシパルは1単位の資金を提供しなければならない。つまり，プリンシパルにとっては，プロジェクトが容易であれば1単位の，困難であれば2単位の資金提供が完成までに必要となる。一方で，エージェントはプロジェクトを実行するための費用は負担しないが，

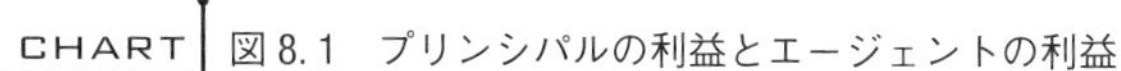
CHART 図8.1　プリンシパルの利益とエージェントの利益

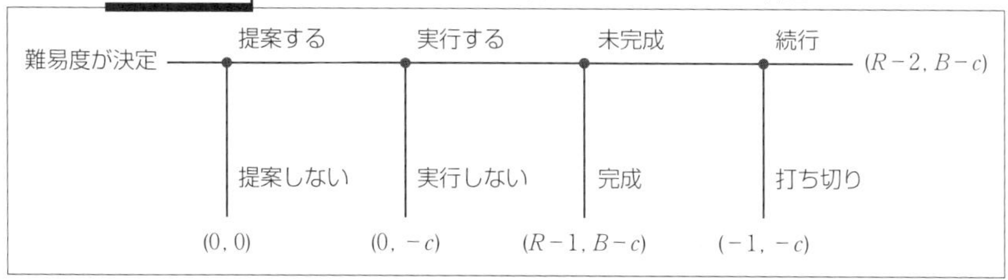

プロジェクトを提案するために$c>0$の費用を負担しなければならない。また，完成したプロジェクトのプリンシパルにとっての価値をR，エージェントにとっての価値をBとしよう。もしプロジェクトが実行されないか，もしくは未完成に終わった場合は，両者ともに費用を除いてゼロの利益を得る（図8.1）。

以下の分析では，

$$2>R>2-p$$

が成り立つと仮定する。最初の不等号は，プリンシパルには困難だとわかっているプロジェクトを実行するインセンティブはないことを意味する。一方で，難易度がわからないときにすべてのプロジェクトが完成まで実行されたときの期待費用は$p+2(1-p)=2-p$となることに注意しよう。よって，2つ目の不等号は，確率pでプロジェクトが容易だという情報しかないときには，プリンシパルはプロジェクトを実行するインセンティブを持つことを意味する。このとき$R>1$なので，容易なプロジェクトはもちろん実行したい。

コミットメントの役割

プリンシパルは困難なプロジェクトは実行したくないが，プロジェクトの難易度はエージェントの私的情報であるため，その情報をなんらかの方法によってエージェントから引き出さなければならない。幸いにして，これは，原理的には非常に単純な方法で達成可能だ。この問題で重要な点を整理してみよう。

- プリンシパルはプロジェクトが容易なときだけ提案してほしい。
- エージェントは完成までに要する期間の長さには関心を持たないが，提案したプロジェクトが中途で打ち切られることだけは避けたい。
- 容易なプロジェクトは1期目が終わった時点で完成するため，この時点で完成していないプロジェクトは困難であることがわかる。

ここで，プリンシパルが「1期間後にプロジェクトが完成しない場合はこれを必ず打ち切る」と宣言するとしよう。もし，プリンシパルがこの宣言にコミットすることができ確実に実行されるならば，困難なプロジェクトは必ず未完成に終わる。すると，エージェントは費用をかけてそれを提案しようとはせず，プロジェクトが容易なときだけ提案することが最適となる。私的情報を持つエージェントが適切にプロジェクトを選別してくれるので，プリンシパルがこの宣言どおりに行動できるならば，プロジェクトの難易度についての情報を引き出すことが可能だ。

しかし，たとえ原理的には簡単であったとしても，これを実際に実行できるかどうかはまた別の問題だ。このことを見るために，この問題におけるプリンシパルのインセンティブを確認してみよう。

コミットメントの欠如による非効率性

このモデルにおける「最後の期」は，2期目のプリンシパルが直面する問題なので，バックワード・インダクションにより最初にこの問題を考える。プロジェクトが容易であるならば，それは1期目が終了した時点で完成しているはずなので，その時点で未完成のプロジェクトは確実に困難なプロジェクトだとわかる。よって，情報の非対称性は完全に解消されている。しかし，この時点で困難なプロジェクトだとわかったとして，プリンシパルはこのプロジェクトを打ち切るだろうか。

プロジェクトはすでに1期間実行されており，現時点で未完成ではあっても，プリンシパルがあと1単位追加で資金を提供すれば確実に完成するところまで進行している。もし，プリンシパルがプロジェクトを継続するならば，ここから追加的に得られる利益は$R-1$となる。一方で，もしプロジェクトを打ち切れば追加的な利益はゼロだ（すでに提供した資金は取り返せないので費用として考慮されない）。仮定より$R-1>0$なので，プリンシパルにとって未完成のプロジェクトを継続した方が望ましいということになる。つまり，1期間後に困難であると判明したプロジェクトも完成まで継続することが最適となる。

すると，事前の段階でプリンシパルが1期目で未完成のプロジェクトは打ち切ると宣言していたとしても，それを実行するインセンティブはないことがわかる。2期目になると，その時点での利益を考慮して未完成のプロジェクトを継続してしまうのだ。こうしたプリンシパルの事後的なインセンティブに基づく機会主義的行動は，エージェントの事前の行動に重大な影響を与える。

では，バックワード・インダクションのアイデアに従い，1期目に戻ってエージェントの行動を考えよう。エージェントは，たとえプロジェクトが困難であったとしても，プリンシパルがそれを打ち切ることがないと予想する。すると，困難なプロジェクトを提案しない理由はない。難易度にかかわらずすべてのプロジェクトを提案することがエージェントにとって最適となる。つまり，コミットメントの欠如により，エージェントがプロジェクトの難易度を正直に申告するインセンティブが失われてしまう。その結果として，プリンシパルは容易なプロジェクトだけを実行したいと考えているにもかかわらず，**すべてのプロジェクトが提案され完成するまで実行される**ことになる。

ソフトな予算とハードな予算

ここで紹介した問題は，一般に**ソフトな予算制約問題**として知られている。なぜ「ソフトな予算制約」かというと，当初の計画では，1単位の資金だけでプロジェクトを実行するはずだったのが，事後的には，いわばなし崩し的に追加の資金を提供せざるをえなくなってしまっているからだ。事前に計画した予算の上限は，実際にはそれほど厳格なものではなく，そのときの状況に応じて柔軟に変更されてしまう「ソフト」な制約であったということだ。そして，そのことを予想するエージェントによってあらゆるプロジェクトが提案され，実行に移される。

定義 8.2　ソフトな予算制約問題

計画された予算を厳格に守ることにコミットできないことにより，利益の観点から実行されるべきではないプロジェクトが提案され実行される問題。

ソフトな予算制約問題が起こる直接の原因は，プリンシパルが事前の計画にコミットできないことでエージェントに足元を見られていることにある。では，どうすればプリンシパルは事前の計画にコミットできるだろうか。こうした環境でプリンシパルがとりうる1つの対策は，プロジェクトを継続したくてもできない状況に自らを追い込むことだ。たとえば，手持ちの資金は何か他のプロジェクトに投資をしてしまって，余った資金を持たないようにするのは現実的な方策だ。ない袖は振れないわけで，1期間でプロジェクトを終了させることへの強力なコミットメントとなるだろう。コミットメント問題が生じるような環境では，**潤沢な資金へのアクセスが必ずしも良い結果をもたらすわけではない**。

このように，なんらかの外的な手段により予算に厳格な上限を課すことを**予算をハード化**するという。もちろん，予算のハード化は，不測の事態に対応するための柔軟性を制限するため，事後的な損失をもたらす可能性は否定できない。しかしその一方で，事後の機会主義的行動を抑制し，事前の規律をより強く働かせることを可能とする。

注意すべき点は，事後の問題はしばしば目に見える形で顕在化するため，人々の関心を集めやすいのに対し，事前の問題は目に見えないことが多いため，柔軟性の確保のメリットが過剰に強調される傾向が強いということだ。「柔軟な対応」という言葉にポジティブな印象を持つ読者も多いだろう。けれども，最適な制度設計には事前と事後のトレードオフの視点が不可欠だ。顕在化しやすい事後の損失や非効率性をあえて容認し，柔軟に対応しないこともときには必要となる。未完成のプロジェクトをきっちりと打ち切ることで規律を保つことができる。

動学的非整合性とコミットメント

ソフトな予算制約問題は，特定の状況を想定しているが，特徴としてはエージェントとプリンシパルが順番に行動することがある。このような環境を**動学的な環境**と呼ぼう。そして，ソフトな予算制約と同様の問題は，さまざまな動学的な環境で見つけることができる。ここでは，背後にあるインセンティブ構造をより深く理解するために，もう少し一般的な観点から概観しよう。

繰り返しになるが，ソフトな予算制約問題が起こるのは，プリンシパルが事前には最適な計画を事後的に実行することができないからだ。このことは，事前（プロジェクト実行前）と事後（プロジェクト実行後）でプリンシパルのインセンティブが変化していることを意味する。つまり，**現在の自分と将来の自分のあいだに利害の対立が生じている**ということだ。インセンティブの時間を通じた非整合性は，一般に**動学的非整合性**と呼ばれる。もし，現在の自分と将来の自分のインセンティブが一致しているのであれば，将来の自分が現在の自分にとって不都合な行動をとることはない。したがって（他人と行動を協調させる以外の理由で）わざわざ自分の行動を事前に制約する必要はないはずだ。つまり，動学的非整合性こそがコミットメント問題を引き起こす要因といえる。

定義 8.3　動学的非整合性

事前と事後の最適な選択の不一致をもたらすインセンティブの構造，またはそうした状態を動学的非整合性という。

動学的非整合性が起きる最大の理由は**過去にとったの行動の不可逆性**だ。たとえば，ソフトな予算制約問題においては，1期目に行った投資を事後的に取り返せないという事実が，事前と事後のインセンティブの齟齬（そご）を生む要因となっている。もし，2期目にプロジェクトの難易度がわかった段階で，1期目の資金提供をなかったことにできるのであれば，コミットメント問題は生じないだろう。しかし，いったん資金提供してプロジェクトが前進してしまえば，その事実を後から変えることはできず，このことは，プリンシパルが直面する問題の構造を大きく変えてしまう。もう1期だけ資金を費やせば完成してしまうのだ。

ソフトな予算制約問題では，自分の行動（資金提供）の不可逆性が重要な役割を果たしていたが，事前の段階で他人に何か不可逆的な行動をとらせたい場合にも同様の問題が生じる。2つの例をあげよう。

(1)　企業誘致：設備投資を行う企業（エージェント）とその企業に対して課税を行う地方政府（プリンシパル）を考える。企業が行う設備投資は不可逆的であり，投資を完了してしまえば企業はそれを後から取り消すことはできない。このとき，企業を誘致したい地方政府は，企業が実際に投資を行う前は低い税率を設定するインセンティブを持つが，誘致に成功し企業の投資が完了してしまえば，今度は税率を引き上げることで税収を増大させる誘惑にかられるだろう。そして，企業がこのことを予測するならば，事前の減税には反応しないため政策の効果は完全に失われてしまう。

(2)　成績評価：学校における成績評価の問題を考える。教師（プリンシパル）の目的は，生徒（エージェント）に勉強をさせることであり，そのために期末試験の実施を予告する。しかし，実際に学期が終わってしまえば，その時点で生徒の勉強量に影響を与えることはできないため，教師にとって事後的にわざわざ手間をかけて試験を実施するインセンティブは存在しない。そして，生徒がどうせ試験は行われないと予測するならば，勉強をするインセンティブは失われてしまう。

これらの例で共通して問題となるのは，プリンシパルが実際に行動をとる段階では，エージェントの行動は過去の事実としてすでに確定しており，それを事後的に変えることができないという点だ。そもそも事前の約束の唯一の意義は，エージェントにある特定の行動（投資，勉強）をとらせることであり，それがすでに確定している以上，事後的な観点からは約束を履行することに対する直接的な利益は存在しない。しかし，こうした事後的なプリンシパルによる約束からの逸脱が予想されると，先に行動するエージェントのインセンティブが大いに歪み，結果としてプリンシパルにとっても望ましくない帰結を招くことになる。

評判によるコミットメント問題の解決

動学的非整合性とコミットメントの欠如が深刻な非効率性をもたらす可能性があるならば，それはなんらかの方法によって克服しなければならない。コミットメント問題に対する最も直接的な解決策は契約を書くことだ。しかし，契約を書くということは，自己拘束的に履行することが難しい約束を，強制力を持つ第三者によって実行させられることを意味しており，コミットメント問題とはそもそも表裏一体の関係にある。コミットできないからこそ契約を作成するわけだ。また，当事者の双方が合意すれば契約の書き換えは不可能ではない。プロジェクトが未完成のときに，打ち切りという契約を反故にして，プリンシパルがエージェントに継続を打診してしまうかもしれない。エージェントにとっては願ったりかなったりだ。そのような場合には契約はコミットメントとしての効力を失う。

現実社会においてコミットメント問題を解決または緩和する強い力となるのは**評判のインセンティブ**だ。たとえば，教師にとって事後的に試験を行うインセンティブは確かにないかもしれないが，もし実際に予告した試験を取り止めると，その噂は瞬く間に広まり，次年度以降は誰もまじめに勉強しなくなるで

Column ❽-1　ダイエットの経済学

動学的非整合性は，主に複数の個人が互いに影響を与える戦略的な環境で起こる問題だが，1 人の個人についても引き起こされることがある。行動経済学では個人の選好が「現在バイアス」と呼ばれる特性を持つと考える。そして，現在バイアスのもとでは，1 人の個人であっても動学的に非整合的な行動を選ぶことがある。

次のような効用を考えよう。

$$U=u_1+\beta(\delta u_2+\delta^2 u_3+\cdots)$$

ここで，u_t は t 期に得られる効用，U は 1 期（現在時点）で評価した将来の効用の合計の割引現在価値（割引効用）を表す。また，δ は 1 期後を割り引く程度（割引率）を表し，$0\leq\delta\leq1$ が成立する。そして，β が現在バイアスの程度を示すパラメータとなる。もし，$\beta=1$ であれば現在バイアスはなく選好は動学的に整合している。割引率は δ で一定なので，将来の自分と現在の自分を同一視でき，いま最適と考えた行動はこれからもずっと最適であり続ける。

けれども，$\beta<1$ ならば動学的非整合性の問題が生じる。このような選好は，行動経済学では（準）双曲割引として知られ，現在を重視し，将来を軽く見るバイアスを表現している。

簡単化のため $\beta=0.5$，$\delta=1$ とし，例としてダイエットをしようとしている個人の意思決定問題を考えよう。考える期間は今日，明日，明後日の 3 期だ。この個人は明日の夕食に「ラーメン」を食べるか「サラダ」を食べるかを，今日考えているとする。ラーメンを選択した場合，食べた時点で 2 の効用を得るが，明後日には体重増加により -3 というマイナスの効用を得る。一方でサラダを選択した場合は，明日も明後日も効用はゼロだと基準化しておこう。

今日の時点での最適な選択は明らかだ。ラーメンを選択した場合の効用を現在の時点で評価すると，

$$\underbrace{0.5\times2}_{\text{明日のラーメンのプラス}}+\underbrace{0.5\times(-3)}_{\text{明後日の体重増加のマイナス}}=-0.5$$

となり，サラダを選択した場合の 0 を下回る。よって今日の時点ではこの個人にとって「明日はサラダを食べる」ことが最適となっている。ただし，ここには錯誤がある。明日の自分のラーメンを食べたい気持ちを過小評価している。

実際に明日の夕食を選ぶのは，今日の自分ではなく明日の自分だ。明日の自分はちゃんとサラダを選んでくれるかというと残念ながらそうではない。「明日」になってしまえば，その時点が「今日」となる。そのとき評価したラーメ

ンの割引効用は,

$$\underbrace{2}_{\text{今日のラーメンのプラス}} + \underbrace{0.5\times(-3)}_{\text{明日の体重増加のマイナス}} = 0.5$$

となり，サラダから得られる効用 0 を上回るからだ。これは，現在バイアスによってラーメンを食べることの即時的な効用の価値が将来発生するマイナスの効用と比較して相対的に増大することによる。つまり，将来の自分を過小評価しているので，いまラーメンを食べてしまう。サラダを食べるという「昨日の自分」の計画を，「今日の自分」が覆し，「明日の自分」が犠牲者となった。

「最後のラーメン 1 杯」を食べてからのダイエットや「最後の 1 本」を吸ってからの禁煙は失敗に終わることが多い。明日も今日と同じ自分がいる。今日できないことは明日もできない。要するに明日の自分ばかりを信頼してはいけないということだ。信頼すべきは今日の自分だ。ダイエットや禁煙をいまではなく明日から始めようという考えは人間の性ではあるが，こうした先送り傾向は，あなたの選好に現在バイアスがあることを暗示している。あなたの選好には現在バイアスはないだろうか。

あろう。自分の評判を守るというインセンティブは，同じような問題が繰り返し起こる長期的な関係においては，事後的な機会主義的行動を抑制する強力な手段として機能する。

一方で，評判を確立するような機会が存在しない状況では，もう少し工夫された解決策が要求される。このような環境においては，**自らの裁量を意図的に制限する**ことが，事後的な機会主義的行動を抑制するための有効な手段として機能する。プロジェクトを継続するという可能性を事前に排除する予算のハード化はまさにこの例といえよう。同様に，企業誘致の例では，政府は事後的に簡単に税率を変えられないように，税率変更に対してあえて煩雑な手続きを課すことで，安易な増税を行わないことにコミットできるかもしれない。政府機関はしばしばこうしたインセンティブ問題に直面するので，過剰な柔軟性や裁量を持たないことが社会の利益になることも多い。法制度や官僚組織が硬直的であることや，縦割り行政で裁量が働きにくいことにも一定の理由が存在するといえる。予算を扱う財務省はやはりケチであるべきだ。

コミットメント問題の本質は，現在の自分と将来の自分の利害対立だが，先に動くのは現在の自分だ。よって，現在の自分には先手を打って将来の自分の行動を抑制する手段をとることができる。実際に現実の組織は，さまざまな制度デザインの工夫によってコミットメント問題の解決を試みている。コミットメントという視点が，現実の制度を理解するうえで重要な示唆を与えることも多い。以下では，組織内部において起こりうる具体例を通して，コミットメント問題の存在が組織のあり方をどのように変えるか考えてみたい。

3 主観評価と二重のモラル・ハザード問題

プリンシパル側のモラル・ハザード

モラル・ハザード問題を解決するためには，エージェントの貢献や業績を公正に評価して，相応の報酬を与えることが必須だ。エージェントの貢献を明確に立証できる形で測ることができるならば，事後的な評価の公平性はほとんど問題にならないだろう。しかし，こうした明確な指標が存在せず，エージェントの評価が評価者の主観に頼らざるをえないこともある。

主観評価の最大の問題は，それが立証可能でないことだ。評価が立証されないので，評価者であるプリンシパルは情報を自身の利益のために操作するかもしれない。しかし，事後的に公正に評価されないならば，エージェントが正しい行動をとる事前のインセンティブは著しく損なわれるだろう。こうした問題は，エージェントだけでなくプリンシパルの側にもモラル・ハザードがあることから**二重のモラル・ハザード問題**と呼ばれる。

簡単なモデルを使って説明しよう。プリンシパルとしては企業（もしくは企業を代表する経営者），エージェントとしてはその従業員を考える。エージェントは生産性を高めるために人的資本投資を行う。エージェントが投資をした場合を $e=1$，しなかった場合を $e=0$ とする。投資の費用は c で与えられ，この費用はエージェントが負担する。問題を簡単にするために，投資の成果に不確実性はなく，投資に等しい成果・業績が得られるとしよう。つまり，成果を見れば投資の水準もわかり，隠された行動についての非対称情報の問題はない。また c は1より小さく，投資の実行により $1-c>0$ の余剰が実現する。

エージェントに支払う報酬を w としたときのプリンシパルの利益は $e-w$ である。また，重要な仮定として，プリンシパルは e を観察することはできるが，これを立証することはできない。投資水準について情報の非対称性はないため，ここでの問題は投資が立証可能かどうかに集約される。

投資が立証可能な場合

最初にベンチマークとしてエージェントの投資が立証可能だとしよう。プリンシパルはエージェントの投資行動について完全に観察できるため，投資が立証可能ならば，投資水準に報酬を直接依存させた契約を書くことができ，ファースト・ベストの達成が可能だ。

そのことを確認しよう。投資水準 e に依存したエージェントの報酬を w_e とする。努力水準に応じた報酬契約（w_0, w_1）を所与とすると，エージェントが投資を行うためのインセンティブ制約は，

$$w_1 - w_0 \geq c$$

となる。これより，

$$w_1 = c, \quad w_0 = 0$$

という契約により，プリンシパルはエージェントに投資を実行させることができる。

投資が立証可能でない場合

次に投資水準が立証可能でないケースを考えよう。投資水準が立証可能でない場合は，投資水準に直接に関連づけた契約を書くことはできないため，エージェントの報酬は投資水準についてのプリンシパルの主観評価（申告）に依存することになる。ここで，プリンシパルの主観評価が $\hat{e}$ であるときの報酬を $w_{\hat{e}}$ と表すとしよう。ベンチマーク・ケースとの唯一の違いは，報酬が実際の投資水準 e ではなく，プリンシパルの主観評価 $\hat{e}$ に依存しているという点だ。

プリンシパルが公正に正しく評価するのであれば，エージェントのインセンティブ制約は立証可能な場合と同じだ。結果として，ファースト・ベストが達成できる。しかし，事後的な評価の段階ではすでにエージェントの投資水準は確定している。そして，実際の投資水準 e を所与とすると，プリンシパルの利益は，高い評価（$\hat{e}=1$）をすれば $e-w_1$，低い評価（$\hat{e}=0$）をすれば $e-w_0$ だ。

プリンシパルの利益は支払う報酬額にのみ依存しているので，エージェントの投資水準にかかわらず，$w_1 > w_0$ である限りは公正に高い評価を与えるインセンティブはない。ところが，エージェントが費用をかけて投資をするには $w_1 > w_0$ であることが必要条件であるため，この状況では「エージェントに投資をさせる」ことと「事後的に公正に評価する」ことは両立しえないということを意味する。

投資が立証可能でない場合は，$w_1 \geq w_0$ である限りはエージェントは $e=0$ を選択し，プリンシパルはそれに対して低い評価（$\hat{e}=0$）与えることが唯一のバックワード・インダクションの結果となる。そのとき企業の利益もゼロとなるため，投資が立証可能な場合に得られたはずの利益は失われてしまう。

トーナメントとアップ・オア・アウト

投資や成果が立証可能でない場合でも信頼に足る形でインセンティブを与える1つの方法は，順位のみに基づくトーナメント形式の評価（序列による評価）を用いることだ。成果の高低にあわせて定められた報酬をエージェントに与える代わりに，一番高い成果をあげた従業員に，事前に定めた固定額のボーナスを与えるとすればどうだろう。成果が立証可能でなければ「誰も十分な成果をあげていない」と主張することはできる。けれども「誰も一番じゃない」と主張するのは困難だ。

ここでカギとなるトーナメントの特性は，エージェントの成果の高低にかかわらず報酬の総額は事前に一定に定められるということだ。より高い成果にはより多くの報酬ということはない。そのため，成果を低めに評価するインセンティブをプリンシパルは持たない。どのエージェントに報酬を与えてもプリンシパルの利益は変わらず，正直に評価をするインセンティブが保たれる。トーナメントという報酬システムは**自己拘束的**であり，評価指標が主観的で立証できないような場合に，評価の信頼性を担保する装置として機能する。

二重のモラル・ハザード問題のもう1つの解決策として「アップ・オア・アウト」と呼ばれる契約形態も知られている。説明のために状況を簡単に整理してみよう。プリンシパル（企業）がとりうる選択肢は，$\hat{e}=1$ と評価して，エージェント（従業員）に高い報酬を与えるか，$\hat{e}=0$ と評価して低い報酬を与えるかのいずれかだ。いずれにしても，プリンシパルとエージェントの関係は継続しており，プリンシパルはエージェントの投資から生じる利益を得ることができる。そして，雇い続けるエージェントの評価を事後的に下方に修正してしまい，エージェントの事前の投資インセンティブを損なう要因となる。この，プリンシパルが「安い報酬でエージェントを雇い続けることが可能」という点に問題がある。

ここで，この可能性を事前に排除するために，「ある一定期間内に昇進しなければ解雇する」という特殊な契約を書いたとしよう。つまり，プリンシパルの選択肢はエージェントを「昇進させる」か「解雇する」かのいずれかだ。ここで，プリンシパルが解雇を選択した場合のプリンシパルとエージェントはともにゼロの効用や利得を得ると仮定する。重要な点は，主観的な評価とは異なり，昇進したという事実（または期限までに解雇されなかったという事実）は明らかに立証可能であり，これに連動した報酬を提示することは可能だという事実だ。

では昇進した場合の報酬を $w>0$ としよう。エージェントが投資を実行し $e=1$ を選べば，エージェントを昇進させたときのプリンシパルの利益は $1-w$，解雇したときの利益はゼロとなる。よって，$1\geq w$ ならば，プリンシパルは投資をしたエージェントを昇進させる。一方，エージェントが投資をせずに $e=0$ を選べば，昇進させると利益は $-w$ なので，解雇することが最適となる。したがって，昇進させたときの報酬が $1\geq w>0$ を満たすならば，プリンシパルは投資を行ったエージェントのみを昇進させることがわかる。また，エージェントが投資を行ったときのみ昇進し w を得られるので，エージェントのインセンティブ制約は $w\geq c$ となる。よって，プリンシパルは $w=c$ という契約を提示することで，エージェントから投資を引き出すことができることになる。

このように「昇進しなければ解雇」という契約は，昇進（up）か解雇（out）を迫るので**アップ・オア・アウト**契約と呼ばれる。とくに成果に不確実性がある場合，アップ・オア・アウト契約はエージェント側に大きなリスクを負担させることになる。よって，どのような職種でも機能するわけではなく，通常の企業組織ではなじみがない。けれども，（とくにアメリカの）コンサルティング・ファームや会計・法律事務所，または大学など，知識の専門性を要求される業界で比較的よく観察される。こうしたアップ・オア・アウト契約が機能する理由は，投資を行った従業員を安い報酬で雇用し続ける可能性を事前に排除することで，コミットメント問題を巧みに回避している点にある。

あえて自分にとって都合のよい選択肢を断つことはコミットメント問題全般において有効な戦略といえる。背水の陣は退路が断たれているので全滅のリスクもあるが，どんなに劣勢でも退かないことにコミットできるわけだ。

4 ラチェット効果

企業の経営者や管理職にとって，従業員の達成目標やそれに対応する報酬を適切に設定することは最も重要な任務の1つだ。実現不可能な目標を与えても従業員のインセンティブは高まらず，逆に低すぎてもそのポテンシャルを最大限に引き出せない。しかし，目標を適切に設定するという作業には詳細な情報が要求される。とくに，新しい仕事について，どの程度の努力でどの程度の成果・業績が実現するのかを見極めることは容易ではない。

同様のことは企業間の取引関係でも生じる。メーカーが製品の販売を販売業者に委託する場合やコンビニのフランチャイザーがフランチャイジーに店舗の経営を委託するような場合を考えよう。どの程度の販売や売上の目標を設定すればよいのか。努力と業績の関係についての明確な判断は困難だ。

重要な情報源は従業員や業者の実際の働きぶりだ。もし，毎回目標を大幅に上回るようであれば，それは要求しているノルマが低すぎるというサインかもしれない。すると，より高い目標を設定するかもしくは報酬を下げたいと考えるだろう。一方で，まったく目標を達成できないならば，要求水準を下げるか報酬を上げることが必要となる。

ここで1つの問題が生じる。現在の高い業績が将来のノルマの増大や報酬の削減と連動してしまうと，業績を増やすことで自らの状況を悪くする可能性がある。高い業績にはアメではなくムチが待っているというわけだ。このように，現在の高い業績によってノルマが押し上げられたり報酬が削減されたりする現象は**ラチェット効果**と呼ばれる。現実の組織においても，有能な人間に面倒な仕事が集中するのはよくあることだが，このような状況では業績をあげるインセンティブが十分に高まらないことは明らかだろう。そのことを簡単なモデルを使って説明しよう。

２期間のプリンパル・エージェント・モデル

メーカーと販売業者やフランチャイザーとフランチャイジーのような企業間取引を想定しよう。プリンシパル（メーカーやフランチャイザー）とエージェント（販売業者やフランチャイジー）の２期間のモラル・ハザード問題を考察する。エージェントにはタイプＨとタイプＬがあり，タイプによって努力の費用が異なる。このタイプはエージェントの生産性を表すと考えてもよいし，従事する業務の難易度を表すと考えてもよいが，エージェントだけが知っている私的情報だ。また，プリンシパルはエージェントが確率 p でタイプＨ，確率 $1-p$ でタイプＬだということは知っている。

１期と２期のそれぞれでエージェントは努力水準 e_1 と e_2 を選択する。t 期に受け取る報酬を w_t としたとき，タイプが θ であるエージェントの t 期の利益を，

$$u_t = w_t - c_\theta e_t^2$$

とする（t は１と２の両方を考える。θ はＨかＬのどちらかだ）。ここでは，タイプＬの方が努力の費用は高く $c_L > c_H > 0$ が成り立つとする。また，t 期のプリンシパルの利益は，

$$v_t = e_t - w_t$$

で与えられる。ここで１期目の相対的な長さを λ で表し（$0 < \lambda < 1$），エージェントは $\lambda u_1 + (1-\lambda) u_2$ を，プリンシパルは $\lambda v_1 + (1-\lambda) v_2$ をそれぞれ最大化したい。この λ は e_1 が観察されるタイミングを表しており，プリンシパルがどれだけ早期にエージェントの１期の行動を把握できるかを示す（図8.2）。

簡単化のためエージェントの努力は観察可能で隠された行動についての情報の非対称性はないとしよう。また，線形契約のモデルと同じくプリンシパルは，

$$w_t = \alpha_t + \beta_t e_t$$

という報酬体系を提示すると考える。さらに，契約が決裂した場合に得られる留保効用は両者ともにゼロとしよう。また重要な仮定として，１期目の初めの時点でプリンシパルは長期的な契約は作成できず，２期間にわたる取引のルールを定めることはできないとする。したがって，２期目の時点で明らかになる

CHART 図 8.2 情報が明らかになるタイミング

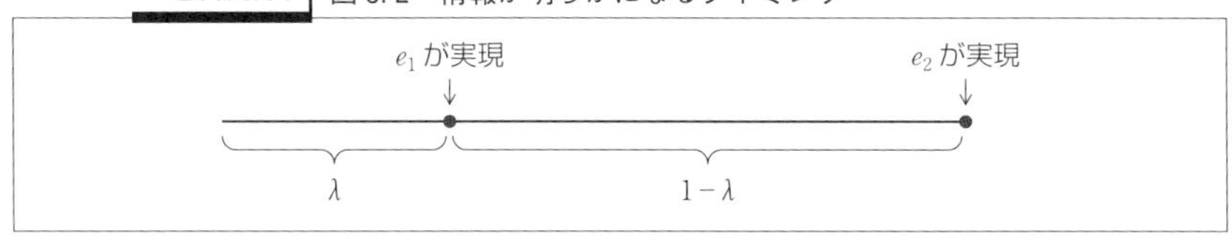

新たな情報を利用しないことにコミットできない。

この問題でカギとなるのは，努力の費用が高い場合は参加制約がより満たされにくくなるという点だ。参加制約を満たすために調整できるのは固定報酬部分の α_t なので，努力の費用が高い場合にも契約に参加してもらうためには，この固定報酬を通じて待遇をよりよくする必要が生じる。しかし，これを予想すると，エージェントはタイプ H であってもタイプ L のふりをするインセンティブを持つことになる。

ファースト・ベストを達成する契約

有限責任を想定しないとしよう。するとエージェントを残余請求者とするような契約でファースト・ベストが達成可能だ。つまり，いずれの期においても $\beta_t=1$ とし，プリンシパルは一定の取り分を確保することが最適となる。このときのプリンシパルの問題は，エージェントの参加制約を満たすような α_t を選ぶことに変換できる。プリンシパルは α_t をできるだけ小さくしたいので，エージェントの参加制約を等号で満たす α_t が最適となる。これは明らかに負の値をとり，$-\alpha_t>0$ がそのままプリンシパルのその期の利益となる。

エージェントを残余請求者とすることは，エージェントは $-\alpha_t$ を先にプリンシパルに支払う代わりに業務と利益に対する権利を買い取っていると解釈できる。以下ではこれを簡単化のため（事前の）支払額と呼ぶことにする。

事後的な条件の引き下げ

このモデルは 2 期間のゲームなので，バックワード・インダクションの手法に従い後ろから解いていこう。まず 2 期目の問題を考察する。この時点では，1 期目の努力 e_1 が観察可能であり，プリンシパルはこの情報をもとに信念を更新することができる。2 期目開始時点でのプリンシパルの信念を $\bar{p}$ としよう。これはエージェントがタイプ H だとプリンシパルが信じる事後的な確率を表す。

2期目は最後の期なので，エージェントは単純にその期の期待利益を最大にすればよい。エージェントが $e_2=e$ を選んだときの報酬が $w_2=\alpha_2+e$ であることに注意すると，タイプ θ のエージェントの問題は，

$$\max_{e} \quad \alpha_2+e-c_\theta e^2$$

となる。すると，タイプ θ のエージェントは2期目に，

$$e_\theta=\frac{1}{2c_\theta}$$

の努力水準を選ぶ。ここで，$c_L>c_H$ より $e_L<e_H$ となることに注意しよう。

タイプ θ のエージェントの参加制約は，

$$w_2-c_\theta e_\theta^2=\alpha_2+e_\theta-c_\theta e_\theta^2\geq 0$$

なので，これより，

$$\alpha_2\geq c_\theta e_\theta^2-e_\theta=-\frac{1}{4c_\theta}$$

という制約が得られる。ここで，$-1/4c_H>-1/4c_L$ なので，タイプLの制約の方がタイプHの制約よりも満たされにくい。

プリンシパルはエージェントのタイプがわからない。できることは $\alpha_2=-1/4c_L$ を選んでどちらのタイプも契約を受け入れるようにするか，$\alpha_2=-1/4c_H$ を選んでタイプHのみが契約を受け入れるようにするかのいずれかだ。1つ目のケースでは，エージェントの支払額は十分に低くどちらのタイプも契約を受け入れ，プリンシパルは $1/4c_L$ の利益を得る。一方，2つ目のケースでは，支払額がタイプLにとっては高すぎるため，タイプHだけがこの契約を受け入れる。よって2期目で評価したプリンシパルの期待利益は $\bar{p}(1/4c_H)$ だ。これらより $\bar{p}$ が十分に高く，

$$\bar{p}\frac{1}{4c_H}\geq\frac{1}{4c_L} \quad \Leftrightarrow \quad \bar{p}\geq\frac{c_H}{c_L} \tag{8.1}$$

が満たされるとき，プリンシパルは高い支払額を要求する。つまり，エージェントがタイプHであるとプリンシパルがより信じるようになると，エージェントの待遇は悪化することになる。

情報秘匿のインセンティブ

1期目の問題では，その期の結果が2期目の利益に与える影響も考慮しなければならない。エージェントは自身のタイプを観察したうえで努力水準を決定するため，この意思決定は一種のシグナリング・ゲームと考えることができる。

タイプθのエージェントが1期目の利益だけを考えると，最適な努力水準は$e_1=e_\theta$となる。しかし，ここで問題となるのは，プリンシパルは努力水準を観察することができ，さらにその情報を用いて2期目の契約を設計することができる点だ。仮にそれぞれのタイプがe_θを選んだとしよう。これはいわゆる分離均衡に相当し，プリンシパルはエージェントのタイプを完全に知ることができる。つまり，$e_1=e_H$であれば，エージェントは確実にタイプHであり，(8.1) 式と$\bar{p}=1$より，プリンシパルは高い支払額を提示することになる。そして，α_2の大きさにかかわらずタイプHのエージェントは2期目には$e_2=e_H$を選択するので，このときのエージェントの2期間での総利益は，

$$\lambda(\alpha_1+e_H-c_He_H^2)+(1-\lambda)\left(-\frac{1}{4c_H}+e_H-c_He_H^2\right)=\lambda(\alpha_1+e_H-c_He_H^2)$$

となる。

ではタイプHのエージェントが逸脱して$e_1=e_L$を選びタイプLのふりをしたとしよう。分離均衡ではプリンシパルは$e_1=e_L$を観察した場合は$\bar{p}=0$という信念を持つ。そのため (8.1) 式は成り立たず，低い支払額を提示する。バックワード・インダクションの結果からタイプHのエージェントは2期目にはe_Hを選択するため，このときの総利益は，

$$\lambda(\alpha_1+e_L-e_He_L^2)+(1-\lambda)\left(-\frac{1}{4c_L}+e_H-c_He_H^2\right)$$

となる。エージェントの総利益を比較すると，

$$\lambda(e_L-c_He_L^2)+(1-\lambda)\left(-\frac{1}{4c_L}+e_H-c_He_H^2\right)\geq\lambda(e_H-c_He_H^2) \tag{8.2}$$

のとき，タイプHが逸脱のインセンティブを持つことがわかる。

ここで$e_\theta=1/2c_\theta$なので，これをe_Lとe_Hにそれぞれ代入し整理すると，

$$\frac{2\lambda-1}{4c_L}+\frac{\lambda(c_L-c_H)}{4c_L^2}\geq\frac{2\lambda-1}{4c_H}$$

という条件を得る。仮定より $1/4c_H > 1/4c_L$ のため，この条件は λ が十分小さければ（たとえば $\lambda \leq 1/2$ のときに）必ず成り立つ。この結果から1期目が相対的に短いとき――つまり努力に関する情報が比較的早く伝達されるとき――にそれぞれのタイプがファースト・ベストの努力を選択する分離均衡は存在しないことがわかる。情報を開示すると待遇が悪くなることがわかっているので，タイプHのエージェントは情報を秘匿してしまうということだ。つまりラチェット効果が現れる。

一方で，信念に適当な制約を置くことでどちらのタイプも $e_1 = e_L$ を選択するような一括均衡を構築することも可能だ。ここで事前の信念 p が十分に低く，

$$\frac{c_H}{c_L} > p \tag{8.3}$$

が成り立っているとしよう。e_L はタイプにとって最適なことから，タイプLに逸脱のインセンティブはないのでタイプHの問題のみを考える。また，プリンシパルの2期目の信念については，

$$\bar{p} = \begin{cases} p & \text{if } e_1 = e_L \\ 1 & \text{if } e_1 \neq e_L \end{cases}$$

で与えられるとしよう。つまり，プリンシパルは $e_1 = e_L$ 以外が観察された場合はすべてタイプHだという信念を持つ。

このときタイプHが均衡戦略に従って $e_1 = e_L$ を選択すれば総利益は，

$$\lambda(\alpha_1 + e_L - c_H e_L^2) + (1-\lambda)\left(-\frac{1}{4c_L} + e_H - c_H e_H^2\right)$$

となる。一方で，$e_1 = e_H$ を選んで逸脱した場合は，高い支払額が要求されるため，総利益は，

$$\lambda(\alpha_1 + e_H - c_H e_H^2) + (1-\lambda)\left(-\frac{1}{4c_H} + e_H - c_H e_H^2\right) = \lambda(\alpha_1 + e_H - c_H e_H^2)$$

だ。これらより，

$$\lambda(e_L - c_H e_L^2) + (1-\lambda)\left(e_H - c_H e_H^2 - \frac{1}{4c_L}\right) \geq \lambda(e_H - c_H e_H^2)$$

というタイプHのインセンティブ制約を求めることができる。この条件は，(8.2) 式とまったく同値であることから，λが十分に小さければ，どちらのタ

イプも $e_1 = e_L$ を選択する一括均衡を構成することができる。もちろん，一括均衡ではプリンシパルはエージェントのタイプについての情報を得ることはできない。また，タイプＨが１期目に e_L を選んでいるので，ファースト・ベストは実現しない。

アームズ・レングスの関係とジョブ・ローテーション

ラチェット効果を解決するための１つの有効な手段は「意図的に情報を得ない」ことだ。自分の行動を直接コントロールできなくても，情報をコントロールすることで，情報に依存して変化する行動を間接的にコントロールすることはできるかもしれない。もし自分の行動を変えたくないのであれば，意図的に情報を遠ざけることで，行動を変化させないことにコミットすることができる。たとえば企業内であれば，経営者や管理職が従業員と適度な距離を保って，働きぶりについて必要以上に監視しないことで達成できるであろう。このようにコミットメント問題の原因となる情報をあえて得ないために，エージェントと一定の距離を置くことは**アームズ・レングスの関係**と呼ばれる。これは，モラル・ハザード問題が，従業員の行動を観察できないことにそもそも起因していることを考えるとやや逆説的といえるだろう。しかし，情報が部分的にしか見えない状況では，部分的に見える情報についても見ない方が良いということが起こりうる。

ラチェット効果の解決策として有効なもうひとつの解決策はジョブ・ローテーションだ。たとえば，２種類の業務と２人のエージェントが存在し，それぞれの業務の難易度は独立に選ばれるとする。このとき，それぞれのエージェントがどちらかの業務に専念するのであれば状況はまったく同じである。ラチェット効果がエージェンシー・コストの増大をもたらす。しかし，１期目が終わった後で，それぞれのエージェントを入れ替えたらどうだろう。１期目の業績は，２期目の報酬に影響を与えるが，それは他のエージェントに適用される。つまり，１期目の努力水準の選択が，２期目の報酬体系に与える影響について考慮する必要がなくなることで，実質的にラチェット効果を解決することができる。企業内で従業員の業務をローテーションしていくことがあるが，それはラチェット効果の抑制の手段として機能する。

Column ❽-2 ラチェット効果

ラチェットとは一方向にだけ回る歯車のことを指す。いったんノルマが上がると決して下がらず，一方向にだけ動くことがラチェットと同じなので，ラチェット効果と呼ばれるようになった。まさに「覆水盆に返らず」で，情報はいったん開示してしまうとそれを消去できないことに起因する。

ラチェット効果の由来は，計画経済時代の旧ソビエト連邦にさかのぼるといわれる。旧ソ連では，国有企業がある年に高い業績をあげると翌年から中央政府にさらに高いノルマを与えられることがあったため，各企業は意識的に業績を調整するようになったという現象が報告されている（ちなみにノルマの語源もロシア語だ）。こうした事例は計画経済の限界を端的に示しているといえるだろう。市場経済では，誰が何をどれだけ作るべきかという問題は原則として価格メカニズムを通じて調整される。一方で，計画経済においては，価格は統制されており，それぞれの財の産出量はすべて中央政府の裁量により決定する。こうした環境でラチェット効果が深刻となるのは当然だ。

ではラチェット効果は計画経済に固有の問題なのかというと，必ずしもそうではない。価格メカニズムにさらされる一般企業でも短期的にはこうした問題は起こりうるし，価格メカニズムが機能しにくい公共部門ではその傾向はさらに強まる。役所における「予算の使い切り問題」はまさにこの典型だ。日本の役所は，単年度会計が基本であり，その年に与えられた予算を必ず使い切る強い圧力が存在する。結果として，年度末に（ときに無駄遣いとも思えるような）支出が増大する傾向があるといわれる。年度末になると道路工事が増えると感じる読者は少なくないだろう。予算を余らせて返還するということは，この部署ではそんなに予算は必要ないですよというメッセージとなるため，次年度に予算を削減されてしまう可能性があるからだ。いきおい，予算を返還するくらいなら，無駄なことにでも使ってしまった方がよいということになる。理屈はラチェット効果とまったく同じだ。もちろん，予算を返還しても来年度の予算を減らさないことにコミットできるのであれば問題はなくなる。だが毎年予算を余らせている部署に同じ額を配分し続けるのは理にかなわないのも事実だろう。

予算の使い切り問題は日本の役所だけの話ではなく，成果の明示的な評価が困難な環境であれば世界中のどこでも起こりうる話だ。たとえば，ジェフリー・リーブマンとニール・マホーニーの研究によると，アメリカ連邦政府においても，会計年度の最終週には支出額がその他の週と比較して 4.9 倍にも及び，さらにその支出の質も大きく低下するということが報告されている。この結果は，日本の役所と同様に，アメリカの連邦政府でも深刻な予算の使い切り問題が起こっていることを示唆する。ラチェット効果が時代や国を越えて観察される普遍的な現象であることの証左といえよう。

（参考文献）Liebman, J. B. and N. Mahoney (2017) "Do Expiring Budgets Lead to Wasteful Year-End Spending? Evidence from Federal Procurement," *American Economic Review*, 107(11), 3510-3549

SUMMARY ●まとめ

- □ 1 事前の計画へのコミットメントの欠如が非効率な結果を招く。
- □ 2 最適な制度の設計には事前と事後のインセンティブの変化とトレードオフの理解が不可欠。
- □ 3 事後的な裁量を戦略的に制約することでコミットメント問題を解決できる。
- □ 4 情報を部分的に見るよりはかえって何も見ない方が良くなることがある。

EXERCISE ● 練習問題

8-1 次の文章のカッコ内を埋めなさい。

事前と事後の最適な選択の不一致をもたらす構造は［ a ］と呼ばれる。こうした状況では自分の将来の行動を拘束する［ b ］が望ましい結果を導くことがある。

8-2 われわれの日常生活でもコミットメント問題を克服するための工夫はさまざまな場面で見ることができる。こうしたコミットメント戦略の具体的な実例をあげなさい。

8-3 第 4 節のラチェット効果のモデルで λ が小さいときに分離均衡が存在しないことの直感的な理由を説明しなさい。

CHAPTER

第9章

不完備契約：基礎編

取引相手に足元を見られないためには？

STORY

●エスプレッソ・マシンに投資する？

日本の街角で，世界の街角で，顧客のお気に入りは，カフェラテ，カプチーノ，カフェマキアートといった，少しのゆとりと遊びごころが感じられるメニューだ。エスプレッソの苦みとミルクの甘み，そして居心地のよいソファの組み合わせが顧客の心をつかむ。美味しくいれるためには高性能のエスプレッソ・マシンが欠かせない。あなたはイタリアのあるメーカーのマシンのみを導入していた。

世界のカフェ市場の競争は激しさを増しているので，あなたも店舗の拡大を急いでいる。好立地は奪い合いになるので，スピード感は大切にしないといけない。エスプレッソ・マシンをまとめて購入しようとイタリアのメーカーに急いで発注した。ところが，メーカーからの回答は，「急な依頼なので，価格を2倍にしてもらわないと対応できない」というものだった。本当のところ，そこまで無理な話ではないはずだ。おそらくは拡大を急ぐあなたの足元を見たにすぎない。ジレンマに陥ったあなたは，結局はメーカーの言い値に合意した。いまの機会を逸するわけにはいかなかったからだ。少し物騒な話だが，あなたにしてみれば，銃口を突きつけられて「手をあげろ（ホールドアップ！）」と脅されているような気分だった。前もって追加発注の可能性について取り決めておけばよかったと後悔したが後の祭りだ。ただ，正直なところ，ここまで急いで店舗を増やすことになるとはまったく想定していなかった。

このメーカーとの取引に懲りたあなたは，別のメーカーにもエスプレッソ・マシンの供給を依頼した。この際だから，店の雰囲気にマッチしたデザインとあなたが求める品質とを両立させた，特別なマシンを供給してもらいたい。ところがどこも引き受けてくれない。どうやら，特注のマシンの開発に投資しても，本当に適切な価格で取引してくれるのだろうかと疑念を持っているようだ。同じような経験をしているので気持ちは理解できる。だが，足元を見るようなことはせず約束した価格でこれからも取引しますと誠意を尽くして訴えても，なかなか信じてもらえなかった。

取り決めを完璧に作成できれば取引はスムーズに進むはずだが現実には難しい。本章では取引のための契約に穴がある場合にどのような問題が起きるのかを考えてみよう。

第９章で考える問題

- あらゆる事態を想定し，実行できる取引契約（完備契約）を作成することは可能なのか。
- 完備契約が作成できないとき取引はどのように行われるのか。
- 完備契約が作成できないことでどのようなロスが発生するのか。
- 取引関係が特定の相手だけに限られる場合と，そうではない場合とでどのような違いが生じるのか。

1 不完備契約の世界

不完備契約とは

なぜあなたはイタリアのメーカーに足元を見られてしまったのだろうか。問題はもともとの契約で追加発注の可能性を考慮していなかったことにある。もし急な店舗拡大を想定できていたならば，それを見越した取引契約を結べたはずだ。だが，複雑なビジネス環境で事前にすべての事態を想定することは困難で，契約にはどうしても穴が生じてしまう。取引のすべてを事前に定めた契約でコントロールすることは困難だ。

エスプレッソ・マシンの調達以外にも，車や家電といった製品を作るメーカーが部品の供給を外部の部品メーカーに依頼するような状況や，企業内のIT関連サービスを外部の事業者に依頼することも考えられる。製品・部品やサービスの品質，納期の設定，どれくらいの利益が見込めるか，利益に対して部品の品質がどれほど寄与したか。これらは取引で重要な関心事のはずだ。けれども想定される事態をすべて予見し，事細かに契約に書き記すことは不可能だ。また，たとえ詳細な契約を作成しても，たとえば部品の品質と利益との関係性を客観的に立証することは難しい。すると契約の履行は困難となる。

同様の問題は企業の中にも見つけることができる。モラル・ハザードで考察したような業績連動報酬を考えてみよう。だが，「業績」の詳細を契約の中身に定めることは難しい。すると，報酬を支払いたくないプリンシパルが業績を不当に低く評価したり，欲深なエージェントが高い業績を実現したと居直ることもあるだろう。そもそも，企業内での取引は，書類の整理といった細かい作業から，原材料の買い付け，人事評価，マーケティングと多岐にわたり，従業員たちはさまざまな角度から企業に対して貢献している。それらの詳細を契約に書き込むことはそもそも不可能だ。

契約とは取引の内容や選択すべき行動を事前に定めた約束と定義することができる。もし，起こりうるすべての事態を想定した取り決めを明確に定め履行できれば，取引や行動の詳細はすべて事前に作成された契約内容に従うことになる。このような契約は**完備契約**と呼ばれる。そして，完備契約の世界では，契約は取引をコントロールするコミットメントとしての役割を持つことになる。本書でも，第1部や第2部では完備契約を想定してモラル・ハザードやアドバース・セレクションの問題に取り組んできた。そして，これまで明らかになった結論は現実経済を分析するためにもとても有効だし，契約に沿ってうまくコントロールされる取引は少なくない。

だが一方，完備契約の作成が困難だということも現実だ。システムのアップデートの可能性や新製品に必要な部品の品質を予測できていなかったり，適切な経営努力や実現した結果の実態を細かく条件づけられていなかったりする。そのような，起こりうるすべての事態について条件づけられていない契約は**不完備契約**と呼ばれる。

2016年のノーベル経済学賞はベント・ホルムストロームとオリバー・ハートの2人が受賞した。授賞理由は契約理論への貢献だ。ホルムストロームは完備契約の研究が，ハートは不完備契約の研究が主な授賞理由とされている。

定義 9.1　完備契約と不完備契約

起こりうるすべての事態を想定した取り決めが定められ履行可能な契約を完備契約と呼ぶ。事態の想定や取り決めに不備がある契約は不完備契約だ。

契約はなぜ不完備となるのか？

確かに完備契約の作成は難しいだろう。契約は不完備にならざるをえないという直感が働く。その理由は次の3点にまとめることができる。

(1)　起こりうる事態をすべて予測することができない

(2)　契約の条項を曖昧さを残さずに正確に記述することができない

(3)　裁判所などの第三者があらゆる事態を立証し，約束事を強制することができない

第1の予測の不可能性は，ビジネス環境など複雑な世界で将来に起こりうる事態をすべて予測することは，人間の能力をもってしても困難だということだ。その結果，契約の条項として作成することができない。また，第2の記述の不可能性は，曖昧さや解釈の齟齬の余地を残さずに，言語によって正確に記述することが困難だということを意味する。これらの制約により，あらゆる事態に条件づけられた契約の作成は途方もない時間と労力を必要とすることになる。第3の点は，それぞれの事態が観察可能だとしても客観的には立証不可能であり，契約が定めた内容の着実な実行を強制することもまた難しいことを意味する。これらの要因は，そもそも人間の能力に限界があること，限定合理性を反映したアイデアだともいえる。

ただし，たとえ事前に完備契約が作成できないとしても，取引を行う段階で当事者たちが状況を観察できるならば，たとえそれが第三者に立証できなくても不完備契約の問題が解消されることも知られている。そのような意味では，不完備契約はもう少し大まかな限定合理性によるのかもしれない（⇒web補論）。

不完備契約の世界では契約にたくさんの穴がある。契約が明確に指定してい

ない事態に直面したら，当事者たちは穴を埋め取引を進めるために交渉を開始するだろう。利益の機会を逸するわけにはいかないからだ。そして，当事者たちは約束がない状況でのベストな選択を試みる。店舗数を拡大したいカフェ・チェーンはエスプレッソ・マシンをできるだけ安価で調達し，かつ納期を守って供給してほしいと考えるし，メーカーは高値をふっかけようとする。不完備契約の世界では契約はコミットメントとしての役割を果たさないので，当事者たちは制約がない状態で，機会主義的にベストの選択を試みてしまう。

プラスの利益が期待されるなら交渉はまとまる公算が高い。それでも交渉には時間と労力を要するだろうし，利益の分け方で折り合いがつかなければ物別れに終わるかもしれない。不完備契約は取引の大きな妨げとなるのだ。そして，さらに重要なのは，予想される事後の交渉結果が，事前の選択にも影響を及ぼし，ときには大きなロスを生じさせることだ。

取引条件の決定

事後的な交渉

それでは，不完備契約の世界を単純なモデルを使って分析しよう。企業間の取引関係を想定する。登場する主体はエスプレッソ・マシン，部品，IT サービスなどを供給する「売手」と，それらを利用してカフェやスマホなどの最終財・サービスのビジネスを展開し利益を生み出す「買手」だ。

不完備契約の世界では取引について事前の取り決めを結ぶことができない。だが，取引の利益が V だとわかれば，事後的な話し合い（交渉）により取引の詳細を定め，取引条件を確定しようとする。実際に取引を行わないと利益が実現しないので，売手も買手も V の実現に向けて合意することに前向きなはずだ。つまり，**V の実現値に条件づけるような長期契約を事前に結ぶことはできないが，V が確定したあとにそれぞれの取り分を定めるような短期契約を事後的に結ぶことはできる**，と想定しよう。

以上をまとめると時間の流れは次のようになる。

(1) 売手と買手が互いに取引相手として認識する

(2) 取引の利益 V が確定し，取引を実行するかどうか，実行するならばそ

CHART 図 9.1 交渉の帰結

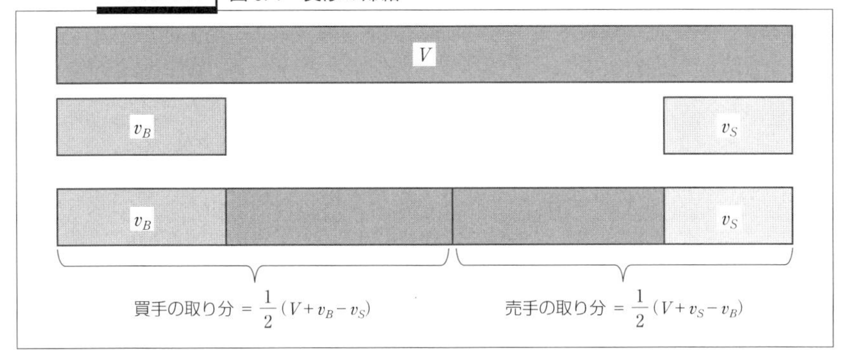

の条件について交渉が行われる

(3) 交渉の合意に従って取引が実行され，利益が分配される

外部機会と交渉の帰結

交渉の帰結はどのように定まるのだろうか。まず，取引に合意すれば利益が実現するが，物別れに終われば売手や買手は何も利益を得られないとしよう。この場合，双方ともに同等の交渉力を持っており，利益 V を売手と買手とで折半すると考えるのが自然だ。

では，どのような場合に交渉力は大きくなるのだろうか。ここでは「たとえ交渉が物別れに終わったとしてもどれだけの利益を確保できるか」という点に注目してみよう。たとえば，カフェがいまのメーカーとの取引をあきらめ，別のメーカーに新たなエスプレッソ・マシンを依頼できるとしよう。つまり交渉が決裂しても，別の選択肢，**外部機会**がある。そして，外部機会をチラつかせながら交渉に臨む。すると少なくとも外部機会で得られるだけの額を得られなければ，交渉結果に満足せず物別れに終わるはずだ。同様に，メーカー側にも外部機会があるかもしれない。

外部機会を下回る取り分で交渉に合意するはずがない。ここで，売手が外部機会で得る額を v_S，買手が外部機会で得る額を v_B としよう。ただし，図 9.1 にあるように $V>v_S+v_B$ が成立し，交渉に合意した方がより高い利益が実現する。そして，交渉に合意すれば合計で V が得られ，物別れに終われば合計で v_S+v_B が得られるので，交渉合意の純利益は $V-(v_S+v_B)$ となる。

交渉の帰結については「売手も買手もまず外部機会で得られる取り分を確保

し，加えて交渉の純利益を折半して受け取る」というアイデアを採用しよう。そもそも交渉が決裂しても外部機会の利益が得られるので，それを下回る取り分では合意に至らない。外部機会の額をそれぞれが受け取ったうえで，合意することではじめて実現する純利益を折半しようというわけだ。

このような分け方は直感的にも受け入れやすい。このアイデアを最初に提示したジョン・ナッシュは，交渉の帰結が満たすべきいくつかの性質（公理）をまず想定し，それらを満足する解が，上記の分け方となることを証明した。そして，この交渉の帰結は**ナッシュ交渉解**と呼ばれる。

図 9.1 にあるように，ナッシュ交渉解での買手と売手の取り分は次のようになる。

交渉の帰結

$$\text{買手の取り分} = \frac{V-(v_S+v_B)}{2} + v_B = \frac{1}{2}(V+v_B-v_S)$$

$$\text{売手の取り分} = \frac{V-(v_S+v_B)}{2} + v_S = \frac{1}{2}(V+v_S-v_B)$$

自分の外部機会が大きければ交渉から得られる額も大きくなり，相手の外部機会が大きければ小さくなる。ナッシュ交渉解では交渉力の源泉を外部機会に求めることができ，外部機会の相対的な大きさで取り分の大小が決まる。

3 ホールドアップ問題

取引は成立するか？

ここで少し視点を変えてみよう。これまでは事前の取り決めがなくても事後的には取引に合意し，短期契約を作成できることを前提に話を進めてきた。それは本当に正しいのだろうか。

交渉合意の純利益 $V-(v_S+v_B)$ は売手と買手の取引が実行されることで生まれる余剰だ。より専門的にはこれは**準レント**と呼ばれ，合意を破棄しないことで生まれるプラス分を指している。もし取引が実行されなければ，売手と買

Column ❾-1　瀬戸際戦略は有効なのか？

アカデミー賞を受賞した映画，『ビューティフル・マインド』はジョン・ナッシュがノーベル経済学賞を受賞するまでを描いている。ナッシュといえばゲーム理論のナッシュ均衡で有名だが，映画の中で「アダム・スミスは間違っている」と友人たちに唐突に主張し，そして書き上げた論文は交渉問題に関する研究だった。人と人とのあいだで，企業と企業とのあいだで，国と国とのあいだで，交渉が行われる局面は数限りなくある。一見すると非科学的にも見える交渉問題の科学的な研究に成功したナッシュはやはり天才といえるだろう。

交渉に臨む際にはもちろん交渉力を高めたいと考えるはずだ。では，交渉力の源泉はどこにあるのだろうか。ナッシュ交渉解では，すでに説明したように外部機会の相対的な大きさが交渉力の1つといえる。したがって，交渉力を高めるためには，自分の外部機会を大きくしたり，もしくは相手の外部機会を小さくすることが有効だ。国家間の対立と交渉の過程で，核兵器などの大量破壊兵器を保有したり，その実験を繰り返したりすることがある。1つの理由は，交渉決裂の際の外部機会の相対的な大きさを高めるためだ。大量破壊兵器を持つ場合とそうではない場合とでは，交渉が成立しなかった場合の状況が異なる。

もう1つの理由はいわゆる瀬戸際戦略だ。予測できないリスクを作り出し，それに交渉相手を巻き込むことで，自らの立場を有利にしようというアイデアだ。自分と交渉相手をロープで縛ったうえで，いうことを聞かなければ崖から海に飛び込むぞと脅しても相手は信用しないだろう。自分も確実に死んでしまうからだ。けれども，強風の崖っぷちを，その状態で疾走すればどうだろうか。もちろん，自分にも崖から海に落ちるかもしれないリスクはあるが，相手も巻き込める。交渉での妥協を引き出すことができるかもしれない。

同じように，交渉の条件を飲まなければ交渉相手国を攻撃すると脅してもおそらくは信用されない。報復攻撃を受けることが確実だからだ。けれども，大量破壊兵器を保有したり実験を繰り返すことで，相手国にリスクを共有させることができれば，交渉の結果を有利にすることができるかもしれない。ただし，注意しなければいけないこともある。やはりノーベル経済学賞を受賞したトーマス・シェリングは，瀬戸際戦略は滑り落ちるリスクのある湾曲した斜面のようなものであり，前に進むほど傾斜が急になるので，本当に滑り落ちるリスクも高くなる，と説いている。国家間の交渉で滑り落ちてしまったときの被害は甚大だ。

（参考文献）　トーマス・シェリング『紛争の戦略―ゲーム理論のエッセンス』（河野勝監訳），勁草書房，2008。

手は外部機会を行使するので合計で v_S+v_B を得るが，取引に合意すれば V が実現しそれを分ける。そして，V と v_S+v_B の差額である準レントはいまの取引がどれだけ特別かを表現している。もし，$V=v_S+v_B$ ならば，目の前の交渉相手と取引しなくても外部機会から等しい利益が実現する。逆に，$v_S+v_B=0$ ならば合意しない限りは利益が生まれない。純利益 $V-(v_S+v_B)$ が大きいほど，目の前の取引相手と合意することの価値は大きく，関係性はより特別なものとなる。つまり，準レントがより大きいほど，取引はより**関係特殊的**といえる。

もし，純利益が大きければ，売手も買手も自分に有利になるようにより熱心に交渉に臨むだろう。準レントをめぐる取引条件を自分に有利に導こうとする行動は**レント・シーキング**と呼ばれる。レント・シーキング活動に余分なコストがかかればそれは社会的には浪費にすぎない。また，交渉の合意まで時間がかかったり，もしかすると，交渉に失敗するかもしれない。とくに，取引が関係特殊的であれば，双方ともに外部機会から利益が得られないので，目の前の取引にコミットせざるをえなくなる（こうした状況は**ロックイン**と呼ばれる）。すると，冒頭の物語にあるような脅しが起こりやすくなる。

また，V の実現値についての不確実性が大きく，短期契約の作成が困難であれば，やはり交渉による合意形成は難しくなる。複雑な環境での合意形成は簡単ではないということだ。

取引が高度に関係特殊的な場合，そして取引が高度に不確実である場合，交渉に遅れやコストが生じたり，交渉が合意にいたらないことがある。このような問題をレント・シーキングの問題と呼ぶことにしよう。契約が不完備であることから生じる重大な問題だ。

定義 9.2　レント・シーキングの問題

不完備契約の世界では，取引が関係特殊的な場合や不確実な場合にレント・シーキング活動が生じやすい。それは社会的には無駄な費用をもたらし，交渉に遅れが生じたり交渉が決裂したりすることがある。

実行されない投資

それでは，交渉が合意にいたれば問題はないのだろうか。確かに事後的には

CHART 表 9.1 ホールドアップ問題の例

	実現する利益	売手の取り分	売手の純利益
6 億円の投資あり	20 億円	10 億円	4 億円
投資なし	10 億円	5 億円	5 億円

取引機会を逸するロスは生じない。だが，交渉の帰結についての予想が事前の行動に影響を与え，そこからロスが生じることがある。冒頭の物語に戻れば，メーカーは新しいエスプレッソ・マシンを作るための投資を実行しなかった。事後の交渉で得られる利益が小さく，費やした資金を回収できなくなることを恐れたからだ。つまり，取引利益の分配が事後の交渉に任されてしまうことが，取引を開始する前の事前の行動（新しいエスプレッソ・マシンを作る投資活動）に影響を与えるかもしれず，そこからロスが生まれるかもしれない。

表 9.1 で紹介する単純な数値例を考えよう。売手は買手から新しい取引を提示された。ただし，利益は売手が投資を実行するかどうかによって大きく変わる。もし投資を実行すれば 20 億円の利益が見込めるが，投資費用は 6 億円だ。それに対し投資しなければ利益は 10 億円しか生まれない。投資の費用は大きいが，実行すれば 20 億円－6 億円＝14 億円の利益の増加が見込めるので，投資は実行されるべきだ。

だが，不完備契約の世界では，投資に関連づけられた契約は作成できていない。そして，投資が 20 億円の利益を生み出した事実も事後の交渉では考慮されない。投資はすでに終了しているからだ。売手が投資の事実を交渉のテーブルでいくら主張しても，買手がビジネスに徹するならば耳を貸さないだろう。結局のところ，売手も買手も外部機会がないとすると 20 億円を折半することになり，売手は 10 億円を得る。けれども，6 億円の投資費用を考えると売手の純利益は 4 億円だ。

もし投資を実行しなければ，10 億円の利益が生まれ，それを折半する。売手の取り分は 5 億円となり，投資していないので 5 億円がそのまま売手の純利益になる。すると，売手にとっては投資を実行しないことが得策だ。

投資の詳細が織り込まれた長期の契約が事前に作成されていたなら，投資に見合うリターンを売手に保証することで投資を実行させることができるはずだ。6 億円の投資により利益の拡大を目指す方がパイを大きくするからだ。だが不完備契約の世界では投資の実行に関連づけられた契約は作成できず，投資の費用を回収できるだけの取り分が保証されない。

交渉は確定した取引の利益のみをテーブルに載せて進められ，売手が負担した投資費用は反映されない。結果として売手は投資からの収益のうち半分しか受け取ることとができず，残りの半分は買手に奪われてしまう。そして，投資を控えるようになってしまうわけだ。そこに罠がある。

このように，契約が不完備であるために，より大きな利益をもたらすはずの事前の投資が行われなくなってしまう現象を**ホールドアップ問題**という。

定義 9.3　ホールドアップ問題

契約が不完備であるために投資からの収益が十分に得られず，事前の投資水準が過少となることをホールドアップ問題と呼ぶ。

ホールドアップ問題の基本モデル

先ほど説明した売手と買手のモデルに，売手による投資 I_S を組み込んでみよう。取引の利益は売手の投資に依存し $V(I_S)$ と表記できる。ここで，投資が増加すれば利益が増え（$V'>0$），また，投資の効果は投資が増えると徐々に減少するとしよう（$V''<0$）。$V(I_S)$ の形状については図 9.2 ⓐを見てほしい。また，投資水準 I_S はそのまま売手が負担する投資費用だ。投資は取引の利益が実現する前に行われ，利益をめぐる交渉の際には終了している。よって，時間の流れは次のようになる。

(1)　売手と買手が互いに取引相手として認識する

(2)　売手が投資水準 I_S を決定する

(3)　投資水準に依存して取引の利益 $V(I_S)$ が確定し，取引を実行するかどうか，実行するならばその条件について交渉が行われる

(4)　交渉の合意に従って取引が実行され利益が分配される

では，まず最適な投資水準を確認しておこう。図 9.2 ⓐからわかるように，投資により $V(I_S)$ が増加し，投資の費用は I_S だ。よって $V(I_S)-I_S$ を最大化する投資水準が最適であり，それは，

$$V'(I_S^*)=1$$

CHART 図 9.2 最適な投資

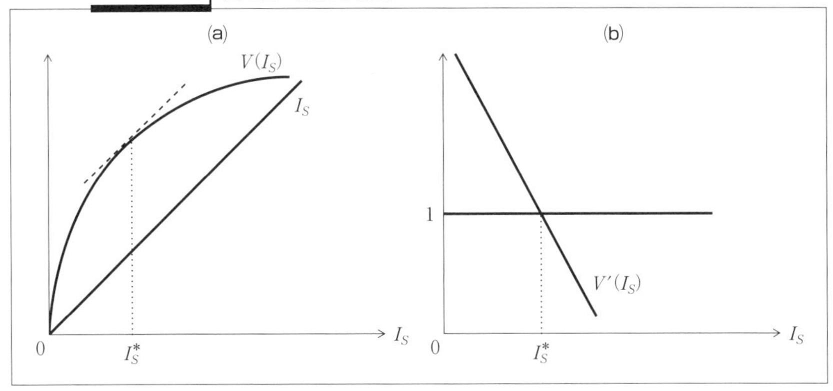

を満たす I_S^* となる（ファースト・ベスト）。図 9.2 (b)では，最適な投資が $V'(I_S)$ と 1 の交点であることが表現されている。投資を 1 単位だけわずかに増加させると，$V'(I_S)$ だけ利益も増加する。けれども，投資の効果はだんだんと下がっていくので，$V'(I_S)$ は右下がりだ。一方，投資を 1 単位だけ増加すると投資費用も 1 だけ増え，それは投資の水準にかかわらず一定だ。そして，最適な投資水準はそれらの 2 つがちょうど一致するところで定まる。もしも $V'(I_S) > 1$ ならば，投資を 1 単位増やすと費用は 1 だけ増えるが，それを上回る利益の増加が見込める。逆に $V'(I_S) < 1$ ならば，投資を 1 単位だけ減少させると投資費用を 1 だけ減らすことができ，しかも利益の減少は 1 よりも小さい。

次に不完備契約の世界を考えよう。売手と買手はすでに投資が終了し $V(I_S)$ が実現した第 3 期に，取引の条件について交渉を行う。いま，売手も買手も外部機会は持たないとしておこう。すると，売手と買手はそれぞれ $V(I_S)/2$ を得ることになる。そして，それを予想する売手は，図 9.3 (a)にあるように $V(I_S)/2 - I_S$ を最大にするように第 2 期に投資水準を決定し，それは，

$$\frac{V'(I_S^{**})}{2} = 1$$

を満たす I_S^{**} となる。図からもわかるように $I_S^{**} < I_S^*$ が満たされ，投資は最適な水準と比較して過少となる。

数値例　ホールドアップ問題による過少投資

例として $V(I_S) = \sqrt{I_S}$ の場合を計算してみよう。最適な投資は $\sqrt{I_S} - I_S$ を最大化

CHART 図 9.3 ホールドアップ問題による過少投資

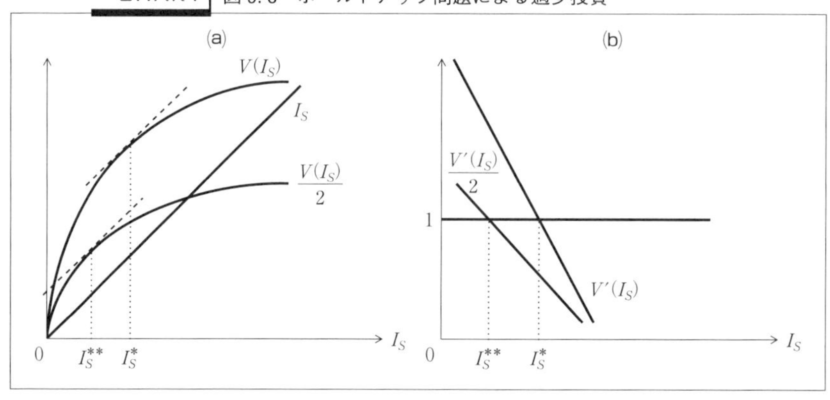

する投資水準であり，最大化の条件は $I_S^{-1/2}/2=1$ となる。よって，$I_S^*=1/4$ を得る。

それに対し，不完備契約の世界では売手は $\sqrt{I_S}/2-I_S$ を最大化するように投資を選ぶ。最大化の条件は $I_S^{-1/2}/4=1$ となり，売手の投資水準は $I_S^{**}=1/16$ となる。よって，投資水準は過少となる。

外部機会と関係特殊的投資

投資が過少となってしまった理由は，投資の収益を事後の交渉で確保できないことにある。ここで，外部機会が増えれば交渉の取り分も増えることを思いだそう。外部機会により，売手の取り分が増え投資のリターンが確保できるならば売手は投資に積極的になるかもしれない。

ただし，単に外部機会を持つだけでは不十分だ。**重要なのは投資を行うことで外部機会からの利益が増えるかどうか**ということだ。

ここで，2つの可能性について考えよう。1つは投資が汎用的で目の前の買手との取引だけではなく，外部機会との取引の利益も増やすような投資，もう1つは目の前の買手との取引においてのみ有効で，外部機会との取引では利用できず利益も増えないような投資だ。

電気自動車のバッテリーを製造する電池メーカーを考えてみよう。いま，容量をさらに大きくした新型バッテリーの開発に投資しようとしている。もしこのバッテリーがどの自動車メーカーにも採用されるならば，投資は特定の取引に縛られるものではない。そのような投資は**汎用的投資**と呼ばれる。

それに対し，もし特定の自動車メーカーにあわせて設計され他には用途がな

Column ❾-2 GMとフィッシャー・ボディの物語

ベンジャミン・クライン，ロバート・クロフォード，アーメン・アルチャンの3人の研究によって紹介され，いまでも不完備契約にまつわるホールドアップ問題の事例としてよく引用されるのが，アメリカのゼネラル・モーターズ（GM）と自動車の車体（ボディ）製造メーカーであるフィッシャー・ボディとのあいだの物語だ。

フィッシャー兄弟によって1906年にデトロイトで創設されたフィッシャー・ボディは，GMと長期の契約を通じて緊密な関係を築いていたが，同時にフォードなど他の取引先とも取引していた。車体が木製から金属製へと変化し，1920年代のGMの車体需要の急増にあわせて，GMはフィッシャー・ボディに取引価格の見直しと，輸送コストの削減のために車体工場をGMの加工工場に隣接する場所に建設してほしいと要請した。ところが，フィッシャー・ボディはそれを拒否する。確かに非効率的な行動だが，それによりフィッシャー・ボディの利益がGMの犠牲のもとに確保されるからだ。このようなホールドアップ問題を回避するために1926年にGMはフィッシャー・ボディを買収することになる。

以上が物語の内容だが，実のところ，この物語の真偽は定かではない。たとえば，ロバート・フリーランドの研究によれば，GMがフィッシャー・ボディを買収したのはホールドアップ問題の回避ではなくフィッシャー兄弟周辺の人的資産が目的であること，そして，フィッシャー兄弟は買収前ではなく買収後にGMのホールドアップに成功し，GMはフィッシャー兄弟のレント・シーキングに悩まされたことなどが明らかになっている。

とはいえ，GMとフィッシャー・ボディのシンプルな物語は，不完備契約にまつわるホールドアップ問題の事例としてすでに確立している。そこから生まれた数多くの研究を考えれば，その真偽はさほど重要ではない。

（参考文献） Klein, B., R. Crawford and A. Alchian（1978）"Vertical Integration, Appropriable Rents, and the Competitive Contracting Process," *Journal of Law and Economics* 21(2), 297-326.

Freeland, R. F.（2000）"Creating Holdup through Vertical Integration: Fisher Body Revisited," *Journal of Law and Economics*, 43(1), 33-66.

い場合，投資は**関係特殊的投資**と呼ばれる。冒頭の物語でカフェ・チェーンが依頼したエスプレッソ・マシンの開発も関係特殊的投資だ。

定義 9.4　汎用的投資と関係特殊的投資

投資の用途が特定の取引先に限るものではなく，どこでも利用可能な場合，投資は汎用的投資だ。投資の用途が特定の取引先に限定される場合，投資は関係特殊的投資だ。

数値例に戻ろう。売手が投資すれば取引から 20 億円の利益が発生するが，投資しなければそれは 10 億円になる。売手が負担する投資の費用は 6 億円だ。ただし，先ほどとは違い，売手には外部機会がある。売手は別の買手にもサービスや部品を販売することができ，いまの取引が成立しなくても外部機会から利益を得られる。

さて，売手の投資が外部機会に与える効果について，表 9.2 と表 9.3 にあるように次の 2 つのケースを考えたい。

ケース 1：売手が投資すれば外部機会は 6 億円，投資しなければ外部機会は 2 億円

ケース 2：売手の投資に依存せず，外部機会は 2 億円

ケース 1 の場合，投資は外部機会からの利益も増やすので汎用的投資といえる。それに対し，ケース 2 の場合は投資は外部機会には影響を与えないので，目の前の買手との関係にのみ有効な関係特殊的投資といえる。

まずケース 1 から検討しよう（表 9.2）。買手には外部機会は存在しないとする。すると投資を実行した場合，事後の交渉で売手は（20 億円＋6 億円）/2＝13 億円の取り分を得ることになる。よって 13 億円－6 億円＝7 億円の純利益を売手は期待できる。けれども，投資しないならば交渉から（10 億円＋2 億円）/2＝6 億円を得る。したがって，売手は投資を実行する。

ケース 2 はどうだろうか（表 9.3）。投資しなければやはり売手は 6 億円を得る。もし投資すれば，事後の交渉での売手の取り分は（20 億円＋2 億円）/2＝11 億円となり，投資費用を考慮すると売手の純利益は 5 億円だ。この場合は売手は投資しないことが得策だ。

この数値例からわかることは次の 2 つだ。まず，外部機会の存在は売手の取り分を増やし投資を促す可能性があることだ。外部機会により売手は投資費用

CHART 表 9.2 外部機会とホールドアップ問題――汎用的投資の場合

	実現する利益	売手の外部機会	売手の取り分	売手の純利益
6億円の投資あり	20億円	6億円	13億円	7億円
投資なし	10億円	2億円	6億円	6億円

CHART 表 9.3 外部機会とホールドアップ問題――関係特殊的投資の場合

	実現する利益	売手の外部機会	売手の取り分	売手の純利益
6億円の投資あり	20億円	2億円	11億円	5億円
投資なし	10億円	2億円	6億円	6億円

に見合うだけの取り分を交渉で得ることができるかもしれない。もう1つは，投資が実行されるのは，投資が汎用的であり外部機会に対しても有効な場合であることだ。つまり，投資が外部機会からの利益も大きくする場合には，投資は事後の交渉での交渉力を高めることになり取り分も増える。したがって，売手は投資に前向きとなる。けれども，投資は目の前の買手との取引においてのみ有効で，外部機会に対しては影響を与えない関係特殊的投資ならば，投資は外部機会からの利益を増やさず交渉力も変化しない。したがって，ホールドアップ問題は解消されにくい。

では，モデルを一般化して議論してみよう。買手については外部機会は存在せず，$v_B=0$ だとしよう。売手の外部機会からの利益は投資の影響を受ける状況を考え，外部機会を $v_S(I_S)$ とする。具体的には，$v_S(I_S)=\lambda V(I_S)$ としておこう。ここで，$0\leq\lambda<1$ が成立し，もし，λ が1に近ければ，投資は汎用的で，いまの取引と外部機会とで投資の効果に差は生じない。それに対し，$\lambda=0$ ならば外部機会は存在せず，投資は外部機会に影響しないので完全に関係特殊的と解釈できる。

売手は第3期の交渉の結果 $[V(I_S)+\lambda V(I_S)]/2$ を得るので，

$$\frac{(1+\lambda)V(I_S)}{2}-I_S$$

を最大化するように第2期に I_S を選ぶ。そして，

CHART 図 9.4 外部機会によるホールドアップ問題の解消

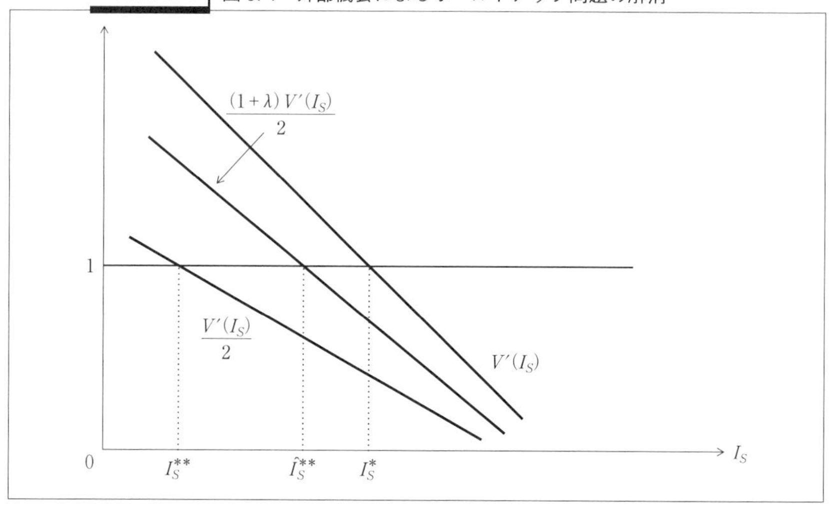

$$\frac{(1+\lambda)V'(\hat{I}_S^{**})}{2}=1$$

が成立するように投資水準 $\hat{I}_S^{**}$ を決定する。

図 9.4 を見てほしい。$0<\lambda<1$ ならば，外部機会がない場合や外部機会が投資に依存しない場合と比較して，$\hat{I}_S^{**}>I_S^{**}$ となるので売手はより高い投資水準を選んでいる。投資が過少となるホールドアップ問題が起きる理由は，投資の収益の一部が交渉を通じて買手に奪われてしまうからだ。だが，投資が外部機会の利益を増加させ，その結果として交渉力を高めれば，投資を増やすとより大きな取り分を期待できる。そして，売手は投資に対して積極的になりホールドアップ問題が軽減できる。

投資が外部機会に対してもどれほど有効かは，投資がどれほど取引関係に特殊的かによる。もし $\lambda=0$ で外部機会が投資に依存しないなら，それはホールドアップ問題に対してまったく影響しない（v_S が投資に依存せず一定だとしても，$\lambda=0$ の場合と同様に投資は外部機会に影響せず，投資水準は I^{**} となる）。投資がいまの取引関係についてのみ有効な関係特殊的投資ならば，外部機会はホールドアップ問題の解消につながらない。けれども，投資がより汎用的であれば投資水準 $\hat{I}_S^{**}$ は大きくなり，最適な投資水準 I_S^* に近づいていくことがわかる。

数値例　ホールドアップ問題と外部機会

先ほどの $V(I_S)=\sqrt{I_S}$ の例を再び考えよう。ただし，今度は売手には外部機会がある。外部機会からの利益は $v(I_S)=\lambda\sqrt{I_S}$ としよう。ここで，$0\leq\lambda<1$ が成立し，外部機会からの利益の方が常に小さい。

外部機会がある場合，交渉による売手の取り分は $(\sqrt{I_S}+\lambda\sqrt{I_S})/2=(1+\lambda)\sqrt{I_S}/2$ となり，売手は $(1+\lambda)\sqrt{I_S}/2-I_S$ を最大化するように投資水準を選ぶ。最大化の条件は $(1+\lambda)I_S{}^{-1/2}/4=1$ であり，投資水準は $\hat{I}_B^{**}=(1+\lambda)^2/16$ となる。

まず確認できることは $\lambda>0$ ならば $(1+\lambda)^2/16>1/16$，つまり $\hat{I}_S^{**}>I_S^{**}$ が成立することだ。外部機会はホールドアップ問題を和らげる。そして，もし λ がゼロに近いならば，それは投資が関係特殊的であることを意味しており，$\hat{I}_S^{**}$ は $I_S^{**}=1/16$ に近づいていく。逆に投資が汎用的で λ が 1 に近づいていくと，$\hat{I}_S^{**}$ は最適な投資水準 $I_S^*=1/4$ に近づいていく。

SUMMARY ●まとめ

- □ 1 あらゆる事態を想定した完備契約を事前に作成することは困難で，取引のための契約は不完備契約にならざるをえない。
- □ 2 不完備契約の世界では取引条件は事後的な交渉で決まる。そして，交渉が決裂したときの外部機会の大きさにより，交渉での取り分が決まる。
- □ 3 不完備契約の世界ではレント・シーキングによる浪費，交渉の遅れ，交渉決裂により，取引の価値が損なわれることがある。
- □ 4 不完備契約の世界では投資のリターンを確保できないため，投資のインセンティブが過少となる。そのような問題をホールドアップ問題と呼ぶ。
- □ 5 異なる取引相手を確保すれば，それは交渉の外部機会になる。投資を行う主体が外部機会を持つことで交渉での取り分も増加し，ホールドアップ問題は解消される。

EXERCISE ● 練習問題

9-1 次の文章のカッコ内を埋めなさい。

起こりうるすべての事態を想定した取り決めが定められ履行可能な契約は［ a ］と呼ばれる。それに対し，事態の想定や取り決めに不備がある契約は

[b]と呼ばれる。

9-2 次の文章のカッコ内を埋めなさい。

交渉において，当事者が自分の取り分を大きくしようとすることで，交渉に遅れやコストが生じたり，交渉が合意にいたらないことがある問題は［ a ］と呼ばれる。

9-3 売手と買手が交渉で合意すれば30億の利益が生まれるのに対し，外部機会と取引すれば売手は10億，買手は8億の利益を得る。ナッシュ交渉解での売手と買手の取り分を求めなさい。

9-4 なぜホールドアップ問題は投資が関係特殊的であるときに生じるのか説明しなさい。

9-5 大学で経済学を学ぶことと特定の企業のインターンシップとでは，どちらの投資がより関係特殊的だろうか。説明しなさい。

9-6 スマートフォンのメーカーが液晶パネルの調達先を1社から2社に増やすことでどのようなメリットがあるかを説明しなさい。

CHAPTER

第10章

不完備契約：応用編

どこまで自社で行うべきか？

STORY

●コーヒー農園を買収する話

美味しいコーヒーは高品質のコーヒー豆があってこそだ。あなたが世界中で展開するカフェ・チェーンでは豆をコスタリカの農園から購入している。よい気候とよい土壌，事業を営む農園主はコーヒー豆の栽培に造詣が深く，ピッカー（摘み手）たちの指導も行き届いている。ここ以外から豆を調達することは考えられなかった。

だが，いまは自社農園を考えている。そもそもコーヒーへの愛着が強いのでコーヒー農園を保有することは夢だった。また自社でフェアトレードを徹底することで社会に対して貢献できると同時に，世界の消費者たちにそれをアピールできるメリットもある。規模が大きくなったカフェ・チェーンのために高品質の豆を安定的に調達できることも重要だ。

とはいえ，新たに自社農園を築き上げるのは時間がかかるし，人材もノウハウも足りていない。そこで信頼しているコスタリカの農園を買い取ってしまおうと決めた。農園主の力を借りて自分が思うようなコーヒー豆生産にトライしよう。農園主にもいま以上の好待遇を約束するつもりだ。

ところが農園主はこのオファーを断った。いまと同じ品質のコーヒー豆を栽培するためにも独立した事業者として農園を経営したいとのことだ。なぜ農園主は買収を断り，オーナー事業者であることを選んだのだろう。コーヒー豆を自分の農園で栽培することと，雇われて栽培することとにどのような違いがあるのだろう。この疑問は実はとても大きな問題への糸口となる。それは企業の境界を探るという問題だ。現実の経済を眺めてみると，市場取引も企業内取引もありふれている。メーカーが部品を市場から調達することもあれば，自社内で製造することもある。オフィス業務に必要なサービスを市場にアウトソーシングすることもあれば，自社内で用意することもある。本章ではこの違いについて考えてみよう。

第 10 章で考える問題

- 物的資産を所有することの意味は何なのか。
- 不完備契約の世界では意思決定の権限はどのように定まるのか。
- 市場と企業とを分かつ境界，企業の大きさはどのように決まるのか。
- 不完備契約の世界で負債はどのような役割を果たすのか。
- 組織の中の権限はどのように配分されるべきなのか。

1 企業を所有するとは

企業とは何か？

「企業とは何か？」という問いは深淵だ。標準的なミクロ経済学の教科書では，企業は生産関数や費用関数といった「生産技術」として描写される。いわば原材料を投入すれば生産物が出てくるような箱にすぎない。だが，企業とは生産技術だ，といわれて腑に落ちる読者は少ないだろう。個人商店や町工場から巨大商社や家電メーカーまで，そこで働く人の数や取り扱う業務の範囲は企業によって大きく異なる。そのような違いは生産関数としての企業描写には適切に反映されていない。

大企業ともなると数万人もの従業員がおり，その中でもさまざまな取引が行われる。市場経済とはいっても，企業それ自体が市場とは異なる取引の場として成立しているわけだ。実際，ノーベル経済学賞を受賞したハーバート・サイモンが指摘したように，現実経済では企業などの組織内での取引の方が市場取引よりも多い。では市場と企業とを分ける境界はどのように定まるのだろうか。言い換えれば，企業の大きさはどのように決まるのだろうか。

たとえば，スマートフォンを取り上げよう。性能とデザインを決め，部品やOSを準備し，工場で組み立て，完成品を販売店に卸し，と複雑なサプライチェーンを通じて消費者の手元にスマートフォンが届く。また，スマートフォンを利用したサービスも，コンテンツの視聴やSNSサービスなど，すでに全体像を把握するのが困難なほどに広がっている。サプライチェーンは材料や部品から最終財への生産・販売工程の流れであり垂直的取引といえる。それに対し，スマートフォンを中心とするサービスの拡大は水平的な関係だ。

水平的なサービスをどこまで自社で行い，どこから他社に任せるかという問いも興味深いが，ここでは垂直的取引に着目して企業の大きさの問題を検討してみよう。第9章のColumn ❾-2で紹介したGMとフィッシャー・ボディの取引も垂直的取引の1つだ。そして，GMが買収する前は取引は市場取引（外部調達）だったが，買収後はそれは企業内取引（内製）に変化した。実際，さまざまな部品を他社から調達したり，ビジネスサービスをアウトソーシングする企業もあれば，それらを自社内で完結させる企業もある。製品を小売店に卸して消費者に届ける企業もあれば，自社で消費者に販売する企業もある。つまり，市場を通じた外部調達と自社内での内製は，現実の経済で併存している。

垂直的取引のうち市場取引と企業内取引のどちらを選ぶのかを明らかにできれば，企業と市場の境界を定めることができる。この問題は1991年のノーベル経済学賞受賞者であるロナルド・コースによって提示され，コース自身は**取引費用**という解答を用意した。市場取引を行う場合，まず取引相手を探さなければならない。そして，取引相手を見つけたならば，交渉を行い，取引契約を作成しなければならない。また，実際に適切な取引が行われるか監視・強制も必要となる。これらの市場取引にまつわる取引費用は企業内取引に移行することで削減できるだろう。だが，企業内取引にも費用はある。コースはその費用をマネジメント能力の限界に求めた。取引が増加するにつれて一元的に正しい取引を決定・遂行するには無理があるということだ。そして，市場取引の費用と企業内取引の費用を比較し，費用を最小化するように市場と企業の境界が決まる。

2009年のノーベル経済学賞受賞者であるオリバー・ウィリアムソンはコー

スの考え方を継承した。そして，第9章で理解した事前のホールドアップ問題や事後のレント・シーキング問題こそが市場取引にまつわる取引費用だと考え，それらは企業内取引では解消するとした。企業内取引では階層的組織の中で権限を保有する人の決定に任される。すると市場取引にまつわる機会主義的な行動は抑制されるというわけだ。だがそれが正しいならば，あらゆる取引は企業内で行った方がよく，巨大な企業ばかりになってしまうだろう。なぜ統合は機会主義を抑制するのか，そして統合がもたらす不利益は何なのか。アイデアの候補はいくつもあるが，市場取引にまつわる議論とは別に考える必要がある。

一方，2016年にノーベル経済学賞を受賞したオリバー・ハートは，サンフォード・グロスマンやジョン・ムーアとの共同研究で市場と企業の境界を統一的な枠組みで説明できるアイデアを打ち立てた。不完備契約の世界では物的資産の所有者がその資産をコントロールする権利を持つ。そして，適切な財産権の配分が企業の境界を定めるという企業理論の財産権アプローチは，不完備契約の最も重要な応用だ。

物的資産と財産権

財産権アプローチによる企業理論を説明しよう。まず，企業を物的資産（モノ）と人的資産（ヒト）の集まりと考える。冒頭のストーリーで考えると，農園やカフェ店舗は物的資産にあたる。物的資産（正確には無形資産も含む非人的資産）は工場，土地，機械，また特許や著作権，デザインといった知的財産，他にも在庫や顧客リスト，などさまざまだ。だが物的資産だけでは企業は成立しない。ビジネスを営み，価値と利益を生み出すためには物的資産を実際に活用する人的資産も必要だ。人的資産は農園の農園主やピッカー（摘み手），カフェの経営陣や店長・店員がそれにあたる。

では，企業を買収するとはいったい何を「買う」ことを意味するのだろうか。まず確認しておきたいことは，ヒトは売買の対象ではないことだ。ヒトが奴隷として売買されたのは遠い昔のことだ。人的資産はいつもその人とともにある。企業買収の目的に魅力的な人材の確保もあるかもしれないが，買収後も残ってくれるかどうかはわからない。

売買の対象になるのは物的資産の**財産権**（所有権）だ。では，物的資産の財産権とは具体的にどのような権利なのだろうか。企業理論の財産権アプローチでは，とくに**残余コントロール権**として財産権を捉える。この考え方を「コントロール権」と「残余」の２つに分解して理解してみよう。

所有権／財産権を規定する民法 206 条には，

> 所有者は，法令の制限内において，自由にその所有物の使用，収益及び処分をする権利を有する。

と記されている。たとえば物的資産として工場設備を考えてみよう。どのような取引相手のために，何をどれだけ，いつ作るのか，といった決定は工場設備の所有者がコントロールできる。また，工場の建て替えや売却といった決定についても同様だ。もし，あなたが自家用車を所有しているならば，エアコンやカーナビなどの装備をどれくらい施すか，またメインテナンスの頻度などを決定できる。これらの話からわかるように，物的資産の所有者はその物的資産をコントロールする権限を持つ。

では，「残余」とはどういう意味だろうか。確かにコントロール権は物的資産の所有者に帰属するが，決して無制限というわけではない。ある部品メーカーが取引相手のために，これから１年間，月に２万個の部品供給を契約により約束したとしよう。すると，その契約で書かれた内容を遵守する義務が生じる。とはいえ，約束された義務をきちんと果たしたならば，それ以外の利用は所有者が決めることができる。

土地や工場，特許やデザイン，さまざまな物的資産を活用して利益や価値を生み出すには多くの取引が必要で，そのために約束事や契約を結ぶことになる。けれども，定められない残余の部分では，コントロール権は所有者にある。物的資産の所有者は残余コントロール権を持つというわけだ。

定義 10.1　残余コントロール権

物的資産の財産権は残余コントロール権として捉えることができる。残余コントロール権とは，契約や約束事で定められていない範囲について物的資産の利用を定める権利だ。

不完備契約の世界では

カフェ・オーナーとコーヒー豆事業者が別の企業である場合を考えよう。すると，農園主はさまざまな取引相手からベストの相手を選び，最大限の利益を生み出そうとするだろう。これまで，ベストの取引相手としてあなたのカフェが選ばれていたわけだ。

では，カフェ・オーナーが農園を買収したらどうなるだろう。農園そのものは買収前と同じで，ただ自社農園となっただけだ。けれども，これまで農園のベストの利用法が実現していたならばそれが変更されることはないはずだ。

少し抽象的に考えてみると，農園の財産権をカフェ・オーナーに移すことと，農園主が所有したまま，契約を通じて所有にまつわるすべての権限をカフェ・オーナーが行使することを認めることには本質的な違いはない。すると，あえて農園を買収する必然性は生じない。

結局のところ，物的資産の利用に関する諸権利をすべて契約によって定めることができる完備契約の世界では，誰が所有者であるかは意味がない問いとなる。権利の構造も含めて物的資産のベストの利用法を契約が完全にコントロールしてしまうのだ。もちろん，どのような契約に合意するかという事前のコントロール権は所有者に帰属する。けれども，物的資産が生み出す価値や利益の最大化を当事者が目指す限りでは，誰が所有者であろうと物的資産の利用法に違いは生じない。常に最大の利益を実現しようとする。つまり，完備契約が作成できるならば，物的資産のベストの利用法は所有構造にかかわらず必ず実現されるはずだ。

完備契約の世界に「残余」はない。物的資産は財産権ではなく契約でコントロールされる。けれども，不完備契約の世界では，契約では想定されていない「残余」が多く存在する。農園が悪天候の被害を受けたり，機械が突然故障したり，工場の従業員たちが大量に退職したり，契約では想定されていない事態が起きたときに誰が物的資産をコントロールできるのか。それは所有者だ。

事前の完備契約が存在しない世界では物的資産は所有者によってのみコントロールされる。そして，当事者が直面するホールドアップ問題は物的資産を所有するかどうかに影響される。そのことを理解してみよう。

企業の大きさはどのように決まるのか？

財産権と投資のインセンティブ

簡単なモデルを用いて理解を進めよう。第9章と同じく売手と買手とのあいだの垂直的取引を考える。具体的には，売手がコーヒー豆や，部品，システムといったビジネスに必要な中間財を供給し，買手がそれを用いて消費者に財・サービスを提供することで利益が生まれるような状況だ。そして，売手の供給には物的資産 P_S が必要だとしよう。また，売手は知識やスキル，ノウハウなどの人的資産を蓄えている。

話を具体的にするために，農園主（売手）とカフェ・オーナー（買手）の物語に沿って話を進めよう。まず物的資産は農園だ。農園主は人的資産（知識・スキル・ノウハウ）を持つ。そして，農園主は人的資産を高める投資 I_S を行う。その投資は，土地を知る，気候を知る，どのような品種の豆をどのように育てればよいかの知識，ピッカーたちの指導といった投資だ。つまり，**人的資産に対する投資**を想定する。農園への機械の導入といった物的資産に対する投資もあるが，ここでは話をわかりやすくするために人的資産に対する投資にフォーカスしよう。重要な点は投資に関連づけられた契約を作成できず，不完備契約を想定することだ。

第9章と同様に農園主とカフェ・オーナーとのあいだの取引により実現する利益を $V(I_S)$ とする（$V'>0$, $V''<0$）。投資の費用は I_S だ。すると最適な投資水準は $V'(I_S)=1$ を満たす I_S^* となる。

ところが不完備契約の世界では，取引条件と利益の分配は投資が終了したのちの交渉によって定まり，投資のリターンは確保されずに過少投資の問題，すなわちホールドアップ問題が起きる。だが，不完備契約の世界であっても，所有構造，つまり残余コントロール権の配分は事前に定めることができる。

物的資産の所有構造が投資インセンティブに与える影響を見るために，所有構造を2つのタイプに分けよう（図10.1）。

物的資産の所有構造

(1)　農園とカフェは異なる2つの企業：売手である農園主が農園（物的

CHART 図 10.1 物的資産の所有構造

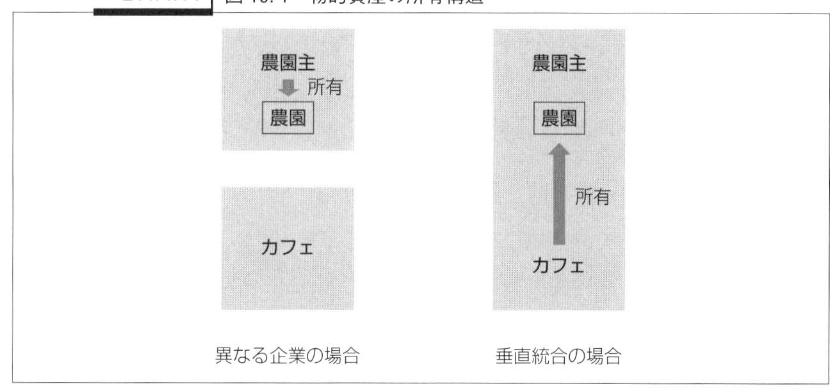

資産）P_S を所有する。農園主は独立したオーナー事業者であり，カフェは市場取引（外部調達）を通じてコーヒー豆を調達する。

(2) 農園とカフェは統合された1つの企業：カフェ・オーナーが農園 P_S を所有する。農園主はカフェ・オーナーに雇われた従業員として P_S を利用してコーヒー豆を収穫する。農園主とカフェ・オーナーとのあいだの取引は企業内取引（内製）だ。

異なる企業の場合には，カフェ・オーナーとの交渉が決裂しても，農園主は独立したコーヒー豆事業者として別の取引先を探すことができる。このときの農園主の外部機会からの利益を $v_S^s(I_S)=\lambda_S^s V(I_S)$ としよう。ここで，上の添え字の s は分離（separartion）を意味している。逆に統合の場合には，交渉が決裂すれば農園主は離職せざるをえなくなる。農園は所有していないので頼みとするのは自分が蓄えた知識やスキルだけだ。このときの外部機会からの利益を $v_S^i(I_S)=\lambda_S^i V(I_S)$ としよう。ここで i は統合（integration）を意味している。

ここで，$0\leq\lambda_S^i\leq\lambda_S^s\leq 1$ という関係を想定する。つまり，まず投資は関係特殊的だ。そして農園主が物的資産を所有する方が農園主の投資は外部機会でより効果的だ。

カフェ・オーナーについては，交渉が決裂すると農園主の人的資産を活用できなくなる。よって外部機会からの利益は農園主の投資 I_S に依存しない。別の取引相手からコーヒー豆を調達することになるが，その際，統合の場合には自社農園が利用でき新たに農園主を雇えばよい。けれども，農園を所有しないならば，別のコーヒー豆事業者から市場取引で調達することになる。分離の場合と統合の場合のカフェ・オーナーの外部機会からの利益をそれぞれ v_B^s，および v_B^i と表記しよう。また，$V(I_S) > v_S^s(I_S) + v_B^s$ と $V(I_S) > v_S^i(I_S) + v_B^i$ が成立する。つまり，農園主とカフェ・オーナーは常に取引を行うべきだ。

第 9 章の議論を思い出してほしい。別企業の場合には，交渉の結果，農園主（S）とカフェ・オーナー（B）の取り分は，それぞれ，

$$\text{S の取り分} = \frac{1}{2}[V(I_S) + v_S^s(I_S) - v_B^s]$$

$$\text{B の取り分} = \frac{1}{2}[V(I_S) + v_B^s - v_S^s(I_S)]$$

となる。よって，$v_S^s(I_S) = \lambda_S^s V(I_S)$ なので農園主は，

$$\frac{V(I_S) + \lambda_S^s V(I_S) - v_B}{2} - I_S$$

を最大化するように投資を行い，

$$\frac{(1 + \lambda_S^s)\, V'(I_S^s)}{2} = 1$$

が成立するように投資水準 I_S^s を決定する。同様に考えると，統合の場合は農園主は，

$$\frac{(1 + \lambda_S^i)\, V'(I_S^i)}{2} = 1$$

が成立するように投資水準 I_S^i を決定することがわかる。

図 10.2 を見てほしい。まず，投資の関係特殊性より投資水準は過少となりホールドアップ問題が起きることがわかる。だが，$\lambda_S^s \geq \lambda_S^i$ より $I_S^s \geq I_S^i$ が成立するので，農園主が独立の事業者である方がよりホールドアップ問題を解消してくれることもわかる。

ここでは投資を行うのは農園主のみなので，農園主に投資のインセンティブを与えることが重要となる。農園主は農園を所有することで，交渉が決裂しても農園を自由に利用して外部の取引相手を探すことができるようになる。そして，投資は外部機会からの利益をより高めることができるので，投資インセンティブは向上する。よって，実際に投資を行う主体である農園主に農園を所有させるべきだ。

CHART 図 10.2 農園主による投資

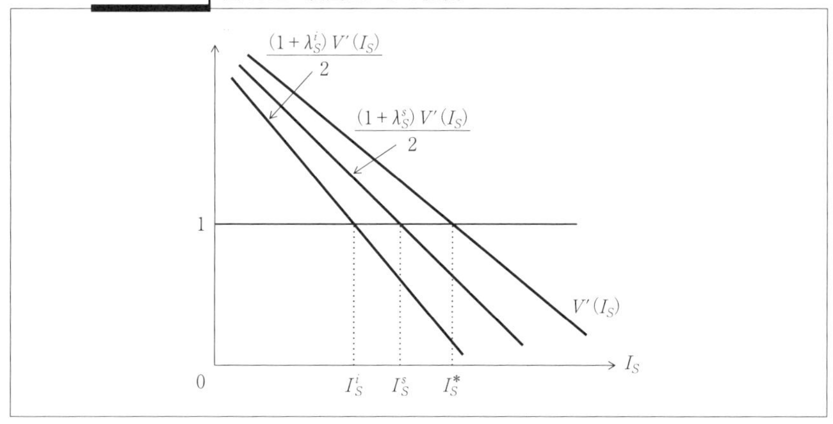

企業の境界の決定

もう少し議論を一般化してみよう。コーヒー豆の栽培には農園が必要であるように，カフェがコーヒーを提供し利益を得るためには店舗などの物的資産 P_B が必要だ。また，カフェ・オーナーも人的資産に対して投資 I_B を行うことができる。美味しいコーヒーの入れ方，接客，従業員の管理やマネジメント，などの投資だ。

前項と同じように，物的資産の所有構造としては次の2つを考える。

複数の物的資産の場合の所有構造

(1) 農園とカフェは異なる2つの企業：売手である農園主が農園（物的資産）P_S を所有し，買手であるカフェ・オーナーは店舗（物的資産）P_B を所有する。取引は市場取引だ。

(2) カフェによる統合された1つの企業：カフェ・オーナーが農園 P_S と店舗 P_B の両方を所有する。農園主はカフェ・オーナーに雇われたうえでの農園を利用して職務を行う。取引は企業内取引だ。

もちろん，カフェによる統合とは逆に農園主が農園とカフェ店舗を所有するような統合も考えられる。ただし，立場を入れ替えた議論を行えばよいだけなので，ここでは省略しよう。

いま考えている状況では双方がホールドアップ問題に直面することになる。投資インセンティブの決め手となる外部機会は物的資産の所有に依存し，最適な物的資本の所有形態は，ホールドアップ問題のロスを和らげるための投資インセンティブのコントロールを目指して決定する。

以下では，単純化のために農場主とカフェ・オーナーの取引から生まれる利益を $V(I_S, I_B) = V_S(I_S) + V_B(I_B)$ と表すことにする。外部機会については，異なる企業の場合は売手と買手それぞれについて $\lambda_S^s V(I_S)$ と $\lambda_B^s V(I_B)$，カフェ・オーナーによって統合されたならば $\lambda_S^i V(I_S)$ と $\lambda_B^i V(I_B)$ となる。ここで，$0 \leq \lambda_S^i \leq \lambda_S^s < 1$ と $0 \leq \lambda_B^s \leq \lambda_B^i < 1$ が成立し，異なる企業ならば相対的に農園主の投資インセンティブが大きくなり，統合ならばカフェ・オーナーの投資インセンティブが大きくなる。

すぐにわかるように，売手も買手もより多くの物的資産を所有すればするほど投資インセンティブは大きくなる。だがそこにはトレードオフがある。たとえば，カフェ・オーナー側の投資インセンティブの確保のためにカフェ・オーナー側に物的資産を集め統合すると，物的資産を持たない農園主の投資インセンティブは下がってしまう。

では，最適な所有構造を決める個別の具体的な要因は何だろう。それは以下の４つのポイントによる。

⑴　投資の重要性

⑵　２つの物的資産の独立性

⑶　２つの物的資産の補完性

⑷　人的資産の不可欠性

まず１点目について。取引の利益への効果が大きい重要な投資を行う主体に対してより高い投資インセンティブを与えるべきだ。$V'(I_S) > V'(I_B)$ ならば農園主に農園を与えるべきだし，$V'(I_B) > V'(I_S)$ ならばカフェ・オーナーに物的資産を集めるべきだ。

次に２点目について。カフェ・オーナーの立場で考えてみよう。カフェ・オーナーは店舗を所有している。ここでもし，コーヒー豆事業者が世界中にたくさんあるならば，自社農園を所有してコーヒー豆を内製しなくても，同じ水準のコーヒー豆を外部の事業者から調達することができる。このときは，$\lambda_B^i = \lambda_B^s$ が成立する。カフェ・オーナーが農園を所有してもその投資インセンティブは改善されない。これは，カフェの店舗とコーヒー豆農園の関係特殊性がなく，独立だということだ。けれども，農園主はやはり農園を所有することで外部機会が大きくなり，投資インセンティブも大きくなる。ならば，農園主が農園を所有するべきだ。

もし産業が成熟しており原材料や部品の標準化も進んでいるならば，買手は物的資産を所有し部品を企業内取引で内製しなくても，市場で売手を探し部品を外部調達できる。この場合，統合は得策ではない。むしろ売手たちのインセンティブを確保するべきだ。産業が発展し，市場で多くの取引相手を見つけることができるときには，売手と買手は別の企業として存在するべきだと解釈できる。

たとえば，自動車産業においてタイヤや電気自動車のバッテリーは内製せずに他社から調達する。標準化された製品を供給する一定数の企業が存在し，それらを利用することで十分な性能が引き出せるからだ。また，急速に発達したシェアリング・エコノミーでは，さまざまな財やサービスを小規模事業者から手軽に調達できるようになった。そのような環境では自社内で取引を行うメリットが薄れ，外部調達（アウトソーシング）が増えることになる。

3点目については，カフェ・オーナーが店舗でコーヒーを提供する際に，その特別な味のためには特別なコーヒー豆が必要で，外部の事業者からの調達が困難な状況を考えよう。すると，独立の農園主との交渉が決裂するとカフェを閉めざるをえなくなる。つまり $\lambda_B^s=0$ だ。それに対し，自社農園の場合には，農園主との交渉が決裂しても別の農園主を見つければ，元の農園主のスキルは利用できなくなるものの $\lambda_B^i>0$ が成立する。このように農園とカフェが高度に補完的ならば，カフェ・オーナーが両方を所有するべきだ。

新しい技術で開発された画期的な製品のように，特殊な部品を特殊な機械で作り，その部品は特殊な設備でしか製品化されないとしよう。すると，どのような人材を確保するにせよ，2つの物的資産をそろって所有しないと外部機会から利益や価値が生み出されない。すると統合されるべきだ。まったく新しい製品を開発した場合や，まだその産業が勃興期にあるならば，市場から部品を外部調達しようと考えても見つからない。したがって，自分で設備を整え部品から最終財まで，自企業内で生産せざるをえなくなる。これは，成熟した産業では統合が望ましくない傾向があるのとは対照的だ。また，自動車産業でもエ

Column ⑩-1　何を所有するべきか？

新聞社は毎朝毎夕，最新のニュースを適切に解説し多くの人に届けることが使命だ。地球の裏側の出来事，またはオリンピックやワールドカップでの日本の活躍など，新しいニュースを紙面に載せるためにぎりぎりの努力を行うし，場合によっては記事の差し替えもありうる。そんな無理を可能にするために，新聞社は印刷会社を子会社として所有している。独立の印刷会社に無理を通そうとしても，そのための交渉が必要となり，断られたり足元を見られたりもするだろう。それに対し，書籍の出版社は印刷会社を持たないことが多い。新聞社のような迅速性は必要ないからだ。印刷は汎用的な技術なので，いろいろな印刷会社と取引し，安く高品質な会社を探す方が得策だ。

最近はカーシェア，ライドシェア，オフィスのシェアなどのシェアリング・エコノミーが急速に拡大している。シェアリング・エコノミーの可能性について説いた著作の中で，著者のアルン・スンドララジャンは「所有権なき利用により効率性が大きく向上することは明らかだ」と記しているが，もし所有が投資インセンティブの源泉であるならば必ずしもそうはいえないはずだ。物的資産のシェアが進展するためには，それが汎用的な資産である必要がある。

たとえば車を考えてみよう。車の運転にはもちろんスキルが必要だが，特定の車に特殊的なものではない。どの車も同じ場所にハンドルやアクセル，ブレーキやウィンカーが配置してある。こだわりがない限りは，所有して特殊なスキルを磨く必要はない。自動運転技術が進展すればこの傾向はますます強まるだろう。夜中の急病に対応できるなど車を所有するメリットも確かにあるが，車の所有には購入費，維持費，減価償却とさまざまなコストが伴う。カーシェアやライドシェアの利用は増加するだろう。

シェアリング・エコノミーは車やオフィスなど，汎用性が高い資産からスタートしているが，デジタル技術の進展は生産技術の標準化ももたらしている。これからは，製造業でも遊休設備のシェアリングが普及していくと予想される。そして，生産に対する関係特殊性が高いスキルが必要な場合には生産設備を所有し，汎用性が高い場合にはシェアリングを利用するといった手法が進展するはずだ。

（参考文献）　アルン・スンドララジャン（2016）『シェアリングエコノミー――Airbnb, Uber に続くユーザー主導の新ビジネスの全貌』（門脇弘典訳），日経 BP 社。

ンジンは他の部品とのすりあわせが必要とされ内製することが多い。もっとわかりやすい例を考えてみると，工場の建物と機械，顧客リストの中の名前情報と住所情報，ブランドの名前とデザインなど，別個の資産ではあるが高度に補完的な場合は一緒に所有されるべきだ。

最後に4点目について。カフェ・オーナーはカフェ店舗だけではなく農園についても必要な知識やスキルがあるとしよう。それに対し，農園主は農園を所有していても，それを活用できるだけのスキルや知識はない。つまり，農園主が農園を所有しても外部機会からは利益を得られないので，$\lambda_S^s=0$が成立する。それに対し，カフェ・オーナーが2つの物的資産を持つ場合は，農園主との交渉が決裂しても別の人材を雇えばよいだけなので，$\lambda_B^i>0$となる。そして，2つの物的資産を利用していつも利益を生み出せるのはカフェ・オーナーだけとなり，カフェ・オーナーは必要不可欠といえる。このとき，農園主に財産権を与えても投資インセンティブは改善されないので，カフェ・オーナーによる統合が望ましいことになる。優秀な技術者が起こしたベンチャー企業や古くからの高度な職人技術に支えられた製品を製造する企業など，1人の人材が決定的に重要な場合には，その人材に物的資産の所有も集中することになる。

企業理論の財産権アプローチでは，企業の範囲は物的資産の財産権がどれだけ集められるかによって定まる。結局のところは，不完備契約の世界で契約に変わって取引をコントロールする（残余）コントロール権をどれだけ集約させるかということを意味している。不完備契約の世界では「誰がコントロールできるのか？」というコントロール権の配分が決定的に大切だ。

3 企業金融への応用

負債の役割

企業金融の理論ではモジリアニ＝ミラーの定理として知られる主張がある。それは，負債か株式発行かという資金調達の手段は企業価値に影響を及ぼさない，という中立性の定理だ。この結論は完全競争や情報の非対称性が存在しない，法人税が存在しない，といった前提に依存しており，ベンチマークとして解釈すべき主張といえるだろう。

ここで注目したいのは，負債契約のもとでは企業の業績が好調な場合は企業の所有者（株主）が資産のコントロール権を持つが，債務不履行が生じたときには債権者にコントロール権が移行するという点だ。このような，企業の状況に応じたコントロール権の移転により望ましい意思決定の実行にコミットできる可能性を論じたのが，フィリップ・アギヨンとパトリック・ボルトンの研究だ。彼らは企業の財産権アプローチと同様にコントロール権に注目して企業金融の理論を構築した。そしてそれは，負債契約の役割を明確にする糸口を与えてくれる。不完備契約理論の代表的な応用研究であるアギヨンとボルトンの議論を簡単に紹介しよう。

企業家と投資家のモデル

企業家（オーナー経営者を想定する）と投資家の関係を考えよう。企業家がプロジェクトを実行するには K の資金が必要だが，企業家には自己資金はない。そして，投資家から資金調達しようとしている。投資家はプロジェクトからの金銭的利益 y に関心があるのに対し，企業家は企業経営からの非金銭的な私的便益 h のみに関心があるとしよう。たとえば，事業を実行する満足，評判，社会的地位などをあげることができる（企業家が金銭的利益に関心がないという想定は少し極端だが，議論を単純化するために採用しよう）。ここで重要なのは，h は非金銭的なので投資家に移転することはできないという点だ。

選択可能な行動は a_C（事業継続，continuation）と a_L（事業清算，liquidation）のどちらかだが，事前に状況に応じた行動を特定化するような契約は作成できない（不完備契約）。ただし，企業家と投資家のどちらが行動を選べるかという決定権限は事前に定めることができる。決定権が定められたのち，次に企業の状態が定まる。それは「良い」（G）か「悪い」（B）のどちらかであり，それぞれが起きる確率を p と $1-p$ とする。

時間の流れは次のようになる。

(1) 企業家のプロジェクトに対し，投資家が資金を供給

(2) 事業継続か清算かの意思決定の権利が，企業家か投資家のどちらかに与えられる

(3) 企業の状態が定まり，継続か清算かが決まる

まず，a_C が選ばれたとしよう。もし企業の状態が G ならば，金銭的利益と

企業家の私的便益はそれぞれ y_C^G と h_C^G となり，B ならば y_C^B，h_C^B となる。また，a_L が選ばれたときの金銭的利益と企業家の私的便益も，同様の記号を用いると y_L^G，y_L^B，h_L^G，そして h_L^B と表記できる。

企業家，投資家，そして社会にとって望ましい選択については以下の関係を想定する。

企業家，投資家，社会の利害

(1) 企業家の利害：$h_C^G > h_L^G$，$h_C^B > h_L^B$

(2) 投資家の利害：$y_L^G > y_C^G$，$y_L^B > y_C^B$

(3) 社会の利害：$y_C^G + h_C^G > y_L^G + h_L^G$，$y_L^B + h_L^B > y_C^B + h_C^B$

まず，企業家は常に a_C，つまり事業の継続を好む。企業家は事業の継続そのものから私的便益を得ているからだ。

また投資家にとっては，常に a_L，つまり事業の清算が好ましい。たとえ企業の状態が G であっても金銭的便益は清算の方が大きいという想定はもちろん適切ではない。だが，企業家がよく行う主張として，投資家たちは短期利益ばかりに関心があり事業を長期的に評価しない，事業を行うことで生まれる便益を軽視しがちである，というものがある。ここでは，そのような企業家と投資家の利害の対立を反映させよう。

そして，プロジェクトから生まれる余剰で評価すると，望ましい決定は G ならば a_C，B ならば a_L となる。企業の状態が良ければ事業を継続することが，悪ければ清算することが社会的には最適（ファースト・ベスト）となる。

さらに，金銭的利益と事業の実現に必要な資金 K との関係について次の 2 つを想定しよう。

$$py_C^G + (1-p)y_L^B > K,\quad py_C^G + (1-p)y_C^B < K$$

すでに述べたように，金銭的利益で評価すると常に a_L が選ばれるべきだが，G ならば a_C，B ならば a_L という選択でも金銭的利益の期待値は必要な資金 K を上回る。けれども，常に継続が選ばれる状況では K を下回ってしまい，投資家は資金を供給しなくなる。

企業家によるコントロール

事前の契約では企業家と投資家のどちらが決定権を持つかについては定めることができる。まず，企業家が a_C か a_L かの決定をコントロールできるとしよう。すると，企業家はいつも a_C を好むのでそれを選ぶことになる。その決定はＧの場合は最適だが，Ｂの場合は最適ではない。もし，Ｂならば再交渉が行われ，もし再交渉が合意にいたれば決定は a_L に変更される。そして $\Delta=(y_L^B+h_L^B)-(y_C^B+h_C^B)>0$ だけの追加的な利益が生まれる。

ここで，優れたプロジェクトを持つ企業家は限られているのに対し，資金を持つ投資家は数多くいるとしよう。すると，**再交渉によって生まれる追加的な利益はすべて企業家が受け取る**，つまり，交渉の結果として Δ はすべて企業家が受け取ることになる。よって，投資家は交渉前と変わらず，y_C^B の金銭的利益を得る。そして投資家の金銭的利益の期待値は $py_C^G+(1-p)y_C^B$ となり，これは K を下回るので投資家は資金を供給しない。つまり，企業家がコントロールできる場合はプロジェクトは実現しない。

再交渉の利益のすべて，または一部を投資家が受け取ることができるとしても，やはり投資家が資金を供給しない状況はありうる。もし，決定権が企業家にあればいつも a_C が選ばれる。状態がＢの際にその決定を覆そうとすると，少なくとも h_C^B だけの利益を企業家に渡す必要があるからだ。つまり，問題の本質は企業家がコントロール権を持つことにある。

投資家によるコントロール

逆に投資家が決定をコントロールできるとしよう。すると，投資家はいつも a_L を選ぶが，Ｇならばその決定は最適ではない。よって再交渉が行われる。もし再交渉が合意にいたれば決定は a_C に変更され，$\Delta'=(y_C^G+h_C^G)-(y_L^G+h_L^G)>0$ の追加的な利益が生まれる。

では，企業家と投資家はこうした交渉に合意することができるだろうか。投資家に決定を a_L から a_C に変更させるには，企業家はそこで発生する投資家の損失 $y_L^B-y_C^B<0$ を埋め合わせる必要がある。けれども，企業家にはそれができない。なぜなら企業家は自己資金を持たず，また再交渉による追加的な利益は非金銭的便益の増加のみを反映しており移転はできないからだ。そのため，交

Column ⑩-2　世界のどこで生産を行うべきか？

アップル社は自社の生産設備は持たず，部品生産から組み立てまで東アジアの企業に頼っている。アップル社が行うのは設計・デザインとマーケティングのみだ。それに対し，日本には部品の内製化や自国での組み立てに回帰している企業もある。その他，生産を自社で行うのかアウトソーシングするのか，またそれは先進国で行われるのかそれとも途上国か，といったパターンはさまざまだ。そのような違いの説明に不完備契約に基づく財産権アプローチが有効であることをポール・アントラスらが明らかにした。

先進国に本社を置く企業を考えてみよう。その企業は本社機能と部品（中間財）を利用して最終財を生産している。まず，部品を内製するかアウトソーシングするかという選択においては，財産権アプローチからもわかるように，どちらの投資がより重要かが1つの目安となる。もし本社の投資が重要ならば内製を選び，部品生産の投資が重要ならばアウトソーシングするべきだ。

では，生産はどこで行うべきだろうか。途上国で生産を行えば，生産費用は安いがガバナンスの費用が高い。それに対し，先進国で生産を行えば生産費用は高くガバナンスの費用は安い。すると，より大量の生産を志向する企業の方が途上国での生産を選ぶことになる。

このような理論的結論についての実証分析もなされており，財産権アプローチの正しさを示す材料ともなっている。

（参考文献）　Antràs, P.（2003）“Firms, contracts, and trade structure,” *Quarterly Journal of Economics*, 118(4), 1375-1418.

Antràs, P. and E. Helpman（2004）“Global Sourcing,” *Journal of Political Economy*, 112(3), 552-580.

渉が合意にいたることはなく，投資家が決定をコントロールする場合でも意思決定の非効率性が解消されることはない。

状態に依存したコントロール

それでは，企業の状態に依存して決定権が定まるような事前の契約が作成できていたとしよう。具体的には企業の状態がGならば企業家が，Bならば投資家がコントロールできるというわけだ。すると，Gならば a_C が，Bならば a_L が選ばれ，これは最適だ。

このような状態に依存したコントロールは，通常は企業家が決定権を持ち，状態が悪化すればそれが投資家に移動するような負債契約だと解釈できる。ただ，債務不履行が生じれば決定権が移動するという負債契約の大きな特徴がこのモデルには組み込まれていない（もちろん，そうした特徴を取り入れたとしても，状態に依存して決定権が移動するという性質は同じだが）。その意味では，アギヨンとボルトンのモデルは負債契約よりも，むしろベンチャー・キャピタルの融資契約の特徴をよりよく捉えているのかもしれない。ベンチャー・キャピタルでは企業の状態を測る指標に依存して，決定権が企業家から投資家に移るような契約を事前に定めることが多いと分析されている。

4 組織の中の権限配分

物的資産の所有に付随するコントロール権は，その所有者に帰属する。だが現実の企業では，新事業へと拡大するのか，どのようなプロジェクトを実行するのか，どのような人材を雇うのか，などさまざまな決定が行われている。これらの無数かつ複雑な意思決定をすべて所有によるコントロール権で一元化することは不可能だし，また効果的ともいえない。企業のコントロール権は究極的にはその所有者である株主にある。だが，企業経営の決定の権限はCEOなどの経営陣に委譲されているし，また多くの細かな決定権はさらに下部の人材へと委譲されることが多い。

不完備契約の世界では取引の詳細を契約によって定めることはできない。けれども，決定についてのフォーマルな権限を誰が保有するかという権限配分は事前に定めることができるだろう。財産権アプローチでは物的資産の所有権が投資のインセンティブに影響を与えたのと同様に，決定権の配分がさまざまな関係者のインセンティブに影響するはずだ。その中で企業内での望ましい決定権の配分を探っていこう。

権限配分のモデル

プリンシパルとエージェントからなる企業を想定しよう。プリンシパルは新たなビジネスチャンスを探っており，新規プロジェクトの発見をエージェント

CHART 図10.3 プロジェクトの発見

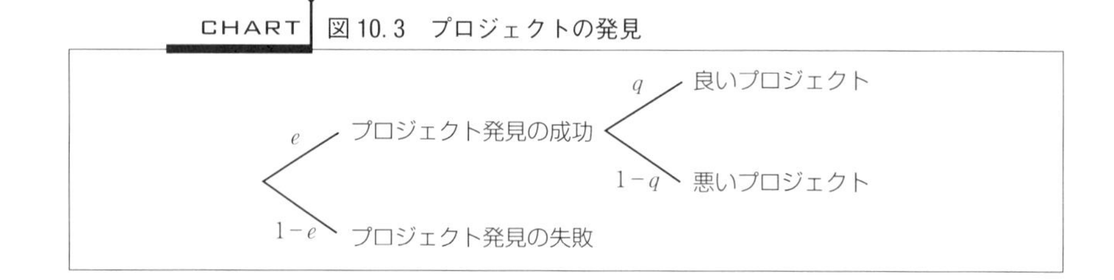

に任せている。

当初，プロジェクトを実行するかどうかの決定権はプリンシパルが保有しているが，それをエージェントに委譲することができる。そして，誰が決定についての権限を持つかは事前に定めることができるとしよう。

定義10.2 権限配分の問題

新しいプロジェクトの実行を決定する権限を，企業の中で誰が保有するべきかという問題。

エージェントは決定権を委譲されたかどうかにかかわらず，新規プロジェクトを発見するための努力（投資）e を実行し，その私的費用は $d=e^2/2$ だとしよう。エージェントが努力 e を行うと，エージェントは確率 e でプロジェクトを発見できる。そして，エージェントがプロジェクトを発見した場合，それを実際に実行するとエージェントは私的便益 $b>0$ を得る（プロジェクトの発見確率が1を超えないように，$1>b$ を仮定しておこう）。エージェントはプロジェクトを発見し実行することのみに関心がある。その理由としては，責任者としての満足感や充足感，自分の評価を高める目的などをあげることができるだろう。反対に，プロジェクトを発見できなければエージェントの私的便益はゼロだ。

エージェントがプロジェクトを発見した場合，確率 q でそのプロジェクトの実行はプリンシパルに利益 $B>0$ を与える。つまり，そのプロジェクトは企業全体にとっても望ましいものだ。けれども，確率 $1-q$ でプロジェクトの実行の利益は $-L<0$ であり，つまり損失をもたらす（図10.3）。

したがって，エージェントは発見したプロジェクトをいつも実行したいのに対し，プリンシパルは「良いプロジェクト」のみ実行したい。そして，q はプリンシパルとエージェントの利害の一致の程度を測る指標となる。

プリンシパルが決定権を保有する場合には，たとえエージェントがプロジェクトを発見しても，それが損失をもたらすものならば実行しない。それに対し，エージェントに決定権が委譲されているならば，エージェントは発見したあらゆるプロジェクトを実行することになる。

ここでは非対称情報の問題は存在せず，エージェントの投資の決定や実現したプロジェクトの性質など，すべての情報を共有できているとしよう。また，プリンシパルからエージェントへの報酬は存在しない（または，努力のレベルやプロジェクトの発見をしたかどうか，それが望ましものかどうかに依存しないような一定額の報酬を想定してもよい）。

以上をまとめると時間の流れは次のようになる。

(1) プリンシパルが，決定権を自分で保有するかエージェントに委譲するかを決める

(2) エージェントがプロジェクトを発見するための投資 e を実行する

(3) プロジェクトの発見に成功したかどうかがわかる

(4) プリンシパルが決定権を保有する場合はプラスの利益を実現するプロジェクトのみが実行され，エージェントが決定権を保有する場合はあらゆるプロジェクトが実行される

権限の配分と投資のインセンティブ

まず，プリンシパルが決定権を保有する場合を考えよう。すると，エージェントがプロジェクトを発見できたとき，プリンシパルはそれが良いプロジェクト（その確率は q）ならば実行し，悪いプロジェクト（その確率は $1-q$）ならば実行しない。このとき，エージェントの投資水準の決定は次の問題によって与えられる。

プリンシパルが権限を持つ場合のエージェントの問題

$$\max_{e} \quad e\times q\times b-\frac{e^2}{2}$$

この問題の1階の条件は $qb-e=0$ となり，エージェントが選ぶ投資水準は $e^P=qb$ となる（上添え字の P はプリンシパルが権限を持つことを意味している）。そして，プリンシパルの期待利益は，

$$\Pi^P = \underbrace{e^P}_{\text{プロジェクト発見の確率}} \times \underbrace{q}_{\text{良いプロジェクトの確率}} \times B = q^2 bB$$

となる。

次に，プリンシパルがエージェントに決定権を委譲した場合を考えよう。このときエージェントは発見したあらゆるプロジェクトを実行するので，エージェントの投資水準の決定は次の問題によって与えられる。

エージェントが権限を持つ場合のエージェントの問題

$$\max_{e} \quad e \times b - \frac{e^2}{2}$$

この問題の1階の条件は $b - e = 0$ となり，エージェントが選ぶ投資水準は $e^A = b$ となる（上添え字の A はエージェントが権限を持つことを意味している）。そして，プリンシパルの期待利益は，

$$\Pi^A = \underbrace{e^A}_{\text{プロジェクト発見の確率}} \times [\underbrace{q}_{\text{良いプロジェクトの確率}} \times B - \underbrace{(1-q)}_{\text{悪いプロジェクトの確率}} \times L]$$
$$= qbB - (1-q)bL$$

となる。

明らかに $e^A > e^P$ が成立し，決定権が委譲されることでエージェントの投資のインセンティブは高まる。けれども，エージェントが実行するプロジェクトには悪いプロジェクトも含まれてしまう。ここにトレードオフがある。

誰が権限を保有するべきか？

プリンシパルが直面するトレードオフは次のようにまとめられる。

プリンシパルが決定権を保有する場合

デメリット：プリンシパルが決定権を保有するとエージェントの投資のインセンティブが下がり，プロジェクト発見の確率が低下する（インセンティブを与えられないマイナス）。

メリット：悪いプロジェクトの実行を防ぐことができる（コントロールで

きるプラス)。

エージェントが決定権を保有する場合

メリット：エージェントが決定権を保有するとエージェントの投資のインセンティブが高まり，プロジェクトを発見できる確率が上昇する（インセンティブを与えられるプラス)。

デメリット：悪いプロジェクトも実行される（コントロールできないマイナス)。

実際，プリンシパルの期待利益を比較すると次のようになる。

$$\Pi^A - \Pi^P = \underbrace{(1-q)qbB}_{\text{インセンティブのプラス}} - \underbrace{(1-q)bL}_{\text{コントロールのマイナス}} = (1-q)b(qB-L)$$

この関係から，まずBが大きい，もしくはLが小さいならばエージェントに決定権を委譲するべきだということがわかる。Bが大きいならば，プロジェクトを発見することの価値が高まり，またLが小さいならば悪いプロジェクトを実行することの損失が小さくなる。すると，エージェントにより高いインセンティブを与えることが重要となり，そのためにエージェントに決定権が委譲される。

利害の一致の程度も重要だ。図10.4を見てほしい。プリンシパルとエージェントの利害の一致の程度を測る指標qがゼロならば，エージェントが発見したあらゆるプロジェクトはプリンシパルに損失をもたらすが，エージェントが決定権を持てば実行されてしまう。よってプリンシパルは決定権を保有しプロジェクトの実行を阻止するべきだ。また，$q=1$ならば，プリンシパルとエージェントの利害は常に一致する。このとき権限構造にかかわらずあらゆるプロジェクトが実行されるので，エージェントはどちらの場合も同じ投資を行い，プリンシパルの期待利益も一致する。そして，qが大きくなり，プリンシパルがエージェントをより信頼できるようになると，プリンシパルはエージェントに決定権を委譲し，投資のインセンティブを促すようになる。

組織の中で権限をどのように割り当てていくかという問題はそれぞれの企業に固有であり，企業の大きさ，どの産業か，どの国の企業かによっても大きく

CHART 図10.4 エージェントへの権限の委譲

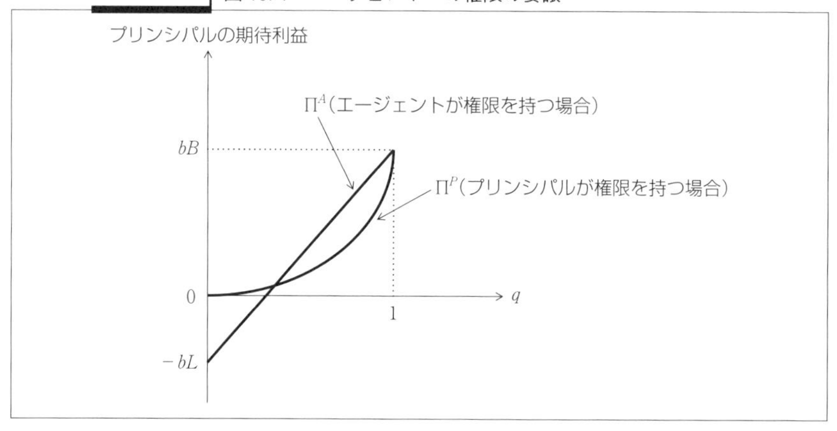

異なる。また，権限をプリンシパルが保有するとしても，エージェントの情報をうまく汲み取るような情報チャネルをうまくデザインするような問題も考えることができる。さらに，権限を明確に委譲しなくても，慣習として権限の配分を維持していくような方法もありうる。このように企業の中での権限配分は，とくに意思決定を契約や取り決めでコントロールできないときに，その穴を埋める役割を果たす。誤った権限配分は誤った意思決定をもたらすことになり，その被害は大きい。

SUMMARY ●まとめ

- □ 1 不完備契約の世界では，物的資産は所有者の残余コントロール権によって活用される。
- □ 2 物的資産を所有することで投資のインセンティブが大きくなり，ホールドアップ問題が軽減される。
- □ 3 買手による統合のもとでは，買手の投資インセンティブは高まるが，物的資産を持たない売手の投資インセンティブは下がる。企業と市場を分かつ境界と企業のサイズは全体での投資インセンティブのロスが小さくなるように決まる。
- □ 4 企業家と投資家とのあいだの金融契約において，企業の状態に依存して決定権を企業家から投資家に移動させることで最適な決定が実現される。負債契約はそれを実現する１つの方法だ。

□5 プリンシパルが意思決定の権限をエージェントに委譲した場合，エージェントの投資のインセンティブはより大きくなるが，プリンシパルにとって望ましくない決定も選ばれてしまう。このインセンティブのプラスとコントロールのマイナスが，組織の中での権限の配分を決定する際に直面するトレードオフだ。

EXERCISE ● 練習問題

10-1 以下の文章のカッコ内を埋めなさい。

２つの物的資産が［ a ］ならばその２つはまとめて所有されるべきであり，［ b ］ならば別個に所有されるべきである。また，ある人的資産が［ c ］ならば，その人的資産がまとめて物的資産を所有するべきだ。

10-2 自動車会社はエンジンは内製するのに対し，タイヤは内製しない。また，電気自動車のバッテリーも内製しない。その理由を論じなさい。

10-3 以下の文章のカッコ内を埋めなさい。

負債契約の場合，企業が好調な場合には［ a ］がコントロール権を持つのに対し，不調で債務を返済できない場合には［ b ］がコントロール権を持つ。このことにより，適切な決定がなされるようになる。

10-4 上司が部下に権限を委譲することのメリットとデメリットを簡単に説明しなさい。

文献案内

契約理論・情報とインセンティブの経済学

現実経済のインセンティブにまつわる諸問題を情報の面から解説する書籍や契約理論の入門書・専門書を紹介しよう。大まかには難易度が低い書籍から順番に並んでいる。

①伊藤秀史（2012）『ひたすら読むエコノミクス』有斐閣

インセンティブにまつわる諸問題と契約理論などの経済学の考え方を，前提知識がない読者でも容易に理解できるわかりやすい解説。

②ポール・オイヤー（2016）『オンラインデートで学ぶ経済学』（土方奈美訳），NTT出版（Paul Oyer, *Everything I Ever Needed to Know about Economics I Learned from Online Dating*, Harvard Business Review Press, 2014）

マッチングサービスでありがちな出来事を具体例に利用しながら，情報とインセンティブにまつわる経済学を学べる。記述の面白さが秀逸。

③ジョン・マクミラン（2007）『市場を創る――バザールからネット取引まで』（瀧澤弘和・木村友二訳），NTT出版，（John McMillan, *Reinventing the Bazaar: A Natural History of Markets*, W. W. Norton, 2002）

市場におけるインセンティブの諸問題と取引ルールのデザインについて，さまざまな事例とアイデアを知ることができる。

④ジョン・マクミラン（1995）『経営戦略のゲーム理論――交渉・契約・入札の戦略分析』（伊藤秀史・林田修訳），有斐閣（John McMillan, *Games, Strategies, and Managers*, Oxford Univ Press, 1992）

情報とインセンティブにまつわる具体的な問題を解説しながら契約理論の考え方を面白く学べる。古い本だがいまだに新鮮さを保っている。

⑤神戸伸輔（2004）『入門 ゲーム理論と情報の経済学』日本評論社

経済学の標準的分析ツールとなったゲーム理論と契約理論を初学者でも学べる良書。

⑥伊藤秀史（2003）『契約の経済理論』有斐閣

本書があるからこそ，大学院レベルの契約理論を日本語で正確に学ぶことができる。

次の2冊は本書の第9章，第10章で説明した不完備契約に関する書籍だ。

⑦柳川範之（2000）『契約と組織の経済学』東洋経済新報社

不完備契約の考え方と企業理論や金融金融への応用をわかりやすく解説。

⑧オリバー・ハート（2010）『企業 契約 金融構造』（鳥居昭夫訳），慶應義塾大学出版会（Oliver Hart, *Firms, Contracts, and Financial Structures*, Clarendon Press, 1995）

2016年に不完備契約理論でノーベル経済学賞を受賞したハート自身が不完備契約

とその応用を解説した書籍。いまや古典ともいえるが，本書の記述もこの本を参考にしている。

組織の経済学・企業理論

契約理論の重要な応用分野が組織の経済学や企業理論だ。良書がたくさんあるので紹介しよう。

①レイ・フィスマン＆ティム・サリバン（2013）『意外と会社は合理的――組織にはびこる理不尽のメカニズム』（土方奈美訳），日本経済新聞出版社（Ray Fisman and Tim Sullivan, *The Org: The Underlying Logic of the Office*, Twelve, 2013）
組織にまつわる理不尽も実はインセンティブにまつわる問題を考慮したものだった。さまざまな実例を用いて組織を経済学の視点から軽妙に解説した良書。

②エドワード・ラジアー＆マイケル・ギブス（2017）『人事と組織の経済学　実践編』（樋口美雄監訳，成松恭多・杉本卓哉・藤波由剛訳），日本経済新聞出版社（Edward Lazear and Michael Gibbs, *Personnel Economics in Practice*, 3rd ed., Wiley, 2015）
企業内部の人事の問題に焦点を当て，実例と契約理論を用いてやさしく解説。ビジネス・パーソンにとっても刺激的だろう。

③伊藤秀史・小林創・宮原泰之（2019）『組織の経済学』有斐閣
組織の経済学に関する書籍の決定版。契約理論とゲーム理論を駆使して，数理モデルを中心に，具体例と実証研究を交えてわかりやすく組織を論じる。理論だからこそ組織がわかる。

④ポール・ミルグロム＆ジョン・ロバーツ（1997）『組織の経済学』（奥野正寛・伊藤秀史・今井晴雄・西村理・八木甫訳），NTT 出版（Paul Milgrom and John Roberts, *Economics, Organization and Management*, Prentice-Hall, 1992）
組織にまつわるさまざまな問題を，実例と経済理論に基づいた鋭い考察によって網羅的に論じた大著。悪戦苦闘する価値がある良書。

⑤ロナルド・コース（2020）『企業・市場・法』（宮澤健一・後藤晃・藤垣芳文訳），筑摩書房（ちくま学芸文庫）（Ronald Coase, *The Firm, the Market and the Law*, University of Chicago Press, 1987）
コースの定理で知られるロナルド・コースの名著。不完備契約に基づく企業理論のルーツがここにある。

⑥中林真幸・石黒真吾編（2010）『比較制度分析・入門』有斐閣
制度をゲームのルールとして捉え，国ごとの制度や慣習の違いを紐解く比較制度分析の入門書。

⑦中林真幸・石黒真吾編（2014）『企業の経済学――構造と成長』有斐閣
企業の経営者が直面する問題を市場と組織の観点から解き明かす。

契約理論・情報とインセンティブの経済学の応用

契約理論やインセンティブの経済学の射程は広く経済学のあらゆる分野に広がっており，伊藤『ひたすら読むエコノミクス』，オイヤー『オンラインデートで学ぶ経済学』，マクミラン『市場を創る』，マクミラン『経営戦略のゲーム理論』などからも実感できる。範囲が広いので書籍として紹介することは逆に難しいのだが2冊だけ紹介しておこう。

①浅古泰史（2018）『ゲーム理論で考える政治学――フォーマルモデル入門』有斐閣
政治はインセンティブにまつわる問題の宝庫といえる。政治をゲーム理論やインセンティブの経済学によって平易かつ明快に論じた入門書。

②伊藤秀史・小佐野広編（2003）『インセンティブ設計の経済学――契約理論の応用分析』勁草書房
組織，人事，金融，政治，流通，医療など契約理論のさまざまな応用分析が実践される。契約理論の射程の広さがわかる書籍。

オークション，マーケット・デザイン，メカニズム・デザイン

第7章で紹介したオークションは，より広くはマーケット・デザインと呼ばれる経済学の一分野で議論されることが多い。マーケット・デザインでは財や権利の配分の仕方，または学校選択や臓器移植の制度など，実用的なルール作りを主眼に置く。より抽象的に経済主体のインセンティブを制御しながら配分のためのルールを分析する研究はメカニズム・デザインと呼ばれ，これらは本書に隣接する研究分野だ。伊藤『ひたすら読むエコノミクス』やマクミラン『市場を創る』でも解説されているが，より専門的な文献を紹介しておこう。

①ティモシー・ハバード＆ハリー・パーシュ（2017）『入門オークション――市場をデザインする経済学』（安田洋祐監訳，山形浩生訳），NTT出版（Timothy Hubbard and Harry J. Paarsch, *Auctions*, MIT Press, 2015）
数式を使わずにオークションの考え方と実例をわかりやすく紹介。

②アルビン・ロス（2018）『Who Gets What（フー・ゲッツ・ホワット）――マッチメイキングとマーケットデザインの経済学』（櫻井祐子訳），日本経済新聞出版社（日経ビジネス人文庫）（Alvin E. Roth, *Who Gets What and Why: The New Economics of Matchmaking and Market Design*, Houghton Mifflin Harcourt, 2015）
マーケット・デザインでノーベル経済学賞を受賞したロスがマーケット・デザインの実践を数式を用いずにわかりやすく解説。

③ギオーム・ハリンジャー（2020）『マーケットデザイン――オークションとマッチングの理論・実践』（栗野盛光訳），中央経済社（Guillaume Haeringer, *Market Design: Auctions and Matching*, MIT Press, 2018）
キーワード・オークションや国債市場，学校選択などマーケット・デザインの実践

を理論的に解説。

④ヴィジャイ・クリシュナ（2018）『オークション理論――単一財競売メカニズムの数学的解明』（山本哲三訳，吉本尚史翻訳協力），中央経済社（Vijay Krishna, *Auction Theory*, 2nd ed., Academic Press, 2010）
正確なオークション理論の解説と欧州のモバイル周波数オークションへの応用の詳細な解説が学べる。

また，マーケット・デザインとメカニズム・デザインについて本格的に学びたい読者には次の 2 冊を紹介しておこう。

⑤坂井豊貴（2010）『マーケットデザイン入門――オークションとマッチングの経済学』ミネルヴァ書房

⑥坂井豊貴・藤中裕二・若山琢磨（2008）『メカニズムデザイン――資源配分制度の設計とインセンティブ』ミネルヴァ書房

ゲーム理論

ゲーム理論はいまでは経済学では必須の分析ツールとなっており，それは本書にも妥当する。本書では必要に応じて簡単にゲーム理論のアイデアを紹介したが，読者にはゲーム理論の教科書を手にとってほしい。

①アビナッシュ・ディキシット＆バリー・ネイルバフ（2010）『戦略的思考をどう実践するか――エール大学式「ゲーム理論」の活用法』（池村千秋・嶋津祐一訳），CCC メディアハウス（Avinash Dixit and Barry J. Nalebuff, *The Art of Strategy: A Game Theorist's Guide to Success in Business & Life*, W. W. Norton, 2008）
数式を用いずにゲーム理論の実践をやさしく解説した入門書。分析ツールとしてのゲーム理論の性能の高さを実感できる。

②ロバート・ギボンズ（1995）『経済学のためのゲーム理論入門』（福岡正夫・須田伸一訳），創文社（Robert Gibbons, *Game Theory for Applied Economists*, Princeton University Press, 1992）
ゲーム理論を学びながら，経済学への応用方法も理解できる良書。

ギボンズは初学者には少し難しいかもしれない。初学者がゲーム理論の基礎を正確に学びたいならば次の 2 冊がおすすめだ。

③渡辺隆裕（2008）『ゼミナール ゲーム理論入門』日本経済新聞出版社

④岡田章（2014）『ゲーム理論・入門――人間社会の理解のために（新版）』有斐閣

事項索引

●さ　行

●た　行

●な　行

●は　行

● ま　行

● や　行

● ら　行

人名索引

情報とインセンティブの経済学
Economics of Information and Incentives

2020年7月15日　初版第1刷発行

著　者　石田潤一郎（いしだ　じゅんいちろう）
　　　　玉田康成（たまだ　やすなり）

発行者　江草貞治

発行所　株式会社　有斐閣
郵便番号 101-0051
東京都千代田区神田神保町 2-17
電話(03)3264-1315〔編集〕
(03)3265-6811〔営業〕
http://www.yuhikaku.co.jp/

印刷・大日本法令印刷株式会社／製本・牧製本印刷株式会社

ISBN 978-4-641-15072-0